古代キリスト教と哲学

C・スティッド◉著
関川泰寛／田中従子◉訳

教文館

PHILOSOPHY IN CHRISTIAN ANTIQUITY

by

Christopher Stead

古代世界では、「哲学」といえば数学と医学を除くすべての類の高等な学びを含んでいた。それは高等教育の要であったし、キリスト教会を名も知れぬユダヤ教のセクトから、世界的な文明化の勢力へと変える助け手の役割を果たしたのである。本書は、ギリシア人の間での「哲学」の起源と、それがキリスト教思想に与えた変革的な影響を簡単に、分かりやすく、かつ組織的に読者に提供するものである。本書は、最新の学問に基づきつつ、専門的な知識がなくても理解できるよう留意し、的確な理論に基づいた神学的洞察を試みるものである。

はじめに

キリスト教神学は新約聖書から始まる。そこには、初代のキリスト教徒たちが聖書を解釈し、ユダヤ人や異教徒に対してイエスへの信仰を懸命に弁明した姿を見ることができる。しかし、しばらくすると、彼らは自らの信仰を教養のある異教徒たちが理解し、満足できる仕方で表現するという、新たな課題に直面した。そして、キリスト教が広がるとともに新しい信仰の表現が生み出されたが、それらは矛盾や誤解を避けるために吟味され、また承認されなければならなかった。初期キリスト教神学は、二世紀中ごろから四五一年のカルケドン会議に至るまでの三〇〇年間、つまりエイレナイオス、オリゲネス、アタナシオス、そしてアウグスティヌスが活躍したその時代に著しい発展を遂げたのである。

この時代には、多くの哲学の諸学派が、現代においては宗教に期待されるような事柄を、その信奉者に提供していた。伝統的な国家の宗教などは、形式に過ぎない場合が多かったのである。また、いわゆる「神秘的宗教」は、人々に慰めと安心感とを与えたものの、何の論理的説明も提供してはくれなかったし、宗教が信者に求めるものも少なかった。礼拝者は、望めば一つでも二つでも、いくつでも同時にそのような宗教的交わりに入ることができたのである。そしてユダヤ人たちは、そのような一般的な古代文化から大きく距離を置いていた。そのような中で、信奉者に忠誠を求め、世界とそこにおける人間の位置に関する理性的理解に基づいた生き方を提供したのが哲学者であった。

その流れの中でキリスト教徒は、自らの信仰を「新しい哲学」として提示するようになり、それゆえに既存の諸学派と議論をする方向へと進んでいったのである。その過程で、キリスト教徒はたびたび異教の批判者から学び、時に彼らを正し、そして頻繁に彼らの考え方を借用した。そして、このような対話はキリスト教神学の伝統的な構造にその軌跡を残したのである。その構造とは、アウグスティヌスからスコラ学者たち、そしてルターやカルヴァン、さらにシュライアマハーやカール・バルトにまで引き継がれ、また正教会、ローマカトリック、アングリカン教会の共通の遺産ともなっている。

本書は、哲学が初期キリスト教思想に与えた影響と、どのようにキリスト教の著作家たちが哲学に貢献したかを説明しようとするものである。便宜上、第一部にはギリシア人の間での哲学の誕生に関する簡単な説明を記してある。もちろんこれに関しては、このどこまでも興味深い主題についての、簡潔なものから詳しいものまで、他の複数の専門書によって調べ、確認することができる。この問題について既に詳しい方は、第一部は飛ばすか、第六章から読み始めることをお勧めしたい。第二部には、普段簡単に触れることのできない現代の研究結果をまとめてあり、随所でそれらに最新の研究結果を付け加えておいた。ここでは、史料は著者ごとにではなく主題ごとにまとめた方が分かりやすいと思い、そのようにしてある。その理由は、後で詳しく説明するとおり、キリスト教の著作家たちはその知識、能力、そして哲学への理解度においてあまりに差が大きいため、いわゆるキリスト教神学や教義の発展に並行する「継続的なキリスト教哲学の発展」というものがないからである。それゆえに、第二部では、キリスト教信仰、神自身の存在と性質に関する基本的な文書や、三位一体や受肉の教義を表現するために用いられる哲学用語に集中することとした。

第三部では、アウグスティヌスの哲学を簡単に描写してある。哲学の歴史を研究する者にとって、他のすべての初期キリスト教著作家に注意を払わないにしても、アウグスティヌスだけは、古代末期を学ぶ者は無視できないし、哲学者もないがしろにすべきではない人物である。本書におけるアウグスティヌスの扱いもまた、あまりに不十分とみなされないことを願っている。哲学者は、お互いの過ちから学ぶことに喜びを見出し、また自らの過ちを認める覚悟もできている。しかし、礼拝共同体全体に対して責任を負っている神学者は、救いの真理を示すことを求められており、彼らの尊厳ある権威が脅かされるときに深く傷つくのも理解できる話である。それでも哲学者アウグスティヌスは、強力な批判にも耐えうる人物である。しかし、近年まで、ここ一〇〇年で発展した哲学的方法論や思索をも視野に入れた、包括的なアウグスティヌスに関する著作というものを探し出すのは難しかった。ごく最近、クリストファー・カーワン（Christohpher Kirwan）が著した研究が秀逸で、部分的にこの必要を満たすものである。しかし、これは現代の哲学の専門家の言語に精通していない限り容易に読めるものではない。それゆえ、より簡潔・簡単でかつ批判的な研究書の必要が認められると考えた次第である。

本書は、以前シュトゥットガルトで一九九〇年に出版した拙著『哲学と神学』（*Philosophie und Theologie*）の改訂、そして願わくは改良されたものである。私の原稿を部分的に読んでかけがえのないアドバイスをくださった、当時教授であったジェフリー・ロイド氏、ロワン・ウィリアムス氏、また、翻訳に際して詳細な注意を払ってくださったクリスチャン・ワイルドバーグ博士、マルティン・リッター教授に心から感謝する。執筆後になって、ピーター・ギーチ教授に、親切な、しかし一つの章を振り出しに戻させるようなコメントをいただいた。急遽その箇所を書き直したが、教授を満足させるものにはならなかったかもしれない。この英語版は旧約聖書学に関連する部分はウィリアム・ホーベリー博士に、またマイケル・フレーデ教授には古代哲学とアウグスティヌスに関して、熟慮された専門的アドバイスをいただくなど、たくさんの助けを得てさらに改訂されている。そして、ゴールヴェン・マディック教授には未だ出版されていないアウグスティヌスの研究を貸してくださったことに謝辞を述べなければならない。ここで、彼の用いた序文の言葉を拝借したい。「わたしはあなたへの愛のために哲学者たちを後にしなければならなかった」（『告白』三・六・一〇）。しかし、我々の愛は、私たちに対する神の愛の上に成り立っている。そして、我々は神の愛が哲学者のところにまでも及んでいることを信じるよう努めるべきなのである。

略号

DG	H. Diels, *Doxographi Graeci*, Berlin 1879, 4th edn 1965
DTC	E. Amann *et al.* (eds.), *Dictionnaire de Théologie Catholique*, Paris 1903-72
ECD	J. N. D. Kelly, *Early Christian Doctorines*, London 1958, 5th edn 1977
GNO	W. Jaeger *et al.* (eds.), *Gregorii Nysseni Opera*, Leiden 1920-
GPT	G. L. Prestige, *God in Patristic Thought*, London 1936, 2nd edn 1952
JThS	*Journal of Theological Study*
LCC	J. Baillie *et al.* (eds.), *Library of Christian Classics*, London 1953-
LGP	A. H. Armstrong (ed.), *Later Greek Philosophy*〔参考文献6参照〕
MSR	*Mélanges de Science Réligieuse*
PCF	H. A. Wolfson, *The Philosophy of the Church Fathers*, Cambridge, Mass., 1956
PG	J. P. Migne, *Patrologie Cursus Completus, Series Graeca*
PGL	G. W. Lampe (ed.), *Patristic Greek Lexicon*, Oxford 1961
PL	J. P. Migne, *Patrologie Cursus Completus, Series Latina*
RAC	*Reallexikon für Antike und Christentum*, Stuttgart 1950-
SC	*Sources Chrétiennes*, Paris 1941-
SVF	H. von Arnim, *Stoicorum Veterum Fragmenta*, Stuttgart 1903-24, repr. 1964-8
TRE	*Theologische* Realenzyklopädie, Berlin 1977-
ZKG	*Zeitschrift für Kirchengeschichte*

凡例

哲学関係の人名や著作名、哲学用語の訳語などは、D・セドレー編著／内山勝利監訳の『古代ギリシア・ローマの哲学』（京都大学学術出版会、二〇〇九年）を参考にした。

目次

はじめに　5
略号　8
凡例　9

第一部　哲学的背景

第1章　その起源からソクラテスまで　17
第2章　ソクラテスと「イデア」　31
第3章　成熟期のプラトン哲学　43
第4章　アリストテレス　52
第5章　エピクロスとストア派　62
第6章　中期プラトン主義とアレクサンドリアのフィロン　77
第7章　古代末期の哲学　87

第二部　キリスト教神学における哲学

第8章　キリスト教哲学についての論争　105
第9章　ギリシア的神理解とヘブライ的神理解　123
第10章　神の存在の証明　139
第11章　単一で不変的存在としての神　152
第12章　神をどのように形容するか　171
第13章　ロゴスと霊　185
第14章　本質の統一性　199
第15章　本質と位格　215
第16章　キリスト——神であり人　233
第17章　統合された二つの本性　251

第三部　アウグスティヌス

第18章　哲学・信仰・知識　271
第19章　自由と善　283

訳者あとがき　301
参考文献　vii
人名索引　ii
事項索引　i

装幀　熊谷博人

第一部

哲学的背景

第1章　その起源からソクラテスまで

哲学はギリシア人によって生み出され、世界へと与えられた。分野によっては外国の経験に基づいている部分もあるが（例えばバビロニアの天文学など）、哲学を広範で複雑な学問にまで発展させたのはギリシア人だったのである。そしてそれは、現代で言うところの自然科学の起源となり、後には論理、倫理、物理の三項目にまとめられていった。「物理」というのは自然界とそれを説明する原理の研究に与えられた名前であり、それは神々、あるいは一人の神が存在するのか、そしてこの世界はそのような存在によって造られ、支配されているのかという問いを受け負うものであった。つまり、神的存在を信じる者にとっては、神学も「物理」の領域に属していたのである。

ギリシアの哲学者たちは、多岐にわたる抽象的な問いに取り組む能力によって新しい局面を切り開いた。彼ら以前には、ただ一般的な世界の観察が、船乗りや農夫、大工などの知恵袋に含まれていたり、人間の営みに関する諺などに表されたりしていた。しかし、世界に関する大きく包括的な問いに関しては、人は世界の主な構成要素をそれぞれ神的存在に結びつけるような原始的神話に頼る他なかったのである。例えば、天はゼウスに、海はポセイドンに、という具合である。そのような神話とは決定的に異なる哲学というものが始まったのは、小アジアのミレトスの賢人たちが、世界を生命体としてではなく、ただいくつかの単純な原理に従って規則的に活動するだけの存在として説明しようとしたところからであった。これにより、何か珍しい出来事が起こったとき、それをやたらと人間的な神の気まぐれだったと説明するのではなく、過去にあった諸要素の組み合わせによって説明できるようになったのである。

もちろん、自然の原理を解明する方法は一度に編み出されたのではない。初期の賢者たちは、彼らの心を捉えた自然界の基本要素や作用などを、あたかも神的存在であるかのように次々に名づけていった。それに加えて、火や泉のように自らを動かすことのできる要素は、何らかの意味において生きており、生命体であると言われ得ると長い間固く信じられていたのである。それゆえに、伝統的にギリシア哲学の創始者と言われるタレスは「すべてのものは神々で満たされている」と語ったのだと言えるだろう。そして、今でもイエーガーが言うところの「初期ギリシア哲学者の神学」について語ることは妥当なのである。

ミレトスの賢人たちに関する情報は主にアリストテレス（紀元前三八四―三二二年）から得ることになるが、約一世紀ほど遡ってヘロドトスからも少なからず詳細を知ることができる。ただ、それらの情報は不完全であり、時に信憑性に欠けている。しかし、どうやらミレトスの哲学者は、ただ理論的な問いにだけ関心があったのではなく、有能で実践的な人々であったようなのである。例えば、タレスは天文学を学び、前五八五年に起きた日食を予測したと言われている。しかし、彼はリディアのクロイソス王に、川の水を割って軍隊にハリュス川を越えさせる方法を示したとも言われているのである。また、アナクシマンドロスは人が住んでいる世界の地図を描いた最初の人物であると言われている。しかし、彼らの哲学者としての中心的な意義は、彼らがすべての自然現象を複数の単純な要素や原則によって説明しようと試みたことにある。

タレスは、「地面は水の上に浮いている」という古代の信仰を引き継いだが、水（厳密には水分）がすべてのものの源であるという、より重要な発想を展開したと言われている。恐らく彼は、水分がすべての生命に必要であることから、それがすべての成長と発達の根源であると考えたのであろう。さらに、水はそれ自体、固体、液体、気体という三つの状態で存在することができる。それゆえに、水分はあらゆる類のものを起こさせる隠された原理であると考えられたのである。

タレスよりも一四歳若かったと言われるアナクシマンドロスは、彼が「アペイロン」(apeiron)と呼んだ原理によって諸現象を説明しようとした。この言葉は時に「無限なるもの」と訳され、アナクシマンドロスは天地を造るためには膨大な量の何かが必要であると考えていたと推測することができる。しかし、それよりも、恐らくこの語は「無形」あるいは「不確定」を意味し、アナクシマンドロスがある重要な原理を思いついていたという可能性もある。それは、現象を説明するすべての原理は、それが説明しようとするすべての現象そのものとは区別されなければならない、ということである。(例えば、「すべてのものは火から生み出される」と言うことは非論理的である。なぜなら、「火」自体が「すべてのもの」の内の一つに過ぎないからである。)この基本的な原理から始まって、アナクシマンドロスは宇宙の起源に関して衝撃的な仮説を展開した。その中で「火」は確かに目立った役割を果たしている。その他の新発見と並んで、アナクシマンドロスは、地球は円柱のような形をしており、何の支えも無しに空間に自由に浮かんでいるものであると提唱したのである。

伝統的に名を挙げられる三人目のミレトスの哲学者アナクシメネスは、基本的な要素とは空気、あるいは蒸気であると考えた。これは、アナクシマンドロスのアペイロンの考え方に比べて単純であるように思われるかもしれないが、アナクシメネスはこの基本的な要素が、どのようにして目に見える多種多様な現象を引き起こすほどに形を変えるのかを説明することができたのである。つまり、蒸気は固体へと圧縮されることもできるし、再び希薄化されて、気化することもできるが、これらのダイナミックな変化をアナクシメネスは温度に関連付けたのである。また、アナクシメネスは世界に充満する空気を生物の体内の息と比べていたことから、世界を生き物の一種として考えていた可能性もある。

ミレトスの重要性はペルシャが前五四六年にイオニアを政略した時から低下し始めた。そしてその都市そのものも、前四九四年に壊滅させられたのである。その間、あれこれと疑問を投げかける気風はギリシア世界の反対側、つまりイタリア南部のギリシア語圏のいくつかの都市において強くなっており、それは以前とは大幅に違った形をとっていた。その偉大な創設者はピュタゴラスであった。彼は前五三〇年頃にミレトスから四〇キロほど離れたサモス島という所から移住し、南イタリアのクロトナに学校を設立したのである。ピュタゴラスは、人間性というものを地上的な要素と神的な要素の融合と見る、オルペウス教の影響を受けていたと考えられる。オルペウス教では、身体と魂とは明確に区別され、身体は単なる器か道具であり、神的要素である魂こそが人間に考え、行動する力を与えるのだと考えられていた。オルペウス教徒たちは、死後、この世に再び他の形で戻ってくるという、輪廻転生の教理を教えていた。しかし、彼らは信者たちに、浄化と禁欲の厳格な規律を守れば、あの世での幸せな生活を送れるとも約束していた。

このように、ミレトスの賢人たちが才能に恵まれた人々であり、公的な事柄に関心を持っていたのに対して、ピュタゴラス学派の人々は、彼らの宗教的共同体の文脈の中で学問に取り組んでいた。しかし、多くの者が知的探求に価値を見出す中で、一部の人々は禁欲主義的鍛錬に重点を置くように自然と傾いていった。ピュタゴラス自身については、信頼できる情報を得ることは難しい。彼は書物を一切残さず、また彼の弟子たちは秘密厳守を誓わされていたと言われている。それにもかかわらず、彼の言葉は伝えられ、さらに美化されていった。彼を称えるさまざまな伝説が語られ、彼の没後に発見されたような論説までもが彼に帰されるようになったのである。ピュタゴラスの中心的な考えは、間違いなく、魂は音楽によって清められ、律されるというものであった。ただし、この場合の「音楽」とは、広く「教育」や、そこから人が純粋で不変的な真理を得る「文化」であると理解されていた。そして、この世界の理性的秩序の要素は、何よりも数を勉強することによって示されると考えられていたのである。また、ピュタゴラス学派の人々は、現代で言うところの音楽そのものが、清めのための手段であると考え、音階の間隔と天体の動きとの間に類似性を見出そうと試みた。そして、ピュタゴラスが発見したとされる最も衝撃的なこととは、音階の間隔が、一から四の整数を用いて、数学的比率によって説明され得るということである。それゆえ、一オクターブは二対一の比率に対応し、もし弦がその張り具合を変えずに長さを半分にされたなら、その音色は一オクターブ高くなるのである。

この発見に際して、ピュタゴラス学派の人々は、恐らくアナクシマンドロスから導き出されたある思想を用いたのだと考えられる。それは、「有限」あるいは「限度」（有限あるいは計測可能である事物を含む）と「無限」の対比の思想である。音楽と単なる音との対比がその例にあたる。後代のピュタゴラス学派はそのような秩序と無秩序との対称を示した表を考案した。そこには、一列目に奇数が記され、二列目に偶数が記されていた。また、男性と女性もそれぞれの列に記された。そして、「統一性」（Unity）はもちろん秩序の側に属したが、「一」という数字は特別な位置を占めるものとされた。この数は、奇数でもあり偶数でもあり、すべての数の起源であり始まりであると考えられていたようである。それゆえに、「一」は宇宙の理性的秩序とされたのである。しかし、このような構造は物質的現実と、非物質的現実とを明確に分けることができなかった。この構造の中では、一という単位が時に点として、または原子のように扱われ、数は空間的広がりを持つものと捉えられていたのである。

イオニアは、政治的な没落にもかかわらず、ヘラクレイトス（前五四四頃—四八〇年）という、一人の重要な哲学者を生み出した。しかしまずは、クセノパネスというもう一人のイオニア人に言及しなければならない。クセノパネスという人物は、稀に見るほど長寿（前五七〇頃—四七五年）であったゆえに、どの年代に属するのかを定めることは難しい。しかも、彼は哲学者というよりは、神学的「詩人」であった。それでも彼は、偉大で永続的な重要性をもった宗教的思想を提示したのである。現代の言葉で言えば、彼の出発点は比較宗教学であった。彼は、さまざまな国がそれぞれ自らを模した神々の姿を描き出していることを観察した。例えば、トラキア人の神々は赤毛に青い目をもち、ホメロスの神々はいかにも人間の堕落行為の写しであった。しかし、そもそもなぜ神が人間の姿をもつと考えるべきであろうか。そのように考え、クセノパネスは神を、ある一定の目的のために身体的器官を必要としない、単純で不変的な存在として描き出した。しかしこの存在は、考え、意思し、全体として同時的に行動するものとされたのである。クセノパネスはこの「神」を宇宙との関連で球体として捉えていた可能性もある。しかし、クセノパネスは神が宇宙の中に存在するのか、それともどこか他の場所に存在するのかは明言しなかったようである。

　ヘラクレイトスはミレトスから六〇キロほど北に位置するエフェソで生まれ、そこで一生を過ごした。彼は、斬新で衝撃的な世界観を提唱したのであるが、彼自身はそれを、多くの人が得ることのできなかった観測結果を、ただ賢明に用いたことによって得たのだという。ヘラクレイトスは、この世界観をまったく逆説的なエピグラムにおいて表現したので、当時の人々はおろか、後の批評家たちをも混乱させ、自らの名を「暗い人」(the obscure)として知らしめるようになったのである。

　ヘラクレイトスは、世界は統一体であり、しかも特殊な統一体であると教えた。そして、この統一体の内には、対立する要素あるいは力が、緊張を保ちつつ存在しているというのである。この「緊張」とは、時に静的に、正反対のものの共存として理解され、別の場合には動的に、時に応じてある力が交互に現れるような、一定のリズムとして理解されもした。このような考えから、ヘラクレイトスは、海は「毒」(人間にとって)であり、しかし同時に「健康の源」(魚にとって)であると語った。また、彼はこのようにも言った。「昼と夜は同じである」。この言葉はおそらく、昼と夜は同時には存在できないために、根本においては一つである、という意味であろう。昼と夜は、二つの、独立した現象ではないのである。また、「同じ川に二度歩み入ることはないだろう」との言葉には、「永続的変化」の命題がはっきりと表れている。人は、「ここには前に来たときと同じ場所に川が流れている」と言うことはできても、決して前回見た、その同じ水をそこに見ることはないのである。これをさらに普遍化させて言えば、火、水、大地など、世界の一部と見なされているものは、常に、ある一つのものから他のものへと変化を遂げている。火から大地へというように、上から下の変化と、その逆も然りである。しかし、変化はしても、その割合は変わることがない。そして、その変化を支配するのは「火」である。火は、その明るさと敏速な動きのゆえに「思考」と関連させられていた。だからこそ、「魂が湿るということはその死を意味する」と考えられ、「乾いた魂こそが最も賢明である」と考えられていたのである。そして、このような考えは、ロゴス、つまり世界の変遷の理性的な原理についても同様に適用されるものであった。ヘラクレイトスは、「ロゴス」という言葉を哲学的に用いた最初の思想家であると思われる。しかし、その語義ははっきりとは確定されていない。「ロゴス」は、ただヘラクレイトス自身の教えを指すこともあったし、彼が発見した論理的秩序を意味することもあった。そして、そのような理性的秩序は、それぞれの文脈に応じて、「火」「ロゴス」「神」として説明されたのである。なぜなら、ヘラクレイトスは当時の宗教に批判的だったにもかかわらず、彼の哲学は有神論的だったからである。

ヘラクレイトスは、すべての事柄に神の秩序を見た。もちろん、善人や賢人などという人は少ないが、賢明で自律している魂は、死を超えて宇宙の理性的な「火」と結合できると信じていたのである。

このヘラクレイトスという人物は、後の伝統の中では不当な扱いを受けることとなる。彼は、変化の過程とは規則正しく進行し、計測可能であると、正しく理解した。このことは、今日では、移動中の物体の速度だけでなく、加速度〔速度の変化〕を計測するときには当然のこととされている。しかしヘラクレイトスは、パルメニデスから、激しい反発を受けたのである。なぜならパルメニデスは、変化の現実性ということ自体を否定したからである。また、ヘラクレイトスは、プラトンから誤解を受けることになる。プラトンは、ヘラクレイトスの教えに、ヘラクレイトスの弟子であったクラテュロスが伝えた誤った形で触れ、それをプロタゴラスの主観主義的な見解と関連付けて理解したのである（後述参照）。プラトン自身の「認識」に関する教説は、数学的真理のような永遠の真理がその中心をなしていた。そのためプラトンは、ヘラクレイトスのように普遍的変化の教説を語ることは、真の認識を不可能なものとすると結論付けたのである。このように、誤解を受けることも多かったようであるが、ヘラクレイトスの教えは、クレメンス、ヒッポリュトスやエウセビオスのような学に秀でたキリスト教徒たちによってその詳細が継承され、残されている。

イタリア南部エレアのパルメニデス（前五一五頃—四五〇年）は、ピュタゴラス学派のアメイニアスという人物によって哲学と出会ったと言われている。パルメニデスは、やや古い形式の、六歩格の詩によって執筆し、その多くが現存している。その詩の始めの寓喩には女神が現れ、彼女は「まるい真理の揺らぐことのないその心」[1]を顕にすることを約束する。この「真理の道」は、後に語られる、多くの人が辿ってしまう「思い込みの道」と対比させられる。真理の道というものは、「在る」（is）と「在らぬ」（is not）というフレーズに表現されている対比によって定義される。この動詞の主語が何であるかは明確にされていない。そして、議論はギリシア語のἐστί（it is）の意味についてへと移行していく。このギリシア語は、存在論的な「～はある」（... exists）と、叙述的な「～は～である」（... is such-and-such）の両方の意味を持っている。そしてさらに、その現在形は、不変の永続性や永遠の（「金は金属である」というような）事実をも示しているのである。こうして、存在の概念は現実や真理の概念へと徐々に変化していくのである。そうすると、今度は、「在らぬ」とは、存在することも、知られることもできない、非現実的な架空のものという意味を含むこととなる。そして、パルメニデスは続けて、本当の存在は不変であり全体に浸透しているものでなければならないと論じる（「在らぬもの」はどこにも存在することができず、空の空間というものはあり得ないため）。また、この存在は分かたれることもできない。さらに、この存在は限界を持っているが、完全に統一的であるため、広がりにおいて有限であり、形においては球体であると考えられたのである。そこで、「思い込みの道」とは、一般の人々には当然の事として受け容れられているが、誤りである世界観を指していることになる。しかし、これはあまり興味深いものではなく、知覚や思考の唯物主義的な観念などを含んでいたようである。

古代の学者たちも気づいたことであるが、パルメニデスの「真実在」の考えは、クセノパネスの言うそれを髣髴とさせる。しかし、パルメニデスの場合は全く異なる方法によってその結論に達したのである。彼の結論は、現代の思想家たちの多くには受け容れ難いものである。しかし、すべての可能性を探求した上で、不可能なものを排除していくことで、彼は論理的厳密さにおいて新しい基準を設定したのである。パルメニデスは、思考と実在の間の対応性を論じることによって、合理主義的哲学の基本的原理を据えたのである。そして、その基本的原理は、恐らく「考えることと、在ることは同じである」というようなことを意味する謎めいた言葉によって表されている（カーク、レイヴンとスコフィールドは、『ソクラテス以前の哲学者たち』［*The Presocratic Philosophers*］において、同じものが「思索されるため、存在するために同じものがある」という解釈が好ましいとしている。しかし、noein は能動不定詞である）。「考えること」とは無論パルメニデス自身の「真理の道」を意味する。そして、人間の思考はどう転んでも実在の構造というものに即しているという彼の主張は、少なからず力あるものである。どのような賢明な思想家でも、結局はこの、「実在との対応」を完全に否定することはできないからである。しかし、現代の論理は、この「対応」が不完全であることを徐々に証明してきている。伝統的な思考が曖昧にしてきた論理的相違が明らかにされてきているのである。

パルメニデスの教えの影響力は絶大であった。続く世代の哲学者たちは、彼に賛同するか否かの重大な決断をしなければならなかったのである。そして、パルメニデスの場合は、プラトンからも深い尊敬を受けた。また、彼の「不変の存在」に関する考えは、伝統的キリスト教神学に大いなる影響を及ぼすこととなったのである。

最も才能に恵まれたパルメニデスの弟子は、前四九〇年ごろに生まれたエレアのゼノンであった。ゼノンは彼の師の教えを弁証法によって守ったのである。彼は、「世界は複数の物によって成り立っており、それらは動くことができる」という、常識的な前提と論争した。ゼノンによれば、これらの前提は矛盾へと導くものであり、それゆえに誤りなのである。ゼノンの逆説のいくつかは現代でも馴染み深く、最もよく知られているのは、「アキレスと亀」である。これは、俊足のアキレスが鈍足の亀に追いつけない、という話である。なぜなら、アキレスが亀の出発点に到達した時には、亀は既にその一歩先におり、またその地点にアキレスが着いた時には、亀は更に先の地点にいて、そこへアキレスがたどり着いた時には……というように、無限の数の歩数が必要となるからである。このような議論は、時間と空間は連続していることを前提としている。また、他の議論は、たとえ時間と空間が断続的であると前提しても（例えば、時間と空間は最小の、しかし有限の「点」により構成されているという、ピュタゴラス学派の「数」の理解に即するような見解）、論理的にうまくいかないことを示そうとしている。また、別の議論に目を向ければ、このように記されている。「矢が飛んでいるならば、それは今動いているはずである。しかし、いかなる〈今〉も一瞬であり、一瞬とはその矢に動く暇を与えない」。これらは有名な議論であるが、これらの議論を用いたのはゼノンだけではなかったようである。例えばプラトンは、パルメニデスに対して同様の背理法を用いて挑んだある論敵に対して答弁したということを伝えている。

他の前五世紀の哲学者たちは、パルメニデスのラディカルな結論に対して、世界に存在する明白な多様性と変化に関する釈明をすることでパルメニデスに対抗した。このような議論は、最低でも事物の多重性と運動の可能性を前提としている。ここではそのような考えを持った三人の思想家を挙げることができよう。

1　シチリアのアクラガス（アグリジェント）のエンペドクレス（前四九五頃―四三五年）。この人物は、宗教的、倫理的教師として名高い。そして彼は、この世界と高みにある世界との違いを強く意識し、いつしか自分の魂がその高みにある世界へと帰ることを信じていた。エンペドクレスは、この世界を説明するために四つの要素を前提とした。火、空気、水と大地である。そしてさらに、愛と争い（引力と反発）という二つの存在をも念頭に置いたのである。この「愛と争い」は、交互に作用するため、四つの要素は今、共に引き寄せられて相互浸透し、統一体を形作ったかと思えば、既に完全に分離している、という状態を生み出すとされる。そして、現在の時において人間は、それぞれの存在が生まれ、そして死んでいくという中間的な段階にあると言うのである。さらに、エンペドクレスは、植物と動物は大地という一つの要素から段階ごとに生じるものであるという、発展の論説をも打ち立てたのである。

2　クラゾメナイのアナクサゴラス（前五〇〇頃―四二八年）。アナクサゴラスはアテネへと移住したイオニア人であった。エンペドクレスと同様に、アナクサゴラスも事物が絶対的な始まりと終わりを有している可能性を否定した。そして、事物における質的変化を、微小の粒子の結合と分離によるものと説明し、それらの粒子は、後に「ホモイオメリエス」（類似した部分）と呼ばれ、性質においてはより大きな塊と同じであると考えられていた。このような仮説により、アナクサゴラスは単純な相互浸透や混合に由来する変化の過程（水がワインに混ぜられる様子や、透過性の粘土を通り抜ける様子）を説明することに成功した。しかし、彼はまだ、明らかに違った性質を持つ、新しい物質を生み出すような化学変化については説明することができなかったのである（七一頁以下参照）。アナクサゴラスは、宇宙に存在する理性的な秩序は、「ヌース」（νοῦς）〔心・知〕とよばれる一つの、物事を導く知性のようなものを仮定しなければ説明不可能であると考えた。このヌースとは、純粋な状態で存在し、物質と混ぜられていないものであり、未分化の集合体であった世界を、秩序ある構造へと進化させた原因と考えられたのである。

3　デモクリトス（前四六〇頃―三七〇年）。デモクリトスは、エーゲ海沿岸北部のアブデーラで生まれ、長期にわたる旅の後、アテネに住み着いた人物である。彼は、パルメニデスとアナクサゴラスの両者に反発し、現象を「存在すること」と「存在しないこと」（物質と空の空間）によって説明しようと試みた。物質は、永遠に存在する小さな凝縮された原子によって構成されていると考えられた。そして、原子はそれぞれ形と大きさにおいてのみ異なり、それらの位置と配置が目に見える性質を事物に与えているとされたのである。「甘い、辛い、熱い、冷たいや色などは、主観的なこと（nomoi, 字義的には「慣例的」の意）であるが、原子と空（の空間）は実在するのである」。そして、パルメニデスとは違い、デモクリトスは「現実」（reality）は「非存在」（what is not）をも含むと考えた。彼の考えによれば、原子と原子の間に何も存在しないということは事実だったのである。デモクリトスは、この仮説を宇宙学、動物学、そして人類学の分野でかなり詳細に発展させる。そこでは、人間の最も神秘的な部分である「魂」までもが、物理的言語によって説明されたのである。魂とは滑らかで丸みを帯びた火の原子が体中に散らばったものだと考えられていたのである。そして、このような論理は、人間の形を持ち、空中に宿ると信じられていた神々にまで当てはめられた。さらに、デモクリトスの教えの多くは、満足が人生で最高に価値あるものとする強い主張と共に、一〇〇年あまりの時を経てエピクロスへと引き継がれたのである。

以上の三人の思想家たちは、それぞれに後の伝統に影響を及ぼすこととなる。エンペドクレスの四つの要素の論説は、そのままの形において、また、アリストテレスによって天体という五つ目の要素を加えられた形において広く受容された。プラトン（『ティマイオス』三二bcなど）、多くのストア派哲学者たち（*SVF* 1. 495-6, 2. 413, 2. 473）やフィロンにとっては、それは当然のこととされていたし、エウセビオス、バシレイオス、アンブロシウスやネメシオスのような、[1]多くのキリスト教著作家から新プラトン主義者たちに至るまで、エンペドクレスの考えを受け容れた。そして、エンペドクレスの論説は、一七世紀に至るまで確固たる地位を保持していたのである。しかし、一六六一年にロバート・ボイルなどの化学者たちが『懐疑的化学者』を出版すると、エンペドクレスの仮説は見事に崩されてしまった。

アナクサゴラスの提唱した「類似した部分」の説は、「部分は全体を映し出す」という原理を唱えたのだが、エンペドクレスよりは影響力が小さかったようである。アナクサゴラスの説は、物理学的仮説としては、デモクリトスの斬新的な原子論に比べると見劣りのするものだったのである。しかし、彼の進化論的宇宙論は一定の重要性を持っている。それは、原初の無秩序（あるいは単一性）を想定し、そこに宇宙的意志（νοῦς）が秩序をもたらしたとする考えである。このようなアナクサゴラスの仮説が記された著作の冒頭文は、教会史家エウセビオスによって比較的忠実に要約されており、それはすべてシンプリキウスによって引用されている。また、アナクサゴラスはその神的世界観により、侮蔑的な性格で知られるヘルメイアスからの賞賛も受けている（*Irrisio*〔『嘲笑』〕6, *DG* p. 652）。しかし、エウセビオスによれば、アナクサゴラスはソクラテスから、その宇宙的意志が「善」との関連においてどのように働くのかを説明することに失敗しているとの批判を受けてもいる。つまり、宇宙の構造が、考えられる最善の形であることを詳細に示すことがなされていないということである。

デモクリトスの後代における影響は多分に間接的なものであった。彼の名前は記念されてはいたが、彼の論説はエピクロスの哲学において修正され、その形が後へと伝えられていったのである。[2] そして三世紀ごろに、もはやエピクロスの哲学すら消え去った時、物質を原子として理解する考えは、プラトンの『ティマイオス』に提唱されている幾何学的なかたちにおいて支持され、それは主に学者たちの間で大いに関心を呼んだのである。その頃には、ルクレティウスのエピクロス研究はもちろん残ってはいたけれども、何らの権威も保持していなかった。かえって、アリストテレスによる、「熱」「冷」「湿」「乾」という四つの性質による、四つの要素の説明の方が信頼を得ていた。原子論はその後、ガリレオによって復活し、ガッサンディやボイルによって受け継がれていく。そして、いくつかの困難を乗り越えて、原子論は一九世紀の目覚しい化学の発展の基盤を備えたのである。私が若い頃などにはまだ、保守的な教授たちは、原子は極めて小さい固体であると教えていたものであった。

原註

（1） カイサリアのエウセビオス『コンスタンティヌス帝頌詞』六・五、一一・八、バシレイオス『ヘクサメロン』一・七、二・三、四・五、アンブロシウス『ヘクサメロン六巻』一・六・二〇、三・三・一八、ネメシオス『人間の本性』一・一・六、五・五四。

（2） エピクロスは確かに原子を小さすぎて見えないものと考えていたが、デモクリトスはそうではなかった可能性がある。エウセビオスの『福音の準備』一四・二三・三によれば、アレクサンドリアのディオニュシオスはデモクリトスが原子を大きいものと考えていたとしている。もしかすると、ダイヤモンドを原子として理解していた可能性もあるのだろうか？

訳註

〔1〕 内山勝利ほか訳『ソクラテス以前哲学者断片集 第Ⅱ分冊』岩波書店、一九九七年、七六頁。

第2章　ソクラテスと「イデア」

最高のギリシア哲学者として名を挙げるに相応しいのは、おそらくプラトンであろう。彼は、間違いなくキリスト教神学に最も大きな影響を与えた人物である。彼自身が、教理や制度を確立しようとしたわけではないが、彼が抱いた、深く広範囲にわたる疑問の数々、しかもそれらを極力専門用語を避けたかたちで語ったところに彼の偉大さがある。そして、プラトンは、それらの疑問の一部には確固たる答えを見出したが、多くの場合、それらの疑問の複雑さや、考慮されるべき事柄を表明するだけで満足していた。それは、部分的には、理論的議論の訓練のためでもあったが、主たる理由を言えば、真理をすべて知り尽くすことは難しいという確信と、いい加減な解決を導き出すことへの嫌悪によっていた。後のプラトン主義者たちは、彼らの師のような開かれた、曖昧な方法を真似することは稀で、プラトンの著作の中から比較的一貫性があり、論敵に負けることのないものを選び取ってまとめていた。また、哲学への自由な接近は、キリスト教徒の間でも一時復興し、特にクレメンスやオリゲネスなど、三世紀・四世紀のアレクサンドリア学派の影響下においては、大胆な思索が「精神の鍛錬（gymnasiai）」として許容されたのである。そして、そのような時期に、プラトン主義の著作家たちはその影響力をキリスト教神学のうちに顕にしたのである。しかし教会は、これによって教会会議の権威ある決断により後押しされる、固定された教理の骨子をも形成していったのである。そして、この時期以降、ほとんどのキリスト教徒たちは、確立された教会の教理と合致する場合だけプラトンを引用するようになった。例えば、神の存在の現実性、創造と摂理、天的な力、人間の魂とその鍛錬・生存・未来の審判などに関しては、適切な文書の選択により、プラトンの書物からもキリスト教的な議論を支持することができたのである。

プラトンは、美しさと力強さを兼ね備えた膨大な著作を残しているものの、書かれた言葉は二次的なものであると考えていた。彼は、対話や弁証により、生の声で意見を交わすことを好んだのである。この点ではプラトンは、著作を一切残さなかった彼の師匠ソクラテスに従っていたのである。それゆえ、ここではまず、ソクラテスについて記さなければならない。

ソクラテスについては、プラトンの対話篇によって知ることができる。ただ、そこにおいては、ソクラテスの目的や方法論は理想化されているような印象がある。他には、ソクラテスの弟子であったクセノポンの友好的で伝統的な描写、アテナイの喜劇作家アリストパネスの陽気な風刺、そしてアリストテレスを含む他のさまざまな人物による証言から、ソクラテスの姿が浮かび上がってくる。その中でアリストパネスは、ソクラテスは一般的に「ソフィスト」と捉えられていたことを明らかにしているが、逆にプラトンは、ソクラテスを「ソフィスト運動」の急進的批判者として描き出している。しかし、いずれにせよこのソフィスト運動がソクラテスの人生と著作の背景なのである。

「ソフィスト」という言葉は、もともと「指導者・教師」を意味していた。しかし後々に、この言葉は揚げ足取りで不誠実な理論を意味するようになった。つまり、元来「ソフィスト」は有料の講義を行ったり、富裕層の息子たちに個人教授したりする、職業としての教師たちを指したのである。それまでギリシアで教育といえば、文法、初歩的な算術、詩人や音楽、運動などにある程度通暁することに範囲が限定されていた。しかし、ソフィストたちは、時に哲学者たちの著作を受容・発展させながら、さらに広範囲で大掛かりな教育プログラムを提供することができたのである。

ソフィストたちは、個性的、個人主義的で、自らの才能を知らしめるために独自の生活スタイルまで築き上げる人々であったが、二つの特徴を共通して持っていた。まず一つ目は、彼らはそれまでの哲学者に比べて、宇宙に関する壮大な問いには関心が薄く、人間の行動に焦点を置いていたということ。例えば、中でも有名なプロタゴラスは、彼の著作の冒頭に次のような言葉を綴っている。「人間はすべてのものの尺度である――あるものについてはあるということの、あらぬものについてはあらぬということの尺度である」[1]。そして二つ目の共通点は、彼らが純粋な論説そのものには興味が薄く、自らが市民生活と政治における成功を確実にする包括的な力を伝授しているのだと豪語したことである。そこで、政治的問題には議論が必要となるので、彼らは生徒たちに演説の仕方、文体の整え方、説得的な議論の方法などを教えたのである。このようなことから、ソフィストたちは時に、以前の思想家たちの議論を継続し、広めているかのようにも思われたが、時にそれらの考えには鋭く反発しているようにも考えられたのである。しかし、実際は、彼らはおそらくミレトスの学派とはいくらかの共通点を有していたが、ピュタゴラス学派とはほとんど何の接点も持っていなかったであろうと思われる。

　哲学者やソフィストたちによって視野が拡大されると、地方の習慣や宗教を基盤とする道徳的規範はないがしろにされる傾向が生じた。さらに言えば、道徳が自然の必要や神の掟ではなく、人間の伝統の問題であるという考えは、道徳が人為的なものであり、自由に無視され得るものだという結論を容易に引き出すものであった。このような見解は、第一世代の代表的なソフィストには見られないが、ソクラテスの時代には既に、ソフィストの学徒の一部は背徳主義者的な結論に至っていた。

　ソクラテス自身も、人間の行動への関心をソフィストたちと共有していた。彼は、道徳的問題に集中するために、宇宙論の学びを断念したほどである。ソクラテスは社会的、政治的な名声は求めず、彼の弟子たちにもそのような地位に惑わされないように勧めた。なぜなら彼は、魂とその健全さこそが人間の主要な関心事であるべきと考えたからである。そして、彼の抱いていた主要な疑問の一つは、その魂の健全さというものが、他の徳や技術と同じように、教育されることができるのかということであった。しかし彼は、伝統的な道徳主義者たちへも度に関するものであった。つまり、ソクラテスの道徳的誠実さに関する評判は、彼自身の生活態度によって保たれていた。彼は質素に生活することに満足していたし、身体的苦痛にも耐え、悪評にも明るく対応し、法律も守っていたのである。また、彼は立派な上流階級の若者たちとの親密な友情を重んじてはいたが、彼らに知性と向学心も要求していた。しかし、他方では、ソクラテスの好奇心の強さと、一般的に受け容れられている知恵を危険にさらすような行為は、彼が道徳的懐疑論者であるという批判を巻き起こした。そして、彼は不敬と若者に対する不適切な影響という非難を受け、断罪されて死刑に処されたのである。

クセノポンはソクラテスが「いつも人間の行動について論じ、何が敬虔で、何が不敬虔であるか、何が崇高なことであり、何が恥ずべきことであるか、分別とは何か、狂気とは何か、勇気とは何か、臆病とは何かなどを論じていた」と記している。ソクラテス自身は、これらを実用的な問いであると考えていた。事実、彼はいつも職人や専門家たちについて彼らの特殊な技術を称えていた。なぜなら彼は、例えば「薬とは何かを知る」ことは、「薬を処方する方法を知る」ことと同じであると考えていたからである。だからソクラテスは、人は自分の技術に関する説明ができるようになるべきだとし、そこから定義づけをしていくに至ったのである。ソクラテスは、一般に受け容れられている概念の定義を試し、それぞれの挑戦においていくらかの進展を図り、しかしそれらを結局は否定していたので、最終的には結論に辿り着くことができなかった人物として描かれるようになった。しかし、簡単に言えば、彼は自らが何も知らないという結論に至ったのであり、自らの無知に気づいていたことにおいてのみ自身が優れていたと考えていたのである。

ソクラテスは、道徳（あるいは特定の徳）とは何かという問いに取り組むに当たり、完全性と一貫性を目指していた。彼は、考えられるすべての可能性に対応することのできないような答えは受け容れられなかったのである。さらにソクラテスは、変わりゆく伝統や、移ろいやすい状況からは独立した、ある「基準」というものを求めていた。そこにおいて彼は、プロタゴラスやヘラクレイトスの考えに反対したことになる。しかし、ソクラテス自身がどれほどこの考えを展開させていたのかは不明である。なぜなら、後にプラトンはソクラテスが「イデア論」と呼ばれる高度に発展した議論を提唱したかのように記しているが、そのような思想の創始者はプラトン自身であることをアリストテレスは証言しているからである。この「イデア論」は『パイドン』において重要な役割を果たしている。『パイドン』はプラトンの対話篇の一つであり、処刑当日のソクラテスの対話を記したものである。そこでソクラテスは、自身が信じる魂の不滅についての弁明をしている。この魂の不滅に関しては、当然後のキリスト教徒たちの関心を大いに引くこととなった。しかし、ソクラテスは肉体と、肉体の知覚と感覚とを軽視しているように描かれており、その姿勢は、彼自身の活発な実践的好奇心よりも、ピュタゴラスの思想に相通じているのである。もっとも、ソクラテスもオルペウス教徒やピュタゴラス学派のように、完全な意識と生きた人格が永遠に存続すると信じていた可能性はある。しかしプラトンは、彼の描くソクラテスに、独自の議論でその教理を弁明させている。ただし、プラトンは、それらの言葉が師の教えから自然に引き出されるものとして、それを自分の功績にしようとはしていない。

　プラトンに関しては、彼自身の著作が今日まで完全に残されているために、これまでに扱ってきた他の思想家たちに関するよりも確実な研究をなすことができる。また、プラトンの著作の多くは文学的古典となっているし、そこに表されている思想はヨーロッパの知的伝統に多大なる影響を与えたために、読者にとっても全く異質なものではない。そして何よりも、最近では、研究者たちの業績により、プラトンの思想をまとめるだけではなく、そこにある発展にまで言及することができる。プラトン哲学には、思想のみならず形式においても変化がみられ、それに従って彼の著作を大雑把にではあるが年代順に並べることが可能なのである。プラトンの著作には、ソクラテスが法廷において語ったとされる『ソクラテスの弁明』と共に二五ほどの対話篇があり、また一三の書簡も残されている。それに加えて、無名の著者による対話篇の偽作や、その他にも真正性が怪しまれる書簡などが存在するが、真正なプラトンの著作は一般的に次のように分類される。

初期の著作——『ソクラテスの弁明』『クリトン』『ラケス』『リュシス』『カルミデス』『エウテュプロン』『ヒッピアス小（？と大）』『プロタゴラス』『ゴルギアス』『イオン』

中期の対話篇——『メノン』『パイドン』『国家』『饗宴』『パイドロス』『メネクセノス』『クラテュロス』

後期の対話篇——『パルメニデス』『テアイテトス』『ソピステス』『ポリティコス』『ティマイオス』（より早い時代の可能性あり）『クリティアス』『ピレボス』『法律』

中期の対話篇の中でも最初の五つの著作は突出しており、重要度も高い。また、『ゴルギアス』も忘れてはならない存在である。

初期の対話篇は、ソクラテスの活動や議論の方法などを紹介するために記されたようである。中期の長編対話篇においてもソクラテスは中心的な位置を占めている。しかし、そこで表明されている思想はプラトン自身のものであり、彼の師の基本的な思索の範疇を大きく超えるものであった。そして、後期の対話篇の中には、もはやソクラテスが中心的人物として登場しないものもある。プラトンがさまざまな批判を受けながら、自らの議論を展開させる中で、登場人物の人物像というものが次第に薄れ、逆に思想自体は段々と専門的かつ複雑になっていくのである。

プラトンの教えの中で最も偉大であるのは「イデア」（Idea）の議論である。プラトンによれば「イデア」（Idea, アイディア）とは、現在その語が意味するように「理念」を指すのではなく、知解可能な構造・世界を構成する永遠の客観的リアリティーを意味するものであった。しかし、プラトンはいかにして、ソクラテスの教えを基盤にこのような着想を得たのであろうか。

まず、初期の対話篇においては、ソクラテスが「～とは何か」という形式で質問をしている場面が見受けられる。このような問いは、主に道徳的性質についての問いである。例えば、経験、勇気、美、正義などが、どのようにして認識され、定義付けられるのかを問うのである。このような方法は、ソクラテスが彼の行いを単なる意見にではなく、実際の知識に基づいたものにしようとしていたことを反映している。ここでは、難解な議論に判断を下すための、共有された、一定の基準が必要となるのである。そこでプラトンは、ソクラテスが要求しているのは、例えば単なる「勇気」の「例」ではなくて、「勇気そのもの」という表現で呼ばれる特有のリアリティーであると考えた。そしてこのリアリティーは、「勇気」が存在する都度にそこにあるものなのである。場合によってはソクラテスは、物事の隠された共通性よりも、相違性を認識しようと努めていたように見えるが、このことは間違ってはいない。それゆえに、ソクラテスは「～は良いものか?」という質問に対して、「何のために良いと聞いているのか」などと答えることを好み、物事が何であるかを知るには、それが何をするのか、何に適切であるのか、つまりその機能を知ることが一番だと考えたのである。

このようなソクラテスの思想は、『クラテュロス』において深く掘り下げられている。しかし、機転の利いたプラトンの想像力は、彼を新たな可能性へと導き、その先には更なる発展が続くのである。プラトンの見解によれば、「正義とは何か」というような問いに答えることは、人間の営みや変化する状況からは独立した、不変のリアリティーを指し示すことができる場合にのみ可能となる。つまり、常に真実に「正義」であるリアリティーを指し示す必要が指摘されているのである。ここでプラトンは、数学的な無時間的・客観的定義を念頭に置いていたのかもしれない。そして最終的に、「平等」が「正義」と密接に関係しているという議論に辿り着く。しかし、このような論説は、彼がうまく区別することのできなかった二つの思想の流れを包含するようになる。

まず初めに、「一」と「多」の問題が存在する。例えば、なぜ「正義」というような「一つ」の言葉を、「多く」の行動に結びつけることができるのであろうか。その理由としてプラトンは、それらの行動がすべて、「正義」という言葉が厳密に意味する一つのイデアあるいは基準に似せたものであるか、あるいはそれらにまたは参与しているものだからだと説明する。そして、この考え方は、さまざまなことに当てはめられるのである。ここでもちろん先頭に挙げられるのは、ソクラテス同様道徳的な事柄である。また、ピュタゴラスに従って、数学的な概念も同時に議論に加えられる。しかし、早くも『パイドン』において、議論は拡張され、正義と平等のみならず、健康と病、熱と冷といったものまでに対する言及がなされている。そして書簡七においてプラトンは「形についてはもちろん、直線についても、色についても、また同時に善いもの、美しいもの、正しいものについても、また火や水やそういった類の、人工のものであれ、自然に生じたものであれ、ありとあらゆる物体についても、さらにまたすべての生き物についても、もろもろの精神にそなわる性格についても、またなすことなされることのすべて」[2]のイデアというものを意識している。ここに、後に「形而上学的実体」と呼ばれる考え方の萌芽が見られる。そしてこのような体系は、いかなる制限もなく、何であれ類似した存在に当てはめられるのである。

次に、「価値」と「無価値」の問題が存在する。プラトンは、正義のイデアとは常に正義であり、完全に正義であると考える。しかし、人間にはそのような完璧な正義を遂行することはできない。それは、二対の衣服や道具が、数学的に完全に一致することが不可能であるのと同じである。このような考えに従えば、「イデア」とは、物質や人間の行動がある程度模倣はするけれども、完全な一致を遂げることはできない「完璧な基準」ということになる。このような「イデア」と実際の事物との相違は、イデアが個々の事象とは離れて、別の次元に存在しているということから説明される。つまり、イデアは、「イデア界」と呼ばれる天的世界に充満していると想像力豊かに描かれたのである。しかし、すべてのものに対して、そのようなイデアが存在すると言い得るのであろうか。既に述べたように、プラトンは、一つの語が多くの事象を説明するために用いられるのは、イデアが存在するからであるということの事例として、病と健康とを挙げている。(それぞれの病は区別され、分類されなければならないので、病を健康を失った状態と見なす説明は不十分である。) しかし、「完全な病」などというものが存在し得るであろうか。プラトン自身も、このような議論の難しさを『パルメニデス』という後期の対話篇の中で認めている。そこでは、髪や泥、その他の汚物の完全なイデアなどというものが存在し得るかという難問に、ソクラテスが直面する姿が描かれている。そして、ソクラテス自身は答えをはっきりとさせることはなかった。しかし、パルメニデスの答えを見れば、イデアの理論はすべての場合に等しく適用されるべきであることが分かる。そして、『パルメニデス』においては、この問題はそれ以上論じられない。先に言及された書簡七は、その難題が解決可能であるかのように思わせるが、後の対話篇においては、躊躇が見られる。例えば、『ポリティコス』(二六三b)では、イデアはすべての「部分」や思想の類型に対応するものとして捉えられるべきではないとされている。それらは人間が自由に定義付けることができるが、イデアの体系は客観的なものであり、不変の宇宙構造を定めるものなのである。

では、「働き」の理論はこの思想を後ろ盾するであろうか。例えば、靴は歩行のため、歩行は健康のためというように、ある事物の働きはそれに優る善に役立つことを目的としているものである。しかし実際には、靴職人はさまざまな要素を頭に入れながらその靴を形作る。その靴が踏みしめるであろう地形、そして靴の所有者の足の特徴などが考慮に入れられるのである。そのようなことを考えれば、「自らの働きを果たすものが美しいのであり、それらはそれゆえに〈美〉という一つのイデアに属している」とは言い難くなってくる。さらに、たとえその「美」のイデアがそれぞれの場合に応じて独自のものであったとしても、その「美」のイデアが他の種々のイデアとどのような関係にあるかを考えなければならなくなる。

特に問題となるのは、それぞれのイデアがそもそも善いものであるならば、それらはすべて「善」のイデアに属していなければならないということである。そして、この考えは、『国家』において目覚しい発展を遂げている。プラトンはそこにおいて、すべてのイデアが「善」というイデアに属しているという思想を、言葉では説明しきれない神秘であるとしている(五〇六c-e)。しかしその神秘は、不完全にではあるが比喩的に表現することができる。つまり、太陽が生けるものを存在たらしめ、また見えるようにするごとく、「善」もすべてのイデアに存在と知解可能性を与えるのである。すべてのイデアは、事柄がそうであるべき最善の状態なのである。もう一つのアレゴリーは、可視的世界とイデアの世界の間にあるギャップをよく表している。そこでは、一般的な人間の経験が洞窟の中に捕らえられた囚人に喩えられる。彼に見えるのは、影絵のようなものだけである。そして、それらの影を作り出す物体も、洞窟の中にある模型であって現実ではないし、囚人にはそれを見ることができない。もし、囚人が洞窟を抜け出して地上の世界に上がることができたなら、彼は不慣れな光に目をくらませてしまうのである。そして、もし彼が洞窟に戻って彼の見たものを伝えようとするなら、彼の言葉は混乱し、高次の現実についての彼の証言を誰も信用しないこととなる。このようにして、最も賢い人は愚か者として嘲られるというのである。

この教えは、単に哲学への弁明として提示されているのではない。『国家』の冒頭には正義の性質に関する問いが掲げられているが、そこでソクラテスは理想の国家の骨子を語ることでその問いに答えている。その国家は、節度と見識のある行動を促す術を習得した者たちを抜擢し、その特定の階級の人々によって治められるのである。そして、それらの人々の教育プログラムには、算術、幾何学、立体幾何学、天文学と音楽が含まれるのである。これらの学問を通して、事物の大きさや規則正しさを学んだ魂は、神秘的な言葉でしか言い表せない超越的調和の理解へと導かれる。最終的には、このような経験が、統治階級の実践的判断に刺激を与えることが望まれていたのである。

以上に展開される政治理論には、人間性に関する新たな理念が加わった。『パイドン』においては、人間の運命というものが理想的哲学者の観点で扱われているが、プラトンはそこで身体と魂を単純に対比させ、魂とは単純で統一的な存在である故に不滅であると説いている。『国家』においてプラトンは、哲学的なセンスを有する人々がごく少数しか存在しない共同体への策を提示しなければならなかった。共同体の中では、その少数を除いて、みな自らの欲の赴くまま、良くても高潔な、しかし思慮に欠けた激情に基づいて行動している。そこでプラトンは、実践的な理由から、魂の内にある行動の源を、欲望、衝動、理性の三つに分類する。そして、それに並行して、人々の行動を基本的に支配する動機の種類に基づいて彼の理想の国家を三つの階級に分けた。このような分類は、元来の目的は何であったにせよ、ほどなく権威ある心理学として受容された。プラトン自身、この分類をほぼ同時期の対話篇『パイドロス』において強調しており、魂は御者（理性）によって制され、二頭の馬に引かれる馬車に喩えられている。その内、一頭は（欲望を表し）、気性が激しく扱いにくい馬である。後の伝統においてこの喩えは、道徳的判断に関しての歪曲を招いた。人間の飲食への欲求や性的満足を求めることは理性や徳に反することと考えられるようになったのである。反対に、怒りや攻撃性などは、もう一頭の従順な馬に喩えられ、すぐに断罪されることはなかった。さらに、間接的にではあるが、プラトン的分類は後に、人間性を肉の欲に縛られた身体と、（新たにされる以前の）魂、（神より賜る）精神あるいは霊に分けるキリスト教的分類へとつながった。このような経過により、多くのキリスト教徒が身体を神から賜る魂の道具としてではなく、本質的に堕落した誘惑の源と考えるようになったのである。プラトンにおいて特出していることは、彼が強烈なまでに美と善を評価したことと、それを想像力豊かに表現したことである。プラトンの価値観の基本は美にあると言っても過言ではない。しかし、人々の外面的な美しさは、それが内面的な美しさと調和していない限りは無意味である。そこでプラトンは、『饗宴』と『パイドロス』において、どのように外面的美しさを慕う愛から、超越した美への普遍的な意識へと移行、あるいは巡礼（！）をすることができるかを説く。またプラトンの最も力強い作品の一つである『ゴルギアス』では、ソクラテスを通して、不義に苦しめられることが、不義を行うことよりも、道徳的に優っているのみならず好ましいことであると説かれる。不義を行う者は、彼自身の魂という最も貴重な持ち物を傷つけることになるからである。後のプラトン主義者は、異教徒であれキリスト教徒であれ、プラトンを道徳と宗教の教師として敬うようになった。プラトンの政治的議論は注目されなかったし、彼の論理学や形而上学における先駆者的働きは、彼の弟子や後継者たちによるさらなる発展の影にしばしば隠れてしまったのであった。

訳註

〔1〕内山勝利ほか訳『ソクラテス以前哲学者断片集 第V分冊』岩波書店、一九九七年、二八頁。
〔2〕水野有庸・長坂公一訳『プラトン全集 一四』岩波書店、一九八一年、一五〇頁（書簡七・三四二d）

第3章　成熟期のプラトン哲学

プラトンの中期に書かれた対話篇の数々は、文学として、世界でも類稀な独創的功績として讃えられるが、彼の後期の対話篇は想像力と技法の巧みさにおいて初期のものに劣っている。しかし、後期の著作は後代の論理学と形而上学のために重要な思索を発展させる。プラトンは今や「認識」に関する議論にその関心を寄せており、その片鱗が、比較的初期の対話篇『メノン』に認められる。メノンは無学だが聡明な奴隷である。彼は、ソクラテスからの問いかけに答えることで、教えられることなしに数学的真理へと到達する。つまり、いくつかの真理は、経験とは無関係に知ることができるということである。そこでプラトンは、魂は忘却された前世においてイデアを知っていたのだと結論付ける。真理の発見とは、実は真理の「想起」(anamnesis)なのである。ここではイデアの認識と日常的事実に関する認識は明確に区別される。ただ、前世の証明はプラトンがいくつかの対話篇の中で想像力を膨らませ細部まで説明する輪廻の議論を立証するには不充分である。なぜなら、人は完璧な前世からの存在を想起すると説かれているが、輪廻の理論では不完全な前世が現在の命に先立っていた可能性を否定できないからである。

認識についてさらに十全的な議論がなされている『テアイテトス』には、イデアに関する言及は驚くほど少ない。しかし、知覚的認識は純粋な知覚以上のものを含むこと、また認識とは生来の性質であることを示唆している点において、この対話篇はとりわけ重要である。「知る」とは人が普段「見る」ことや「眠る」こととは異なる。

何かを「知る」とは、必要な時に正しく行動し、応えられるようになることなのである。

認識の問題は、既に論じたとおり、プラトン自身のイデア論への疑念が表れている『パルメニデス』においてより驚くべき仕方で示されている。ここで挙げられている理論上の疑問は、哲学的評論家が大きな関心を寄せるところであるが、キリスト教の伝統に与えた直接的影響は小さいので、本書では簡単に触れるのみとする。まず、最初に論じられることは、もし毎日の現実がイデアに「参与する」のであれば、それらはそれぞれのイデア全体に、あるいはその部分に参与することになり、どちらにしてもイデアはその統一性を失ってしまうように思われることである。（ソクラテスであれば、前者を選んだであろう。彼は、太陽が多くのものから見られていても一つであるように、いかなるものも、それが多数のものと関係を持っているからという理由で分断されることはないと言い張ったであろう）。二つ目は、アリストテレスによって「第三の人間」と呼ばれた批判である。ソクラテスの考えでは、相似している複数の事物は、共に「相似」というイデアに参与している故に相似性が生じている。しかし、それらの事物は同時に「相似」のイデアの似像でもある。そうすると、イデアに参与する事物とイデアそのものとの相似性を説明するさらなるイデアが必要となり、そのようなイデアの必要性は永遠に続く。（異なるイデアはそれぞれ固有の問題を生じさせるので、この問題には簡単に答えることはできないが、例えば、「善」のイデアは善いものであり、参与によって「善」となるという一般的な法則には縛られることがないというふうに説明することもできる。）三つ目の疑問は、事物はそれに類似したものによって知られるという原則に則って、超越次元にあるイデアは、人間が有しない超越した認識によってのみしか知られないのではないかというものである。

『パルメニデス』の後半において、プラトンは四つの仮説を立てている。その内、一番に挙げられるものは、翻訳が困難な言葉で綴られている。「一もしありとすれば[1]」あるいは「もしそれ（宇宙？）が一つなら」などの訳が試みられるが、もしこれらの前提が正しければ、そのことに関しては何を語ることもできないとプラトンは論じる。しかし同時に、同じ前提を保持しつつ、この「もし～なら」にはあらゆる述部が続く可能性があるとも論じられている。このようにして四つの仮説すべてに、相矛盾する答えが与えられており、議論はさながら崩壊しているかのように見える。それゆえに、研究者はしばしばプラトンの意図が見えずに困惑し、中にはこれはすべて手の込んだジョークであるとすら言い出す者も出てくる始末である。しかし、ここでは『パルメニデス』の前半と後半は「哲学者は批判を恐れてはならない」という思想によって結ばれていると考えることが妥当だと思われる。プラトンは自身の理論の欠点を示すことで、パルメニデスによる論理を破壊した。これは、ゼノンがパルメニデスの理論を擁護するために用いた作戦と同様である。パルメニデスの形而上学の理論は、この批判を耐えることなくしては成り立たない。ここから引き出される結論としては、統一性と存在に関しては慎重な議論が必要だということである。そして、プラトンはほどなくその作業に取り組もうとしていた。しかし、これから見るように、古代末期のプラトン主義者たちは全く異なる解釈をしていくのである。

イデア同士の関係については、『ソピステス』の中でさらに詳しく論じられているが、それもここでは簡単にしか紹介できない。まず、問題とされているのは、ソピステスをどのように定義するかということであり、プラトンはとても褒め言葉とは言えない七つの定義を提案する。しかし、プラトンが最も関心を寄せていることは、分類の論理であり、それには類概念と種概念による分類の概念として表されるイデアが関わってくる。プラトンは類と種が、互いとは無関係に独自の性質を示すのではなく、相関的であることを論証する。プラトン自身のやや曖昧な言葉によれば、イデアは他のイデアと「混ざり合う」のである。

『ソピステス』においては、かなり早い段階（二三七a）で深刻な問題が取り上げられている。「パルメニデスによって棄却された〈あらぬものは〉という〈危険な前提〉なしに嘘というものを説明することができるか」ということである。プラトンの時代には「存在」を単一の意味として捉えることが当然であったが、この複雑な議論により、現代においては容易に区別されるさまざまな意味合いが引き出されようとしているのである。ある意味では、嘘は確かに「ある」と言える。それは文章として起こる出来事である。そこには意味内容も存在する。しかし、ギリシア語文法においては、「〜は」（X is）と記すだけで、それは「〜はそうである」（X is so）あるいは「〜は真実である」（X is true）を意味することになってしまい、これでは嘘についての説明がつかなくなる。そこでプラトンは、嘘は「現実（あるいは真実／tōn ontōn）でないことを言明する」ものだと結論付ける。嘘とは「そうではないことを、さもそうであったかのように語る」のである（二六三b）。この二つ目の議論は、一つ目より役に立つものである。なぜなら、「虚偽とはある真実な言明以外のものである」ということが本当だとしても、それが偽りであることが証明されるわけではない。また「虚偽とは、すべての真実な言明以外のものである」ということは真実でなければならないが、そのような議論は分かりにくい。そこで結局、「虚偽とは真実ではない」と述べることになるのである。

プラトンの議論は有、動、静、同、異の「五つの最大の類（genē）」を区別し、それらの内どれが結合、あるいは反発しあうのかを問うことで整えられている。プラトンによれば「同一性」（sameness）とは「存在」（being）ではない。このことは、「イリウムはトロイ」〔イリウムはトロイのラテン語名〕が「ソクラテスは賢い」とは異なるように、「〜は」（is）という文章が何かの同一性を表している場合は特別なケースであるという確かな認識に至る。ではプラトンは、「ソクラテスは賢い」などのように「〜は」（is）が述詞的に用いられる場合も、存在を表す「ソクラテスは」（Socrates *is*）あるいは「ソクラテスは在る」と言った場合とは区別していると言うべきであろうか。確かにその片鱗は見られる。ソクラテスは「賢明さ」に「参与」するのである。しかし、その差は明確でないように思われるし、疑念のこもった言葉も残されたままである。さらに、プラトンの嘘の扱いにおいては、アリストテレスにおけるようには「真理としての存在」が正式には区別されていない。

同様に重要かつ議論を呼ぶことが、『ソピステス』の二四八e六で挙げられている。論理主義者の哲学議論によれば、知られ得るものはどうしても変化を免れ得ないという結論に至る。知られるということは、それに基づいて行動されるということであり、その時点で何らかの変化が余儀なくされるからである。そこでソクラテスは反論する。「しかし、ゼウスに誓って、果たしてどんなものだろう。いったいわれわれは、ほんとうに動や生や魂や思慮が、全き意味での実在に備わっていないというようなことを、そう簡単に信じてもよいものだろうか――それが生きてもおらず、思慮を働かせることもなく、厳かな聖像さながらに、知性を持たずに不動のまま立っている、などということを」[2]。プラトンはイデアを変化の原因にはなりえても、それ自体変化しないものであると繰り返し論じてきたので、以上の叙述により、一部の研究者はプラトンが自身のイデア論に関して大胆な訂正を提案しているのだと考える。確かに、『国家』においては、「善」は太陽と同様に事物を存在たらしめ、事物が知られることを可能にしているとはっきり述べられているのである。もしプラトンがここでイデアが可変的であり、命と魂と理性を持っていると論じているとすれば、それはかなり大胆な転換である。大多数の研究者は、いくつかの後期の対話篇に見られるように、プラトンが不動のイデアの思想を貫いたと考える。つまり、『ソピステス』において記されていることは、ただ変化や命などが実在するものであり、説明を要するということなのである。しかし、プラトンがここで大胆な転換を見せたと考える余地も十分にある。プラトンが意図したにせよしなかったにせよ、そのような解釈は、イデアと魂をほぼ同化させた後のプラトン主義者たちに影響を与えたのである。

しかし、このことは直後に書かれた著作に見て取ることは難しいのである。『ティマイオス』は最も影響力のあるプラトンの対話篇の一つだが、そこでは宇宙の起源が想像力豊かに描かれている。宇宙は神的な職人あるいは発明者（デミウルゴス）によって、イデア界の秩序や完璧さに準じて造られたという。この議論ゆえに、キリスト教徒たちは『ティマイオス』を創世記の記述を裏付ける文書として尊重するようになった。しかし、プラトンの描く神的職人は自身において最高・完璧な存在ではないようである。その職人は、彼が見ている完璧なものを模倣しているだけであって、それを作り出しているわけではない。それにもかかわらず、この職人は、イデアとは異なり、動的な原理をも有する。ただ、イデアも運動や変化の原因となり得るということは、わずかに暗示されているだけである（例えば、五〇dにおいて、イデアは「父親」の役割を果たすと記されている）。これを受けて、現代の研究者の一部は、神的職人の概念すべてがプラトンの神話を作り出す営みの産物であると論じる。劇的効果を生み出すために、動的原理が擬人化されているのであり、それゆえ、さらに思想が深まった時、プラトンは議論をイデアそのものに移していくというのである。すべての事象はそこに動的な原理を必要とすることを考えれば、神的職人が単に比喩的なものであるとも、イデアがただ静的なものであるとも解釈することはできないであろう。そこで、プラトンの後期の対話篇である『フィレボス』と『法律』を見ると、そこではプラトンが世界を支配する精神あるいは魂という確実に神的な思想へと移行している証拠がある。特に『法律』は、そのような神的存在を理論的に証明した最初の文書、最初の自然神学の論文と言っても過言ではない。しかしこの場合も、「最善の魂」は無限の究極的原因ではない。世界には無秩序があり、それは一つ、あるいはそれ以上の悪なる魂によって生じさせられていると説かれているからである。

イデアに関するプラトンの最後の思索は、アリストテレスの記述を信頼するならば、論理的・数学的興味で満ちていたようである。プラトンは、魂も「イデアに近い」存在としながらも、常に真実在の最高の例として考えていたのは数学的な概念と図形であった。ただ、数字に関してはある区別がされるようになる。つまり、二は二に足されることができるので、二という数字は、他のどのような数とも同じように繰り返すことが可能になる。それゆえに、数字の二は「二であること」（両数／duality）そのもののイデアとは区別されるのである。それでいて、数字の二は実際のいかなる事物の対とも同一ではない。「二重性」そのものは、「理想的」であり「足すことのできない」数であるので、プラトンはそのように「足すことのできない数」が根本的な現実であり、そこからイデア界の秩序全体が生じてくるという考え方に明らかに興味を示していた。しかし、そのような世界の体系を具体的に描き出すことは困難である。一体、この世の観念の一つ一つに適合するそのようなイデアがただ一つだけ存在するなどと言いえるのであろうか。この世の観念のそれぞれが体系を成し、それぞれの類の下には更に細かい種が集められていると言うのに、である。プラトン自身はそれが可能だと考えたが、もし「理想的人間」や「理想的馬」などが存在するとすれば、プラトンの理論において必然とされる理想的な「動物自体」以外にも、理想的な種々の動物たちがいなければならないことになる。同様に、理想的な都市に関しても、それは理想的な市民を前提とすることになる。また、イデアが命や生産的な力を与えられているという考えは、イデアを限りなく魂に近いものとして捉えることになる。プラトンはクセノクラテスの魂の定義に既に触れていた可能性もある。クセノクラテスによれば魂は「自己運動する数」(self-moving number)であり、数は活動できると考えられる。このような奇妙な思想は、恐らくさらに古い「魂とは調和(ハーモニー)である」という定義に由来しているのかもしれない。調和は数によって説明され得るし、調和振動は発言を構成することも、橋を破壊することもできるのである。

以上の思想を突き詰めていくと、少なくとも人間に関しては、個々人に対応するイデアがあるのではないかと思わされる。理想的な自己、守護者、あるいはキリスト教用語で言えば守護天使とも言うべき存在である。そして、そのようなイデアは個人の魂と区別し難いものとなる。このような展開は後のプラトン主義の文脈で扱わなければならない。それらは、『ティマイオス』に見られるような詩的で想像力溢れるプラトンの初期の思想の魅力にはとうてい及ばない。そこでは、イデアはただ理論上の体系を形作るものではなく、「超感覚的な世界」という構造全体を作り上げるとされており、その世界の美しさと完全性は可視的なものにかすかに投影されている。そしてその美しさこそ、人が地上に生まれる遥か昔に魂において味わったものであり、卓越した人だけがそこへ帰ろうと願うことができるのである。

プラトンの著作の諸々は、プラトン学派・アカデメイアの伝統を受け継いだ思想家たちによって連綿と論じられ、展開されていった。また、多くのキリスト教徒も有名な対話篇やその抜粋などに目を通しており、プラトンの業績を評価していることが分かる。

もちろん、『国家』に見られる結婚の否定と公的に子供を養育するという提案や、同性愛の容認、知的能力別に社会を段階付ける方法は、反対と怒りをも買ったにせよ、全般的に見て、プラトンは他の哲学者たちに比べて格段に広くキリスト教徒によって受容された。プラトンが真っ向から否定されることも比較的まれであったし、キリスト教徒の一部は彼を唯一、知恵のあるギリシア人と見做している。不変的な実在から成る完全な世界と、感覚によって認識される不完全な世界を対比させるプラトンの二元論的な世界観には誰も疑問を投げかけなかった。このような思想は、天と地を対比させる聖書の世界観と容易に同一視され得たからである。ただし、聖書はもちろん見えない悪の力について語るが、プラトンは善のダイモーンと悪のダイモーンの存在を示唆し、『法律』においては悪の世界の魂の可能性についても詳しく論じているのである。また、プラトンは自身の知解可能な実在に関しても多くの課題を残している。そこにおける相互関係や完全な数に関する理論に興味を示したキリスト教徒はわずかであったが、彼らは往々にしてその知解できる事物を天的完全性の表象としてすぐれて普遍的に解釈したようである。そして、その世界を知的黙想によって知ることができると考えた点においてはプラトンに倣っている。この場合のイデアとは、詳しくは三つの姿を持っている。それらは、(1)神の言、知性であるロゴスによって神の精神に宿る思惟、(2)人格化され、ヘブライ的伝統における「天使」と類似しているとされる道徳的・霊的な理想的存在、(3)神による構造設計・被造世界の原型であり、すべてキリスト教世代の始まりと同時期のアレクサンドリアのフィロンに見られるものである。

人間の本性に関しては、プラトンの教えは刺激を与えるとともに問題提起となった。キリスト教徒は、プラトンの肉体と魂をはっきりと対置させる考えや、原則として魂が理性や道徳面において責任があるという思想を大体において受け容れた。また、魂が肉体の死後も意識を持ち続けるということも、死を貫いて生きるというキリスト教信仰を裏付ける思想として歓迎された。しかし、霊魂の不滅は聖書の教える体の甦りの教理とは相容れないものであった。(コリントの信徒への手紙(一)一五章などに見られるように、)ユダヤ人の間では命や意識は必ず肉体を伴うと考えられていたため、復活の時、栄光に輝く復活の体に与るまでは、死後、長い無意識の時が続くと思われていたのである。ただ、その期間とは、死者本人にとっては一瞬のことであり、気づかぬうちに過ぎ去ってしまうのである（ルカによる福音書二三・四三）。しかし、プラトン主義者にとっては体の甦りは受け容れがたいことであった。なぜならプラトンにとっては、可視的なものとの一切の交流は悪影響を及ぼすものであり、魂の先在を唱えることで、魂が肉体に宿ることは感覚的・肉体的快楽への厭うべき愛着、堕落によるとされるからである（他に肯定的な理由が挙げられていないわけではないが）。ただし、『パイドロス』において魂が天界を駆ける御者として描かれているように、プラトンの神話的表象は魂を身体的存在として描いているので、キリスト教へと適応させるいくらかの余地は残している。また、別の神話的喩えでは、邪悪な魂は来世において動物の体に宿らされるという罰を受けるとし、個々の魂にとって死と生まれ変わりを繰り返すサイクルが存在するとされている。ここから、オリゲネスは少なくとも輪廻の思想は受け容れたが、キリスト教徒全般としてはどちらの思想をも拒絶した。しかし他方でキリスト教徒たちは、プラトンが暗示した死後に報酬あるいは罰を与える神の裁きについては受け容れたのである。

訳註

〔1〕田中美知太郎訳『プラトン全集 4』岩波書店、一九八〇年、一二四頁（『パルメニデス』一五九b）。

〔2〕藤沢令夫・水野有庸訳『プラトン全集 3』岩波書店、一九八〇年、一〇三頁。

第4章　アリストテレス

プラトンの弟子で最も重要な人物は、前三四七年のプラトンの死後アカデメイアの学頭を引き継いだ甥のシペウシッポス、前三三九年から前三一四年までスペウシッポスの後を継いだクセノクラテス、そしてアリストテレスである。アリストテレスは、プラトンの影響から離れてしばらくアテネを去った後、帰還して前三三五年に自身の学校、リュケイオンを設立した。その間、彼は若き日のアレクサンドロス大王の家庭教師も務めていた。前三二三年にアレクサンドロス大王が亡くなると、反マケドニア運動が起こり、アリストテレスはアテネからの脱出を迫られ、その次の年に死去した。

アリストテレスが西洋思想にもたらした影響は、それをいくら強調しても足りないほどであるが、彼の思想は四世紀までのキリスト教にはさほどの影響を及ぼさなかったので、ここでは簡単に触れるにとどめよう。もっとも、アリストテレス思想の視野の広さ、そして独創性は、彼の死後、何世紀を経た後にようやく認識されるようになったのである。そのような変化の理由は彼の著作が辿った歴史に見ることができる。

初期のキリスト教徒や専門的知識のない一般人が読むことのできたアリストテレスの文献は、その多くが「公教的」・一般的書物とアリストテレス自身が呼んだもので、プラトンのような文学的才能には欠けているものの、大衆向けに注意深く書かれたものであった。これらの文書は、断片からある程度再構成することは可能であるが、現存はしていない。恐らくこれらの著作は、プラトンの影響がまだ色濃いアリストテレスの初期に記されたものであり、哲学の目的に関して観念的な見解を示し、個人の宗教的感情の片鱗をも見せている。

現存しているアリストテレスの著作は、彼の評判の礎を築いたものでもあるが、初期の著作とは大幅に趣が異なっている。そのうちの多くは、生徒のために記された覚書のような形で、講義のためのメモや、生徒によって書き取られたノートなどとして残されている。そこに記されている言葉は、簡潔でかつ引喩を多く含むので、教師の思想を熟知していなければ理解できないものである。この段階においては、アリストテレスはプラトンについて尊敬と敬愛の念を持って語っているが、彼のイデア論については繰り返し批判を加えている。さらに、アリストテレスは学問の範囲を格段に広げ、論理や自然科学の分野で根本的に新しい発見を重ね、道徳、政治、修辞学や詩学についての著名な著作を取り入れたのである。紀元後最初の数世紀においては、これらの驚くべきしかし難解な文書は、ほぼ専門的な研究者によってのみ読まれてきた。キリスト者による本格的な研究は四世紀後期のマリウス・ヴィクトリヌスによって初めて開始され、ボエティウスやヨアンネス・ピロポノスに引き継がれていった。またアレクサンドリアのクレメンスのように、初期のキリスト教徒の中でも何人かはアリストテレスの簡単な論理学の文書や道徳に関する書物を知っていたようである。そして、そのような道徳に関する文書には、一つの同じ講義の記録が、一般にも分かりやすいようにとの配慮から二つの版として残されている。短い版は『エウデモス倫理学』と呼ばれ、宗教に対して比較的友好的であるために、後代まで読み継がれキリスト教徒にとっても魅力ある書物であった。しかし、『ニコマコス倫理学』と呼ばれる長い版は最終的にアリストテレスの決定的な言明として発展することになる。この著作は長い間、アリストテレス後期の成熟した作品であると思われていたが、そのような見解はケニー（A. Kenny）によって強い嫌疑をかけられている。

それでも全体的には、アリストテレスの著作を初期と後期に分ける作業は、ベルナー・イエーガーらの研究によりそれなりに進歩した。イエーガーによれば、若き日のアリストテレスはプラトンの中期の思想を受け容れたが、年を重ねるにつれ段々とそこから離れていった。彼は観念的哲学から経験的科学への転向を遂げたのである。

しかし、アリストテレスは元来プラトン主義ではなかったと主張するデューリング（I. Düring）に賛成はできなくても、イエーガーの議論は、現在では事柄を単純に捉えすぎているように思われる。確かに、アリストテレスはイエーガーが指摘するように『形而上学』のうち何冊かにおいては自らをプラトン主義者の一人と数えているが、後期の著作と考えられるものにおいてはプラトンとは考えを異にする研究者として執筆している。しかし、『形而上学』においてアリストテレスがイデア論を擁護する場面はないし、現存する最初期の著作である『カテゴリー論』にすら独立の兆しは見えているのである。反対に、以下で論じるように、アリストテレスの成熟期における科学的著作にも、プラトン主義的思想の影響が浸透している。しかし、アリストテレスが自身の立場を変えていることも事実であり、それにより、彼が古代の学者たちによって指摘された一貫性の欠如も説明することができる。また、そのような矛盾は彼の教授法にも起因するのかもしれない。つまり、アリストテレスの教授法は、大勢の利発な生徒たちと関わるものだったのであり、恐らく彼らを教える過程で、とても扱いきれないほどの議論について語り合ったのであろう。

アリストテレスがプラトンの思想から距離を置いていった様子は、イデア論の捉え方を辿れば明らかになる。『形而上学』は一つの論文ではなく、アリストテレスの死後、彼の弟子たちによって第一哲学について書かれた講義草稿の集成が編纂された際、自然学の後に置かれたことから『形而上学』（*Meta-physics*）〔after-physics〕と呼ばれるようになった。そこに、アリストテレスが繰り返しイデア論について論じた際の講義草稿が残されている。彼はイデア論をいくつかの形で展開させたが、アリストテレスは一貫して、イデアが独立して存在し、分離可能（chōrista）であり、永遠、不可変、理想的現実であり、それに可視的事物が参与したり、それを模倣したりするという概念を一切拒否したことである。ここで詳細に扱うことはできないが、その批判は非常に鋭いものであった。例えば、アリストテレスによれば、プラトンの議論は多くを証明しすぎているためにに失敗を重ねているとされた。プラトンの議論は、既に誤りと判明しているような結論へと至ってしまうし、そうでなければ循環議論に陥ってしまうのである（四四頁参照）。それゆえに、論争的な観点からアリストテレスは「イデアは存在しない」と言うこともできた。しかし、アリストテレスは引き続き事物、特に生物の存在と発展はイデアによって支配されていると教えた。この場合のイデアとは、内在的な原理であり、一つの種の性質を指す。実際、個の集合体である「種」と、その種を定義づける「特定のイデア」は、共に「形相」（eidos）と呼ばれる。アリストテレスによれば、この「特定のイデア」は種をその種たらしめる定義の中に表れており、同時に完全あるいは成熟へと向かう個々の発展の統制を司るものであるとされる。このように種を定義する制御的働きをなす原理と、定義そのもの、言語化された定義を重ねる思想は、「〜であるとは」（to ti ēn einai）という謎の言葉において明るみに出る。「それがそれである」ためには何が必要であるかが問題とされているのである。アリストテレスは、有能な科学者は経験主義者であるべきと考える現代の読者を驚かせるほど、成熟期の著作においても事物の定義についてこだわりを見せている。これは、数学を理論上、完璧な科学とするプラトンの影響で、アリストテレスは、細部で偶発的なことは起こるにせよ、基本的に宇宙は不変的な一定の構造を持っていると考えていた。それゆえに、宇宙の構成要素はすべていくつかのカテゴリーに収められると考えられたのであるが、このような思想は創造の教理には矛盾しないとは言え、実存主義者はもとより現代の科学者には受け容れられないものである。

　プラトンは真理を永続性と結び付ける傾向があり、事物の判断の基準に生じる変化も含めるあらゆる変化を認識の妨げであると考えた。同様にアリストテレスも、認識を恒久不変の永続的真理と関連付けたが、「変化」ということに関して細かく配慮している。まず、アリストテレスは変化の原因を論じるが、「原因」（aitia）には四つの意味があると指摘される。それは、（1）事物が構成される物質的素材、（2）事物が従う規範、（3）行為者・父あるいは創造者、（4）事物が到達すべき完全性、あるいは存在目的、意図である。生物においては、その「本質」あるいは「〜である」ことは、（2）と（4）の意味を併せ持つようである。生物は、（2）にあるように類型に従う傾向があるが、（4）にあるようにその完全な形を目指して成長する。アリストテレスは、生物の成長は理性により意識的に操作されているのではないにせよ、到達点を目指していると考えた（カントの「目的なき合目的性」［Zweckmassigkeit ohne Zweck］）。しかし、明らかにこの説明には構造的な変化が最も相応しく当てはまる。アリストテレスは自然な崩壊に関して別の説明を加えてはいるが、私が見るところ、物が消滅する一つの道である偶発的あるいは意図的な破壊に関しては注意を払っていないのである。

アリストテレスはさらに、「存在する」ということが不変的存在を指し、変化を排除するのだという考えを生じさせる混乱を取り除くことを試みた。何かがある物になるとき、それは常にそうなる可能性（dunamei）を持っていたのである。それゆえに、そこで起こっている変化とは「非存在」から「存在」への変化ではなく、「可能性」から「実在」への変化なのである。この理論はいくつもの文脈に適用され、時にはその限界を超えた飛躍も見られる。ここでも、明確ではないにせよある段階がつけられている。「Xにならなければならないもの」「普通Xになるもの」、あるいは家屋にも他のものにも使用できるレンガのように「Xになり得るもの」である。しかし、アリストテレスによる、一般的に「力」（power）と訳されるdunamisという言葉の用法は、不明瞭さをもたらすことをここに記しておくことが、我々の議論において有用である。通常この言葉は、実際の力の行使を意味するか、少なくともそれを除外することはない。しかし、アリストテレスはこれを、実際のものに対するただ可能性があるものとして使っている。最も一般的にdunamisは、それが「力強い存在」を意味する場合でも、軍隊や霊のように、力を持った存在であり、必要に応じてその力を行使することができる、というように、二つの意味の中間に当てはまるものである。

アリストテレスはプラトンの超越的イデアを否定はしたが、天体における秩序や規則に表れている「不変の存在」の概念には重きを置いていた。彼の考えによれば、天体は地上にある四つの元素よりも純粋で優れた「第五元素」によって構成されている。惑星の運行に関しては複雑な説明が求められるにせよ、天体は決められた軌道に乗って動いており、その動きは宇宙的理性である一定数の「動者」によって規制されている。その頂点に立つのが、「愛されることによって動者を動かす」究極の神であり、それぞれの動者は神の完全性を求め、模倣するよう促されるのである。しかし、アリストテレスの神は摂理を生み出すことはなく、個々の存在に対しても神的配慮を施すことはない。ロスが次のように記す通りである。「アリストテレスの理解によれば、神には認識があるが、それは宇宙に関する認識ではない。また、神は宇宙に影響を与えるが、それは神の認識から来る影響ではないし、活動的であるとも言いがたいものである。なぜなら、その影響とは人が他人に無意識の内に与える影響のようなものであり、さらには絵画や像がその愛好家に及ぼす影響のようなものだからである」（ロス［W. D. Ross］*Aristotle*, London 1923）。

地上においては、目的を持った秩序が存在しているように見えても、物事は予期せぬ障害を免れ得ない。それゆえに、アリストテレスは「月下界では」摂理は働かないと教えたと一般に考えられている。しかし、後代の著作家たち、特にプラトン主義者はこの無秩序という考えを「質料」（ヒュレー）という言葉にまつわる混乱によってさらに推し進めた。「質料」とは物質的世界全体を指すこともできる。しかし、純粋な基体、性質がそれと結びつきつつもそれ自体に性質を有さないものとして、非常に観念的に「第一質料」「無定形の物質」を意味する言葉でもあったのである。そのような著作家たちは、第一質料の理論によって示される、不安定という状態までも含むあらゆる定めの欠如ということと、物質世界にある変化・不安定さを常に混乱させていたのである。

アリストテレスは幾世紀にも渡って、論理学の最終的権威と位置づけられてきた。ここでは彼の三段論法や科学的方法論について述べることはできない。それらのトピックは難解であり、多くの学生にとっては既にコンパクトに編集された『カテゴリー論』で十分満足できるからである。『カテゴリー論』においてアリストテレスは対象事物に関して述べることができることをいくつもの類型に分けることを試みた。彼にとってこれは、明らかに単なる用語の分類ではなく、それらが適用される事物の中にある主要な特徴を意味するものであった。そして、そこで一〇のカテゴリーの体系が整えられたが、その内の四つだけが詳細に論じられている。事物が何であるか

（ウーシア、「本体」「実体」）、その量、質、そして関係である。『カテゴリー論』は、分類の思想に関する入門書としては目覚しい成功を遂げた。その後の、アリストテレスのカテゴリー論に代わる体系を築こうとする試みは、それほど注目されることもなく、アリストテレスの功績こそが中世以降に至るまでその影響力を維持し続けたのである。しかし、三世紀になってようやくポルピュリオスがこれを支持するようになるまでは、この思想は当初厳しい批判を受けたことも事実であった。

少し後の著作『トピカ』においてアリストテレスは、定義上そのものに付随する本質と、その付帯に必然性のない「偶有性」あるいは属性を区別するようになった。残念なことに、アリストテレスの偶有性の扱いには一貫性が欠けており、時にそれは不変の性質（定義上、必然とされていないという条件で）をも含むとされるが、多くの場合は偶然とは必要でないもの、あるいは特別なものと理解されている。例えば、「冷たい雪」と「柔らかい雪」あるいは「落ちてくる雪」を比較していただきたい。また、「偶有性」が本質以外のカテゴリーすべてを指す言葉として用いられるようになって、混乱は更に深まった。なぜなら、一部のケースに関しては、この偶然性は本質の定義に必要なものであり、「偶然」という言葉が示すように自由に変化することができるものではないからである。つまり、例えば「三角形」を「三」という数字なしに定義することは不可能であるが、「三」は量のカテゴリーに属している。それゆえ、この場合「量」は三角形の定義に対して偶然的ということは誤りであり、その定義の一部であるということになってしまう。しかし、「偶有性」という言葉は、無時間的で必然的な真実とは区別される偶発的な事実を指す言葉として好んで用いられるようになった。

『カテゴリー論』そのものにおいては、アリストテレスの思想は一貫しているとは言えない。その難点は「存在」（ウーシア）に代わる語としてたびたび用いられる「何であるか」（ti esti）を考察してみることで浮き彫りになる。これは、「何があるか」（What *is*）とも「何であるか」（*What it is*）とも理解することができるが、その区別は明確ではない。それゆえにアリストテレスは二つの異なる命題について論じていることになる。

1　最も真実であるもの（真実に存在しているもの）とは、当然、文章の主語として表現されるものであり、述語ではありえない。具体的にそれをSという人か物とすると、例えば「Sは人である」あるいは「Sは白い」と言うことができる。しかしその延長線上で、今度は「人は動物である」、さらには「白は色である」と言うこともできる。「この人」や「この馬」などは「第一実体」などと呼ばれるが、「人」「馬」「動物」などは「第二実体」にもなり得るのである。その他の述語（性質、量、関係など）は本質と対置される。

2　「それが何であるか」という問いには、具体的な実体を指して答えるのが適切である。しかし（『カテゴリー論』においては、）次に有効な方法として、「それ」が「それ」であるために必要な性質を示すことが挙げられている（例えば、Sという人間の場合は「人」という性質）。これは、「Xとは何であるか」を示す定義において表現され得る。「Xは白い」ではXが「何であるか」を記したことにはならず、Xが「どのようであるか」を記しているに過ぎない。それは白い色をしているかもしれないが、いつもそうであるとは限らないのである。

二つ目の議論に関しては、アリストテレスは文章の主語に関して最初に述べたことを修正しなければならなかった。そこでは「人」のように述語にもなり得る語に「実体」という言葉を当てはめていたからである。それゆえに、「実体」が「述語の種類」を意味する「カテゴリー」の一つにされるという矛盾が起きるのである。実際、ごく稀にではあるが、「カテゴリー」という、純粋に一般的な用語である語が適切であると思われるような場合にも、「存在」（ウーシア）が用いられていることもある。

アリストテレスは「第一実体」などという壮大な名称を可視的な個物に付したことによって、プラトン主義者たちから激しい批判を受けた。彼らは「第一実体」を、イデアにのみ付される言葉である「最高実在」として捉えたのである。しかし、古代末期と中世にかけては特に、二種類の実体の区別は種と個体を分ける手段としてごく一般的に受け容れられるようになった。ただ、ここでも個の集合としての種と、個が共有する「特定のイデア」としての種を区別しないために混乱が生じる可能性もあった。例えば、「人間」（humanity）という言葉は人類が共通して持っている性質〔人間性〕を指すこともできるが、人類そのものを意味することもできるのである（五五、七一頁参照）。ただし、最初期のキリスト教著作家たちは『カテゴリー論』のこの部分に関して特別な重要性を見出してはいなかったことを強調しておくべきであろう。彼らは実体に関して述べる時も、霊的・理念的な実体が物質に対して優位であるかという問いに主な関心があったのである。

倫理学に関しては、アリストテレスは「有徳な精神の活動」（『ニコマコス倫理学』一・七）と定義される「幸福」（eudaimonia）の概念を基礎にすえて議論を進める。また、徳の定義、（理性の徳をも含む）特定の徳、道徳的自由と責任、道徳的堕落の原因、友情の性質、人間にとっての最高善についても語っている。アリストテレスは徳を幸福の絶対条件とするが、その他（にも健康、富裕、美貌など）もその協力要素として挙げている。それゆえ、アリストテレスの思想と、スペウシッポスが支持し、後にストア派やキリスト教禁欲主義も唱えたような厳格な理念とは相反するものなのである。アリストテレスは、プラトン（『フィレボス』）に従って、すべての快楽を悪とはせず、いくつかの行為は快楽的であると同時に徳に適っていると認めた。徳は規律だった行為の内にあるとして、いかに徳が好ましくない両極端の行為の間にあるかを詳細に説明したのである。この理念は影響力を持ったが、アリストテレスにおいては自己認識と道徳的識別が強調されるあまり、プラトンが重んじた真の「善」の、感情への訴えかけや、それを得ることの困難さなどが軽んじられる傾向にあった。また、アリストテレスは徳の重要性に関しては、それは「中間」ではなく最重要であると主張したにもかかわらず、徳に対してのいい加減な態度を支持したとたびたび誤解されたのである。そして、道徳的自由に関しては、アリストテレスは明快で常識的法則を示し、どのような無知や衝動によって人間の誤った行動が責めを免れるのかを説明した。しかし、人間の行動が「自然的原因によって規定されていない」という極端な意味で自由であると言えるか、という難題にはほとんど触れられていない。

アリストテレスの中庸の論理や快楽、道徳を外れた善の教えなどにより、禁欲主義の流れを汲むキリスト教徒たちは、彼を世俗的倫理の不名誉な主唱者として蔑むようになった。アリストテレスの論理学や自然科学における功績は、衒学的（minutiloquium）で自己満足的な好奇心であると片付けられることも少なくなかった。また、彼は神の摂理（五七頁参照）の範囲を狭め、神的世界観に関して形式的で冷めた態度を保っていたために、批判されることもあった。後者の批判はあるいは妥当であるかもしれない。しかし、『倫理学』の最後の部分は、身体的快楽や名声よりも「観想」（theōria）の重要性を主張していることで評価されている。観想は、そこにおいて思われている「善」の故に善いものであるとされるが、プラトンのイデアが排除された体系の中で、その「善」が何であるのかは明瞭でない。ただ、アリストテレスが示す観想の究極の例は「神」である。神は彼自身という最善のものについて観想しており、理知的な天体の内に、彼を模倣することを希求する思いを起こさせることにより、天体を完全な循環軌道の上で動かしている。つまり、ここでは真の「善」が持つ他を惹きつける力が論じられていることは間違いないが、これは壮麗さが重要視される非常にギリシア的な「善」の形であり、献身や犠牲などは重要視されていない。

第5章　エピクロスとストア派

エピクロスとストア派の哲学は、アリストテレスの死後二〇年ほどしてからアテネで発展した。エピクロスは前三四一年ごろに生まれ、前三〇七―三〇六年にアテネへと移り住んだ。前三〇一年には、七歳ほど年下であるキプロスのゼノンがアテネで教えを説き始め、両者はその後、数世紀にわたって、他の学派を遥かにしのぐ影響力を誇るようになった。クセノクラテスによるプラトン主義の一貫した組織立ての試みは、広く受け容れられるに至らなかったが、スペウシッポスとアリストテレスは卓越した刷新者となった。そのアリストテレスの跡を継いだのが、植物学の先駆者として名高い弟子のテオフラストスで、その後には再び科学者であるストラトスが続いた。しかし、後のアリストテレス学派――「ペリパトス学派」――は、批判的な学問への転向を遂げたのである。また、ポレモンのようなプラトン主義者たちは、メガラのスティルポン、ディオドロス・クロノスといった論理学者たちによって投げかけられた複雑な問いに多大な注意を払っており、前二七三年ごろからアカデメイアの学頭であったアルケシラオスのもとでは懐疑主義的な動きが始まっていた。エピクロスとストア派は、人生を整える実践的なポリシーを掲げることで、一般の人々にも訴えることができた。そして、そのような指標が特に求められた背景には、アレクサンドロスの帝国に直面してポリスが衰退し、故に方向感覚を失った当時のギリシアの状況があったとも言われている。

エピクロス学派は、稀に見るほどにその創設者の単独の働きによって生まれ、五〇〇年もの間、最小限の変化に留まりつつ知的影響力を及ぼし続けた。そして、いくつかの点はキリスト教にも受け容れられたけれど、その基本的な前提は良しにつけ悪しきにつけ退けられることとなる。

エピクロスは、快楽こそ第一の善であると教え、快楽に満たされた人生こそが幸福であると説いた。しかし同時に、彼は、人が自らを苦しめることも、隣人を傷つけることもしないで楽しめる快楽だけを求めるべきとも信じた。また、快楽が一定の限度を越えることも許されなかった。そもそも、食べ物、衣服、性、友情などへの自然な欲求は、過大な努力抜きにも満たされることができるので、エピクロスは、思想を共有する共同体を特に尊び、心の平静が重要な位置を占める簡素なライフスタイルを提唱した。彼は完全に市民生活から身を引いたわけではなかったが、政治的野心には無頓着であった。

宇宙に関するエピクロスの教えは、一見、非常に対照的に思われる二つの要素を含んでいる。まず、彼は人間の知識はすべて感覚から始まると考えた。大雑把に言えば、彼は現在我々が嗅覚に関して理解するように、感覚とは物質の表面から発せられる「流出物」あるいは像を察知することによって働くものと信じたのである。そして、もし感覚的印象が明確であり、かつ他の印象と矛盾しなければ、それらの印象を集合させて思想や判断を形成することができると考えたのである。このようなエピクロスの思想の思いがけない副産物は、太陽が実際に地上から見える、ほぼ直径三〇センチ程度の大きさであると考えたことである。地上においては、遠くにあるものほど小さく、またぼんやりと見えるけれど、天体はかなりはっきりと見えているので、それゆえに、それらが実際の大きさよりも小さく見えていると考える理由はないとエピクロスは主張した。

その一方でエピクロスは、レウキッポスやその弟子でありさらなる影響力を及ぼしたデモクリトスの原子論を受け容れた。これは、肉眼での観察ではとうてい成立し得ない理論である。原子論者たちは、空間において常に変動し、衝突、再結合する固体の集合として物体を思い描いた。これにより、液体や蒸気の動き、またその中での固体の移動、溶液や混合体のようにある物質を他の物質に混ぜること、そして食べ物の消化などのさまざまな物理的経過を説明することが可能になった。さらに、固体の堅さも未熟ながら、原子にある鉤状の突起物がお互いを堅くつないでいるとの論理で説明された。しかし、エピクロスは動物の身体や惑星の軌道などの秩序立った構造の出現と継続について説得的に説明することはできなかった。彼は、宇宙は空間を自由に落ちていく原子の群れから生まれたという立場を示し、ある時、特に理由もなくそれらの原子が落下の軌道を逸れ、衝突や相互作用が生じて、最終的にそれなりに秩序だった現在の状態の世界を作り出したのだと考えた。

古代の思想家のほとんどが、原子が原因なしに落下の軌道を変えることを非論理的だとして、宇宙の秩序を完全に偶然の産物と見なすエピクロスの説明を否定した。この批判はもっともで、たとえ無限の時間を想定して、その中で秩序が偶然に生まれる可能性を認めるにしても、それはその秩序の継続を説明することにはならない(1)。しかし、この議論はエピクロスの哲学的意図には合致している。彼は、宗教的観念が余計な不安を生じさせ、彼の重んじる心の平静を脅かしていると考えたのである。しかしながら、エピクロスは無神論者には程遠く、いつも一般的に受け容れられていた範囲の宗教観は持っていた。つまり、彼は一般的に表現されていたように人間の姿をした神々の存在を信じていたし、それらの神々が平和と安らぎの内に諸世界の狭間に生きていると思っていた。しかし、それらの神々は人間的な出来事に関与することはないと考えられ、エピクロスは世界が神的な摂理によって造られ、治められているというような見解を一切排除したのである。神々の幸福と不死とは、神々の体を形作る原子の優良さと調和によるものだとされた。同じように、人間の考えや性格は体内の原子の調和的動きによって生み出された結果にすぎないと考えられた。しかし、神々とは違い人間の体は死に、土に返る。そうであれば、死を越える意識の継続も命もないことになる。それでも、死は恐れられるべきではなかった。なぜなら、死とはただ命の消滅を意味し、天国での報いや喜びへの期待もなかったからである。その代わり、いかなる裁きや罰の恐れも差し迫ることもなかった。

このような哲学がキリスト教徒にとってあまり魅力のないものであったことは明白である。その物理主義、多神教、神的摂理の否定、裁きと死後の命の否定。これらはすべてキリスト教の信念に真っ向から反対するものであった。しかし、キリスト教徒のエピクロスへの攻撃には不当な面もあったと言わざるを得ない。エピクロスの論敵によるプロパガンダの影響か、あるいは手段を選ばずに敵を論破するためか、キリスト教著作家たちは、エピクロスを本来はアリスティッポスや彼の学派、キュレネ学派が唱えた無節操な快楽の探求を標榜する者として非難する傾向があった。しかしエピクロスが理想とした「平静」は、そうとは認められなかったものの、あらゆる差異にもかかわらずキリスト教的禁欲主義の目標と多くを共有していた。実際キリスト教著作家たちは、科学的研究はあらゆる疑いを取り除く場合のみ有益であるというエピクロスの見解にたびたび共鳴していた。それ以上の探求は単なる好奇心として非難されたのである。

エピクロス派とストア派は、方法は異なるけれど、共にアレクサンドロス大王による侵略とポリスの崩壊という状況に対する反応であり、誰にとっても、どこでも、どのような政治的状況や社会的地位においても模範となる生き方を示そうとしていたのであった。しかし、両者の共通点といえばそれくらいのものである。既に記したように、エピクロス派は創設者の教えを本質的な変化を加えずに守り続けていた。それとは対照的に、(2)ストア派の教えは数々の有能な解説者たちによる発展・修正を重ねた。後期のプラトン主義やアリストテレス学派との思想のやり取りもあり、ストア派はアレクサンドリアのフィロンの思想、そしてフィロンを通して間接的に、あるいは他の方法で直接的にも教父たちの思想に重要な影響を与えた。しかし、ストア派の初期の歴史を解明することは難しい。残されている史料は、後の著作家たちによる断片的な引用と、傷んだパピルスのわずかな切れ端だけである。そしてこの史料不足が原因で、多くの学者がストア派を複雑でありながら固定的な体系と捉え、その詳細を発見し組み合わす作業が必要であると考えるようになった。しかし、現実はそれより遥かに不可解で、ストア派には一定の緩やかなくくりの中で、多くの食い違いや見解の変化があったのである。後期のストア派は、ゼノンを初めとする創設者たちの単純明快な思想を引用し続ける一方で、後代の論争から生じた巧妙で思慮深い理論をも用いた。ストア派の中で思想の進化が起こったことは確かであるが、その多くは今や知ることは難しいのである。

ストア派はキプロスのキティオンのゼノン（前三三二頃―二六二年）によって創設された。彼は前三一一年頃にアテネに移り住み、一〇年ほどしてから学派の名前のもととなるストアと呼ばれる柱廊で教え始めた。若きゼノンはキニク学派のクラテスから影響を受けており、そのことは彼が理論的根拠に欠ける社会的慣習を拒否したことに見て取れる。その中には宗教も含まれていた。しかし、ゼノンの後継者であるクレアンテスは、異なる特徴を持った人物であった。彼の興味の範囲は広かったが、中でも彼はストア派により神学的な刺激を与えたのである。彼の記した『ゼウス讃歌』は一神教的信仰の表現として広く評価されるようになった。そして前二三二年にクレアンテスの後を継いだクリュシッポスは、多才で非常に勤勉な弁証家であり、ストア派の理論的土台を強め、その論理、倫理、物理学を飛躍的に発展させた。それゆえに、「クリュシッポスなしにストア派はなかったであろう」と言われたほどであった。

クリュシッポスの時代のストア派は、エピクロス派のみならず、アルケシラオスに代表され後にカルネアデス（前二〇三―一二九年）という手ごわい論客に引き継がれた、プラトン学派内の懐疑主義的運動との論争の渦中にあった。そしてそのような状況は、ストア派の倫理的教えを修正するまでに至らしめたのである。もともとストア派は、二者択一の立場を取っており、賢者とその徳のみを善しとして、完全な知恵からのいかなる逸脱も愚かであるとして許容しなかった。しかし、ここに来て彼らは、倫理に無関係な価値や生来の善、そして知恵へと向かう緩やかな道徳的成熟の重要性ということを認めたのである。そして、このような教えは、アテネから離れた場所で活動していたストア派の学者たちによって受け継がれていった。ロドスのパナイティオス（前一八五頃―一〇九年）も、この常識的倫理を唱えた代表的人物であるが、前一二九年にストア派の学頭となるまで何年もローマに滞在していた。彼の思想は、キケロの『義務について』に記されている。しかし、紀元前一世紀において最も重要かつ独創的であった人物は、シリアのアパメイア出身で、ロドスでパナティオスの後を継いだポセイドニオス（前一三五頃—五〇年）であった。彼の哲学的立場は必ずしも明らかではないが、一時は後期プラトン主義を予示するような超越的で神秘的な関心を抱く人物として知られていた。しかし、そのようなポセイドニオスの評価は、完全な誤りではないものの、一面的であることを否めない。なぜなら、そこでは論理学、数学、倫理学、天文学、地理学、そして歴史学をも含むポセイドニオスの多岐に渡る文書が無視されているからである。ポセイドニオスは、「神々について」記した五巻を著し、エピクロスの人間論的神概念を、慣習への迎合、あるいは隠れた無神論であると断罪した。彼自身は神的存在を、天に満ち宇宙全体へと及ぶ一つの知性、あるいは支配的な力として理解していたようである。また、彼はプラトンの『ティマイオス』について執筆した際、初期のストア派とは異なり、プラトンの三元論的な魂の理解を受容していたことが分かる。

後期ストア派は三人の著作家たちによって代表され、彼らの著作が完全に残されている点では研究には有利だが、論理学や自然哲学が無視され道徳的関心が支配的になっている点で研究内容が限定される。その著作家たちとは、『自然研究』を著したローマの著名な文学者であり政治家であるセネカ（二頃—六五年）、元奴隷で、八九年までローマ、後にニコポリスで教鞭を取り、その講義がアリアノスによって書き記されているエピクテトス（五五頃—一三五年）、そして皇帝マルクス・アウレリウス（一二一—一八〇年。一六一年即位）の三人である。これらの思想家たちは、キリスト教徒からも親近感をもって見られており、セネカにいたってはパウロと文通していたとまで信じられていた（実際にはそれらの偽造書簡は三世紀か四世紀に書かれた）。三人とも支配的な摂理を信じていたし、セネカとエピクテトスは人間の精神と神の近似性、また精神が死後も生きることを教えるなど、確実に有神論的考えを受容していた。マルクス・アウレリウスは、キリスト教を退廃的影響を及ぼすとして抑制しようと試みたが、悲観的な諦観の教理を説いた彼の著作『自省録』はキリスト教徒にも受け容れられた。

ストア派は、自らの教えを論理学、倫理学、物理学として分類した。この内「物理学」とは、究極の原理あるいは神をも含む、世界に存在するすべてのものの研究を意味していた。我々の限定された目的のためには、ここでは論理については最小限の言及に留めることとする。ただし、近年この分野が専門家の多大なる興味を引いていることは事実である。また、道徳については後の項に譲ることとするが、驚くべきことに、ストア派の中でも彼らの肉体に関する教えが、キリスト教徒への影響という意味では最も重要なのである。

ストア派は、世界を永続的な変化の過程として捉えていた。この点に関しては、彼らは後のどの思想家よりもヘラクレイトスに意識的に従ったと考えられる。プラトンやアリストテレスは、宇宙の歴史の円環を信じてはいたけれども、静的なイデアと種の枠組みを優先的に考えていた。また、エピクロスは後の歴史との一貫性を考慮せずに、世界の始まりだけを説明した。しかしストア派にとっては、宇宙とは生物、特に人間に類似して命を持っており、発達するものであり、理性的な支配的原理を有するものであった。それゆえに、宇宙全体を指す「大宇宙」に対して人間を「小宇宙」と呼ぶことができた。つまり、ストア派は一つなる世界を考えていたので、世界とは火の中で死んで甦ることで自らを再生する神秘的生物、不死鳥になぞらえられたのである。

また、ストア派は時に物質主義であると言われることもあったが、この用語は誤解を招きかねない。原子論者たちにとっては、生命のない物質が絶対的な、還元不可能な現実であった。そこでは、生命や思考は特定の原子の配列によって生まれると考えられていた。しかしストア派は、すべての物質には理性的な原理が浸透ないし支配していると教え、逆に理性は物質に宿る必要があるとも説いた。つまり、受身である物質と、活動的に誘導する力の二つの原理が分けられたのである。しかし、その区別は便宜上のものであり、さほど重要ではない。二つの原理は、概念上でのみ区別され得るものだからである。大切なことは、すべての自然の推移の連続性であった。それは、自力で運動ができない物質が次第に炎や光を発するようになり、ストア派が太陽や星がそうであると考えたように、支配的な理性を働かせるようになるという穏やかなプロセスを指す。

それゆえに、ストア派の思考の中では火が宇宙の起源ということになる。しかし、それはただのゆらゆらと揺れる炎ではなく、その内に支配的な原理を有しており、「創造的火」（pur technikon）と呼ばれる。このような火と理性との関係の理解は、高すぎる温度は生命に支障をきたすことを熟知している現代人には奇妙に見えるかもしれない。しかし、世界の四つの要素を前提とした他の思想家たちと同様に、ストア派もまた、ある要素を厳密にも、おおまかに捉えることもできたのである。つまり、「水」とは純粋な液体を意味することもできたし、同時にいかなる液体をも指すことができた。同様に「火」もまた、人間の生命と思考を支える適度な温度を含む、「温《なま》暖かさ」を意味することができたのである。しかし、純粋な火はストア派の思想形態の中でも重要な位置を占めていた。原始の創造的火は、自らを他と区別することによって、空気や水、土などを生み出し、宇宙を作り上げた。そして、それらの諸要素から多様な合成物や種々の生命を形成したのである。その中で、最も劣った存在は、支配的な力を持たず、ただ習慣のみ（hexis）があるだけのものだった。しかし、植物などはそれらの性質（自然）、あるいは「成長」（phusis）といった、組織的な原理によって支配されていると考えられた（この「成長」（phusis）とは重要な語なので、後に詳しく扱うこととする）。また、人間は本質的に理性的な原理、あるいは魂（psuchē あるいは「主導的な部分」を意味する「ヘーゲモニコン」）によって支配されていると考えられた。つまり宇宙はすべて、人間を含む理性的存在に益になるよう、理性的な目的を持って形成されているということである。そして、その一つの方向性を持った理性は、宇宙の諸部分の発展を支配する「種子的原理」（spermatikoi logoi）と呼ばれる支配的原理の内に、さまざまなレベルで再生されるのである。しかし、最終的にはこの理性的秩序も燃え盛る宇宙の炎に飲み込まれてしまう。ただ、その炎の中にあってなお、理性は新しい宇宙を生み出す「創造的火」として密かに存在し続けるのである。

　以上の議論から、火と理性（logos）という二つの原理が説明されたように見えるかもしれないが、厳密には原理は一つであり、その物理的側面が「火」として語られ、機能的側面がロゴスとして語られていることを確認しておく。これらと異なる側面は、プネウマ（気息／pneuma）、自然（広義での phusis）、そして宇宙と神という名で呼ばれている。ストア派のプネウマに関する教えは、重要でありながらも内容は不鮮明で一貫性に欠けている。プネウマは蒸気の一種と考えられており、圧力を生じさせたり、頻度や強弱の異なる振動のパターン（トノス／tonos）を伝えたりすることができるものと考えられていた。ここで問題となるのはトノスとは物質の多様な構成要素を説明するとされていたことである。しかしストア派は、プネウマ自体も空気と火の混合物、つまり物質として説明しようとした。それゆえにプネウマの定義が、「プネウマ→そのトノス→空気と火→プネウマ」という、循環議論に陥ってしまったのである。また、プネウマと理性の関係もただちには分かりづらい。しかし、理性的指示を伝えることができる人間の声というものは、まさに空気中の圧力の多彩なリズムに依拠している。そこでストア派は、神経や脳について十分な知識を持っていなかったので、すべての感覚から得られた情報を中心的なヘーゲモニコンへと送るシステムを仮定し、その主導的臓器から同様の刺激が体全体を動かすために送り出されると考えた。この仮説の原始的特長は、ヘーゲモニコンが胸に位置しているとしていることである。さらには、人による基本的な気質の違いも、天気の違いのように、場所によりプネウマが異なるということで説明されている。

原子論者の宇宙に関する論説は、物質は相互浸透的でないという前提に基づいていた。例えば、水とワインが混ざっているように見えたとしても、それはそれぞれを構成する小さな原子が、袋の中の小豆と大豆のように混ざっているだけなのである。他方、ストア派は空の空間というものは存在せず、物質は分断されず連続的であると考えた。そうであれば、物質はいかなるレベルにおいても相互浸透的であることが可能だと考えなければならない。例えば、赤く熱された鉄とは、鉄と火との混合物であり、両方の要素がその全体に浸透していることになる。同様に、宇宙の理性的原理、その神性あるいは神は特殊な物質であり、「蜂蜜が巣穴に染み渡るように」宇宙に自らを浸透させることができる。このことから、ストア派は宇宙における神の内在について非常に単純な物質的説明を加え、その考え方はたくさんの宗教家たちによって、少しく曖昧なかたちではあるが繰り返し用いられた。しかし、より一般的なレベルでは、ストア派は混合物の種類を区別した。小豆と大豆の場合のように、ただ物が入り混じっている状態と、水とワインの場合のように溶け合っていて、どれほど希釈されていても、なおそれぞれの性質をある程度保っている状態（アリストテレスの場合は、そのような性質は最終的に消え去ると考えていた）、そして新たな性質を持った異なる物質が生まれる、完全な融合とは別々に考えられたのである。この融合は、今日で言うところの化合物を指していたようである。ただ物が溶け合っている状態は、牛乳とインクが混ざれば灰色の液体になるように、両者の間を取るような結果をもたらすが、ナトリウムと塩素という劇薬同士が化合すると、安全で安定した塩を生み出すのである。

ストア派の論理学に関しては、実にそれが今日重要視される、言葉の意味や言明の相互依存に関して示唆を与えるものだとしても、ここでは扱うことはできない。ただし、論理学と物理学の間に位置するいくつかの点は指摘しておきたい。ストア派は、「太陽」や「ソクラテス」のような個々の存在である「物質」のみが完全に実在するのであって、「人間」や「動物」などは思考の産物、あるいは観念であると考えた。このような「概念論」は、プラトンが大いに否定したものであった（彼の弟子の何人かはこれに興味を引かれていたが）。概念論の欠点は明らかに、そのような概念の妥当性を支持する事実を挙げることができず、さらにそれを虚構と区別することができないところにある。プラトンにおいては、「人間」とは永遠で客観的な人間のイデア（形相）を意味するものであった。しかしストア派は、「イデア」（Idea）という語を、ちょうど今日の英語の〔アイディア（Idea）〕が意味するように、ただ思考や概念を指す言葉として用いたのである。

アリストテレスが個・種・類の三つの分類を認識していたことは既に触れたが、アリストテレスもプラトンも「種」を特に重要だと考えていた。ストア派はより単純に（実在的）個と非実在的（あるいは純粋に精神的）観念とを区別した。しかし、個々についての観念を形成することも可能であった。それらはたびたび、元来は「種」（species）を表す言葉だった「エイドス」（形相／eidos）、あるいはその派生語で呼ばれるようになった。このことは、またしても現代の英語に影響を与えている。今日「特例」（special case→specialis=eidikos）と言う場合、一般的には個々の事象について語られている。一つの種（*species*）を他と区別し、突出させるために「特例」（special）と呼ぶことは稀である。「人類は特例である」（man is a special case）との文章は誤りではないが、それほど一般的でないことも確かであろう。

ストア派はまた、四つのカテゴリーの体系を築いたことでも知られている。彼らはは基体、性質、様態、関係的様態（hupokeimena, poia, pōs echonta, pros ti pōs echonta）を区別したのである。二つ目に挙げられた「性質」とは、種を表している（アリストテレスも時に種を「性質」［poiotēs］と呼んだが、通常この語はある物質の状態やあり様を指すものであり、ストア派における「様態」［pōs echonta］に近いものであった）。ストア派にとっては、いかなる場合もそれが現実であるならば、上の四つの要素は共存しているものであった。一つ目のカテゴリーは時にousia（実体）と呼ばれ、それは「物質」であるということ、またその故に実在的であることを示唆していた。実にストア派は、抽象的に「性質」を語ることを避け、「その性質を持った物」について語ることを好んだ。同様に、「知識」も「ヘーゲモニコンの状態」としてではなく、「そのような様態にされたヘーゲモニコン」として定義付けられた。つまり、十分な教えを受けたヘーゲモニコンである。それは、拳が「手の状態」ではなく、ただ「握られた手」であるのと同じようなことであった。しかし、そのようにすべてを物質として説明することは常に可能なわけではない。それにもかかわらず、ストア派は基体あるいは物質を抜きにしては、性質やその他のものは完全な実在ではないと頑なに主張した。ただ、だからと言ってそれらがすべて架空のものであるとも言えないので、ストア派は言語（lekta）の意味や時間、空間をontaではなく、tina，つまり実在的ではないけれど、感知可能な事実として説明したのである。

神学的観点から見ると、ストア学派の内にはある緊張と矛盾が生じているように思われる。彼らは宇宙全体が理性的構造と支配的原理を表していると考えていた。しかし、例えば人間などいくつかの部分だけは、自らの理性を持つ存在として区別され、それゆえに「小宇宙」と呼ばれていた。全体としては、汎神論的傾向が顕著であり、実際、彼らは「世界は神である」と教えたとして糾弾されている。しかし、クレアンテスなどは、宇宙の理性と神性は、最も純粋で理性的である太陽、あるいは別の説によればすべてを包み込むエーテルに集約されていると考えていたようである。このように、後期のストア派学者たちが超越した神という概念を受け容れることはさほど難しいことではなかった。既に述べたように、ストア派は当時の神話や宗教に対して寛容であったので、宇宙の理性をゼウスになぞらえ、他の劣った神々を宇宙的理性の「諸力」の神秘的表象、あるいはその支配の諸部分として捉えることができた。それゆえに、女神ヘラ（Hera）は Aēr（air, 空気）を意味することになった。このような最高神の「諸力」という思想は、フィロンやキリスト教の伝統のうちに重要な位置を占めることになる。

すべてを包括する摂理を唱えるストア派の教理は、すべての出来事は既に決められているという理論へと洗練されていった。この思想の極端な形においては、既に決められた型が存在するということは、この世界にだけではなく、前の世と後の世のすべてにも当てはまると考えられ、それゆえにすべての活動は永遠に繰り返されているという結論を示唆することもできたのである。このような決定論は、周知の難題を倫理主義者に突きつける。「もし、我々の行動のすべてがそうなるべくして起こっているのだとしたら、なぜ指導したり否定したりする必要があろうか。なぜある行動を賞賛して、ある行動を非難することがあろうか」。この問いに対して、ストア派は二つの答えを提示した。一つは、「円筒形の議論」（Cylinder argument）と呼ばれるもので、端的に言えば、我々の性格は我々の行動の原因の一部であるというような議論である。しかしこれは、人間の性格が変えることのできない前提事項であるとき、何の慰めにもならない。もう一つの答えは、人間は自由に摂理的秩序を受け容れることも拒否することもできるが、いずれにしても人間の決断とは無関係に事は進んでいく、という議論である。これは、部分的には明らかに真実で、老化や死の訪れは誰も免れることができないのだから、人はそれを受け容れるべきなのである。しかし、完璧な答えとしてはこれも充分ではない。もし摂理的秩序が本当にすべての出来事を包括しているならば、それは個人の立場の選択をも含まなければならないからである。もしそれが決定されていなければ、当然そこからは未定の出来事が起こってきてしまう。つまり、個々人が何かを受け容れるか否かは前もって決められているのである。

倫理主義者が必然とする自由意志と決定論とが共存可能であるかどうかは、哲学者の間で未だに共通理解に達していない部分である（著者自身は、それが可能であるとは思わない）。古代世界においても、ストア派の教えは、厳格な決定論のみならずあらゆる摂理を否定したカルネアデスによる挑戦を受けた。カルネアデスは同時に、理性的存在が本当に自由な決断ができることを証明する、力強い論理を展開した。しかし論争は、ある出来事は予測が大変容易であるという明らかな事実を無視して、世界のすべてについて早急に論じようとした人々のために混乱に陥った。それでもカルネアデスは、未来はおろか事物に関する確かな知識も存在せず、あるのはただ理性的で実践的な信念だけだと論じた。しかしストア派の場合は、好ましい環境において感覚は、誤りを防ぐための「把握的表象」（katalēptikē phantasia）を、人々に与えることができると考えたのである。

このようにして、ストア派は自由意志を否定し、占星術学者と同様の運命論を唱えているとして非難されるようになった。しかし、ストア派はそのような主張をするつもりはなかったのである。自由という概念は、ストア派にとって常に大切なものだった。キュニコス学派は、社会的慣習を無視し、人間を社会に依存させるような快適さから身を引くことで自由を手にするようにと熱心に勧めた。社会的慣習を低く見ていたことは、ゼノンにおいて至極明らかで、後のキリスト者が嫌悪を露に述べるところによると、彼は同性愛も食人も論理的に受け容れられるものだと教えたのである。また、ストア派の歴史においては禁欲主義的な生活が奨励されていたが、時代を追うごとにその社会的倫理は順応主義的になっていった。

元来ストア派における賢人とは、完全に感情（pathē）や非論理的な衝動抜きで、行動のすべてを理性のみによって制御している人物を指した。しかしこの教えは、節度なく対象を誤った「感情」（pathē）が「単なる自然の衝動」（hormai）から区別されるにつれて変化を遂げた。このことにより、適切で正しく方向付けられた感情を善とすることが可能になったのである。しかし、ストア派が感情（pathē）とその感情によって起こされた行動を、誤った「意見」あるいは「判断」とそれらの結果として捉えたことで、ある混乱が起こった。ここには過剰な単純化が含まれているのである。つまり、一般論としては、善人は思慮深く行動し、冷静であり、一貫性を持っていると言うことができ、悪人は分別なくふるまうと言うことができる。しかし、そのような傾向がどのように表れるかはさまざまなのである。冷静沈着に一貫して自己中心を保つ人物もいれば、常に自らの衝動に従って行動する人たちもいる。しかし、アリストテレスのakrateis（意志の弱さ）のように、善への意気込みを持ちながらも、善に反対するだけでなく、それ自体の中で矛盾を起こすほど混乱した衝動に流されてしまう者が存在する。このような事実は、人間の内でせめぎ合う諸衝動と、たとえ実際には衝動に駆られてしまったとしても残っている可能性のある、彼の判断や意見とを区別したほうが説明がつき易い。

いずれにせよ、ストア派は賢人と他の愚かな人々とは、段階的にだけでなく根本的に異なると理解した。水に浮くことができない者は、それがたとえ二インチの差であったとしても溺れてしまう、ということである。そしてストア派は、原則として、倫理的徳のみが善だと考えた。しかし、実際の行動においては、このような厳格な立場は変えられていった。宇宙全体が理性的であるということは、最も相応しい理性的行動とは「自然と調和した行動」ということになる。しかし、いくつかの感情や衝動（例えば自己保存）などは人間にとって自然であること、また健康やそれなりの豊かさは自然な好条件であることは否定することができない。それゆえに、倫理的善の特別な位置を認めながらも、ストア派は二次的な価値（「好ましいもの」［proēgmena］）というものを認めるようになったのである。これは、人が自分自身や友人、家族を守るために求めても構わないものであった。またこれと同時に、自らの関係者や社会全体のために人が負わなければならない二次的な倫理的責任も認められるようになった。

キリスト教道徳主義者たちは、一般的なストア派倫理の影響を大きく受けたと言われることが多い。新約聖書の記者たちは上記のような、より緩やかな意味でのストア派倫理の影響の下にあったのである。ただし、「無感情の生活」という理想は、二世紀以来、加速して重要視されるようになった。しかし、キリスト教思想家たちはギリシアの伝統と同様に、「理性に反した感情」だけでなく、すべての激しい感情を指して pathē という語を用いる傾向があった。そして、そこに混乱が生じた。本来「自らの情熱をコントロールする」ことを意味する「諸情念の中間状態」(metriopathy) の理念は、「自らの感情に密かにふけること」を意味するとされ、また、apatheia はいかなる感情も欠けている状態を意味するとされたのである。キリスト教徒は神が無情念 (apathēs) であると論じたが、これは、pathos の厳密な定義に従えば適切な議論である。たとえそうであっても、そのような否定的な面が強調されると、神から注がれる愛の聖書的概念とは奇妙な対立が生じているように聞こえるのである。

原註

(1) アンブロシウス『ヘクサメロン』一・二・七参照。

(2) この違いは、ヌゥメニウスが指摘している(『善について』断片二四)ことをエウセビオスが記している(『福音の準備』一四・四)。

第6章　中期プラトン主義とアレクサンドリアのフィロン

紀元一世紀は、特別にクリエイティブな思想家を生み出しはしなかったが、キリスト教の思想に重要な影響を与える新しい哲学の動きの始まりを目の当たりにした。この時代の哲学は時に「混淆主義的」と言われ、それ以前の別々の思想体系の融合が起こったとされる。しかし、そのような定義は部分的にしか正しくない。既存の学派の全体的統合などということは明らかにありえなかったし、ほとんどの学派が自らの際立つ個性を維持していた。例えば、エピクロス派の教えはラテン語の詩人ルクレティウスによって解釈を加えられ、懐疑論はアイネシデモスによって教えられ、懐疑的な「アカデメイア派」のプラトン主義はキケロによって説かれた。アリストテレス研究も継続され、彼の著作はロードスのアンドロニコスによって編集され前六五年から四〇年の間頃に発行されたと思われる[1]。しかし、既に見てきたように、ストア派とプラトン主義者、アリストテレス主義者は以前から関係を持っていた。新しい動きは紀元前八〇年頃、アスカロンのアンティオコスが本来のプラトン主義のリバイバルを唱え、懐疑主義的伝統を拒否し、さらにはプラトンとアリストテレス、そしてストア派の創設者ゼノン(!)の教えが実質的には一致していると主張したことによって始まったのである。ここでは、明らかに懐疑主義との戦いが主な重要性を占めていたものの、プラトンとその直属の弟子たちをも魅了したピュタゴラスの数の定理も、新たな関心を惹きつけることになる。

いわゆる「第五のアカデメイア」として一般的に教えられているこの新しいプラトン主義は、じきに際立って有神論的な性質を顕にした。そのことはイデア（形相／eidē）の扱いに顕著に表れている。プラトン自身においては、これは超越的で不変的な原型を意味した。アリストテレスにとっては内在的な発展の原理、そしてストア派にとっては個人の精神における観念にすぎなかった（ただし、ストア派もいくつかの観念は人類すべてに共通して言えることを認めていたし、彼らの「種子的原理」（seminae rationales）の理論はアリストテレス的形相とほぼ同様であった。六九頁参照）。プラトン自身は、特に『国家』や『ティマイオス』において、いくつかの問いへの答えを留保したままであった。『ティマイオス』に記されている職人とは、宇宙の至高の完全性を表すものだったのか。それとも、そのような地位は善のイデアによって占められており、職人とはただその完全性を観察し真似ているだけなのか。あるいは、善のイデアを人格化したり、職人をただ生命の神話的表象と捉えたりすることで、両者をイデアと究極のイデア（supreme Form）に宿る思考と行動だと考えることができるのか。そこで新プラトン主義は、恐らくクセノクラテスまで遡る見解を復活させ、究極の現実は精神あるいは知性であると考えた。そして、イデアとはその精神の内に生み出される「観念」（ideas）あるいは思想であり、世にあるさまざまなものを創造する際の「模範例」（paradeigmata）として用いられるとしたのである。このような議論はアリストテレスの『自然学』二・三にある「形相と模範例」というフレーズから刺激を受けたのかもしれない。一部の人々は、ここにアリストテレス自身は意図しなかった区別をつけ、[2]「模範例」を超越した原型、形相を類似した物質に押された印影であると捉え、プラトンとアリストテレス両者の思想を大雑把に再構成したのである。時にこの「模範例」は、アリストテレスのもともとの四つの「原因」に次ぐ五つ目の原因として扱われたのである。

では、創造的な知性がイデアを無形の物質に適応することによって世界が生み出されたとしよう。そのような教理は「三つの原理」（Dreiprinzipienlehre）と呼ばれ、三つの創造的原理を提唱する教えである。ここで注意しておくべきは、この三つの原理とはいかなる形の三一論とも無関係だということである。この三つの原理の中では、一つだけが神的であるとされる。さらには、「三つの原理」とは、厳密には「三つの独立した原理」なのである。

しかし、イデアを神的精神の産物であると考えた者にとっては、究極的には原理は神と物質の二つだけであった。このような教理を教えた一例としては、テルトゥリアヌスによって攻撃を受けたヘルモゲネスが挙げられる。また、さらに異なる見解として、究極的な原理は一つしか存在し得ないということが主張されたので、例えばフィロン（『モーセ五書の寓意』[*Legum allegoriae*] 三・七）などはエウドロスの影響を受けていたのかもしれない（一三七頁参照）。キリスト者にとっては、これは神ご自身が物質を造られたことを意味し、無からの（ex nihilo）創造を示唆するものであった。ただ、このような思想は聖書的創造の教理を前提としているが、ほとんどのプラトン主義者たちは世界が無時間的にその創造的（諸）原理に依存していると理解していた。『ティマイオス』をそのまま創造的行為を表すものとして捉えた人は、ほんの少数だったのである。

　しかし、多くのプラトン主義者たちが、イデアを精神上の観念であると理解していたことではストア派と同じであったことも事実である。ただ、プラトン主義者たちの場合は、それらを、すべての完全性が生み出される究極の精神に連なっているということから実在的で客観的であると考えた。それゆえに、ストア派のいわゆる一般的な認識とプラトン主義の超越したイデアの思想の融合は、見た目ほど意外なものではなかったのである。なぜなら、人間を「小宇宙」と考えるストア派の教えは、人間の精神が神的で創造的な知性と原理的に呼応しているということを示唆するからである。そして、このような体系にさらに加えられたのが、究極的な源は完全で単純な統一体、「一者」あるいはモナドでなければならないというピュタゴラス学派の見解だった。しかし、逆説的なことに、究極の存在の全くの単一性と特異性を強調したこの学説は、神学に発展と複雑化をもたらした。この「一者」の定義そのものが曖昧であるので、ここで説明が必要となるだろう。「一者」とは、独特であるもの、不可分であるもの、最初の数（ピュタゴラス学派の論理においてはすべてのものの源）、あるいは「二つの一は二である」というように、繰り返すことが可能なただの一を指す言葉と理解することができる。それゆえに、すべての源である究極の一つの存在と、それに劣る、イデアの源として多様な形で自らを生み出し表現する「一」の原理とを区別する理由があったのである。

このような哲学の信奉者を詳細に挙げることは不可能であるし、本書の目的に鑑みて、この哲学が、多くのキリスト教神学者に影響を与えた、ある一人の著作家の思想に対する貢献を説明することで十分であろう。その著作家とは、アレクサンドリアのフィロンである。フィロンはギリシア語を話すユダヤ人であり、市民生活の中で重要な働きをした高貴な家の出身であった。彼は幅広い教育を受け、ギリシア哲学の著作にも精通していた。彼はおよそ紀元前二五年から紀元四五年まで生きたと思われる。彼の宗教的生活はユダヤ教典、特に彼が七十人訳で読んでいたモーセ五書を中心としていた。彼は当時エルサレムで実際になされていた神殿祭儀には詳しくなかったようであるが、トーラーを細部に至るまで正しく、権威のあるものと考えていた。彼の膨大な著作の大半は、創世記と出エジプト記のアレゴリカルな註解であるが、その他にも創造や摂理に関する論文や聖書に登場する英雄たちの伝記などがある。フィロンが目指したことは、ユダヤ教典が神的真理だけでなく、一般教養も教えることができると証明してみせることであった。そして、アレゴリカルな解釈を用いることによって、聖書のテキストの厳密な言葉遣いやそこに出てくる名前までもが、当時の諸学派が唱える哲学と矛盾しない倫理的・霊的導きを与えるのだと主張した。中でも、プラトン主義に対するフィロンの忠誠は堅く、概して懐疑主義には反対していたにもかかわらず、役に立つのであれば懐疑的プラトン主義をも用いたのであった。また、アリストテレス主義やストア派的思想も用いる一方、エピクロス派や物質主義の信奉者をすべて拒絶していた。しかし、彼の豊かな哲学的素養は、聖書の議論を説明したり根拠付けたりするためにたびたび用いられるのみで、そうすることはできたとしても、彼自身の一貫した哲学的体系を構築する機会はなかったのである。

もちろんフィロンは哲学がもっている、生き方を示す実践的な側面にも目を向けていた。彼は、族長たちをただ信仰深い、徳のある人々としてではなく、賢明で思慮深い倫理学者として描き出す。さらに驚くべきは、彼が特にモーセ（フィロンにとっては五書の著者）を権威ある教師としてのみならず、プラトン主義の哲学者として確信をもって示していることである。創世記九章二〇節「ノアは……ぶどう畑を作った」について論じている著作『栽培』(*De Plantatione*)などからそのような描写を読み取れる。そこでフィロンは次のように記している。「レビ記にはこう記されている『主はモーセを呼んで』(レビ記一・一)。しかし、そこでは二番目の地位を与えられていたベツァルエルも呼ばれるはずである。なぜなら、神は聖なる工芸を準備し管理するために彼を呼ばれるからである(出エジプト記三一・二以下)。ただ、あくまで最初に呼ばれるのは賢明なモーセであり、ベツァルエルは二番目に過ぎない。〈ベツァルエル〉とは〈影の製作者〉を意味するので、彼は生物を生み出すことはない絵描きのように、影に力を注ぐのである。しかし、モーセは影ではなく物自体の創造的な性質を生み出すようにと指示されている」。実際には、ベツァルエルは、礼拝で用いられる物を形作る職人である。これらを「影」と呼ぶことは、プラトンの『国家』の特に七・五一四―五一七(四〇頁の洞穴の喩えを参照)や一〇・五九五―五九八を思い起こさせる。しかし、モーセはプラトンのイデアの体系に当たる根源に接することができた。フィロンによればそれらの諸イデアは最高神の思いそのものであり、ロゴスとしてその理性に連なり、神の創造の業における印、あるいは型として機能しているというのである。

神ご自身に関してフィロンは、聖書が神の「御顔」「御手」、また愛や怒りなどの感情について語るにもかかわらず、神は人間の姿ではないと否定的に論じた。また肯定的には、神の本性は謎であり、人は神がおられること(*that* he is)、存在することを知ることはできるが、神が何であるか(*what* he is)は知ることはできないとした。フィロンは神を「あるお方」(He who is)〔出エジプト記三・一四、七十人訳〕と呼び、現在形〔の「ある」(is)〕をもって神の不変的な存在を示している。神は永遠であり変わることがない。時空の外にあるが、その中で働くこともできる。神は時に世界の「精神」「魂」と呼ばれることもある。しかし、神の超越は「モナド」や「モナドに優るもの」と呼ばれることによって強調されている。また、神の倫理的属性も確信をもって説明されており、神はすべての善の源であり、世界の創造者、支配者であるとされる。神は情熱(pathos)とは無縁であるとされながら、善を喜び、すべてに慈愛（eleos）を示し、悪いものを退け、裁き、罰するのだという。プラトンの職人のように、神は豊かに創造し、世界も人の理性も徳も神からの贈り物なのである。

フィロンにおける神の聖性と超越性は、世界に対して神が直接働きかけているように語ることへの多少の躊躇と折り重なる。彼は神が「力」（dunameis）を通して働かれると語るのである（当時のユダヤ教の教師たちも同様である。また、［アリストテレスの］『宇宙論』参照）。ただ、それらの「力」が神ご自身の働きをへりくだった形で表したものなのか、神の代わりとなって仕える別の存在なのかは明らかではない。それらの力の中で突出しているのは神の理性、ロゴスである。別の箇所でフィロンは、神が御自身の知恵（Sophia）を通し、またそれと相談した上で働かれるとし、知恵は女性として、さらには神の「配偶者」として描かれるのである。ここでもフィロンは神が主に二つの力、善と支配を行使するのだと論じており、それらは「神」と「主」と呼ばれ、「あるお方」（Him who is）には劣る存在だと考えられた。これは明らかにそれ以前の、「神」と「主」という二つの名前で一人の神を呼ぶことを説明する試みから出てきたものである。しかし、創世記一八章に関するフィロンの説明によると、神は一とも三とも捉えられると断言されている。このような神学は、自然と三一論を研究するキリスト教徒の学者たちの興味を引いた。しかし、フィロンは、三一論的神学に何か一貫した関心を寄せていたわけではない。それゆえに、フィロンは神の言と知恵を、神の子と配偶者として語りはするが、それらは三者択一の思想であり、それらが一つとなって三人家族（Familientrias）を形成することはなかったのである。

詳細に見てみると、フィロンの「諸力」に関する教えも分かりづらいものである。使われている用語の一部は神ご自身の属性や働きを示すものであり、一部は明らかに助け手・仲介者を指しており、またその他はプラトンのイデアを彷彿とさせるのである。しかし、それらの用語の意味は重なっており、はっきりとした区別はつけられていない。それゆえに、神の「諸力」は「原理」や「徳」、「天使」「悪魔」「魂」の他、「イデア」「似像」「刻印」や「範型」などと同様に用いられたのである（ギリシア語では dunameis が logoi, aretai; angeloi, daimones, psuchai;

ideai, eikones, sphragides, paradeigmata)。ある意味では、これはフィロンがプラトン哲学とヘブライの伝統を融合させようとした結果である（それゆえにdaimonesが「天使」と等しくなる）。しかし、これはプラトン哲学自体が複雑な発展を遂げていることをも意味するのである。

上述の四八頁において、イデアが単に「範型」や「刻印」にすぎず、物質化されるためには他の力が必要であると理解されるべきなのか、それ自体において創造的であるのかが問題とされた。世界の創造は能動的な創造者が内的な型を用いて為されたと説明することができる。しかし、継続的な自然現象の繰り返しや生物の生殖の中でイデアの働きがあるとすれば、それがどのようなものなのかが問われなければならない。一部のプラトン主義者は、知覚可能なものに押されたイデアの刻印を説明するために「二次的に知解可能なもの」(secondary intelligibles)という語を用いたり、またはストア派の種子的原理の思想を継いだりした。しかし、それでもなぜ単純で、永遠で、不変的なイデアが、変動する世界の中に自らの映しをいくつも生み出すことができるのかについては説明がつかなかった。プラトン主義の影響を受けたフィロンやグノーシス的な著作の中には、神やロゴスが、命をもたらす原理を天から地上へ行き来させる宇宙の梯子、あるいはそれに似た道具の上に座している姿を描き出している（例えばフィロンの『夢について』[*De Somnis*]一・一三三―一五九、ヒッポリュトスの『全異端反駁』五・一七参照）。しかし、職業的な哲学者たちがどのようにこの問題に取り組んだのかについてはあまり知られていない。少なくとも人間が関わっている部分においては、イデアの刻印とは魂の受肉と同じように考えられていたはずである。いずれにしても、イデアは何らかの形で能動的であることが示されなければならない。イデアを数字であると考えた人々でさえ、それらが完全に静的であるとは考えていなかったことは覚えておく必要がある。クセノクラテスの時点で、既に魂は「自己運動する数」と定義されていたのである（四九頁参照）。

以上のような背景の故に、フィロンにおいてロゴスは「場所」でもあり、諸イデアの全体をも指し、さらにはストア派的に「火」などの用語で呼ばれる、能動的・支配的な体系付ける力とも捉えられ、当然、全能の神に従属する存在とも考えられていたのである。実はこのような妥協は、すでに中期プラトン主義の内に見ることができる。そこでは、プラトン－ピュタゴラス学派的神、純粋なモナドが第一におかれ、ストア派的な宇宙の神的存在はそれに従属する存在とされるのである。既に見たように、フィロンはヤコブの梯子の幻を魂の上り下りであると解釈する。魂の内で最も純粋な存在は神に仕える天使たちであり、それらすべての上にはロゴスが「座している」のである（創世記二八・一二）。後のキリスト教徒たちは、被造物でない神ご自身、その神的属性、そして神の言と霊と、天使や人間を含む被造物との区別をはっきりとつけた。しかし、フィロンにおいてはそのような区別は全く明らかではなく、むしろ対比されているのは精神（男性）と感覚（女性）、理性で捉えられる世界と感覚で捉えられる世界、そして全く説明不可能な神と、名指しできるような属性、徳、助け手や被造物なのであった。

当然の事ながら、このような類のプラトン主義が初期キリスト教に影響を与えるに至るまでの架け橋の役目を務めたのはフィロンだけではなかった。しかし、彼の与えた影響は長期にわたったこともあり、良い例として用いることができるのである。フィロン自身は整数の性質というものに興味を引かれ、安息日や十戒の弁明のために七や一〇の特別な重要性を、習熟した算術を用いて説明した。しかし、フィロンのプラトン主義においては、倫理的・霊的関心が、真剣な論理的・数学的な興味を隅に追いやっている。ただし、フィロンにとって倫理とは理性的な事柄であった。そして、聖書的なイメージである、天使の赤ん坊ですら神の顔を仰ぐことのできる場所、固い大空の丸天井、天空の遥かかなたにある神の玉座というものは、理性的秩序である叡智界（cosmos noētos）に取って代わられた。さらに言えば、フィロンにとって倫理とは、存在するすべてのものの体系が、それ自体、不変的神の作品であるイデアの世界にあるとされた故に、基本的に順応主義的なものであった。プラトン主義者たちは実際には際立った賢人や聖人を評価したとしても、彼らの論理に従えば、善とはただあらかじめ定められた理想に順応するだけのことと捉えられていたので、個人というものは軽視される傾向にあった。フィロン自身もアブラハム、イサク、ヤコブそれぞれの異なる徳について詳しく述べはしても、そこで彼らは人間の善をタイプ、別に理想的に代表しているだけに過ぎず、そこには、本当の倫理的独創力というものは見出されない。人が「叡智界」に近づくには、真の善の美しさによって駆り立てられ、自己訓練によって支えられた理性的活動が必要とされた。しかし、素朴で無意識的な敬虔というものは二次的なものだったのである。もちろん、感覚的な世界は創造者の寛大さの証として、あるいは霊的世界について教える象徴を与えるものとして、それなりの価値を認めることもできる。しかし、感覚的なものに対する興味や愛情は厳しく否定されていた。そして、身体と魂の二元論は、人は身体を魂のために賢く律しなければならないということだけでなく、身体に対する嫌悪は、わざとらしく見せ付けるような不純な動機でない限り、霊的な益を得る有効な手段だという考えを導き出したのである。最終的には、キリスト教修道制の出現に際し急速に成長した禁欲主義的傾向により、上述の理性主義的風潮は大幅に制限され、多くの熱心なキリスト教徒は異教的教育だけでなく、あらゆる一般教養をも否定したか、あるいはそうするように公言したのである。

　同様の伝統によって、初期キリスト教の考え方には他にいくつかの誤りが生じた。それらは、プラトン主義が教会の想像力や思想にもたらした多大なる貢献に対置されるものである。中でも、ほぼ例外なく、セックスが創造者の知恵により適切に備えられたものとして見られなかったことは大きな失敗であった。これは、すべての激しい感情が、たとえ一瞬でも思慮深い理性的面に取って代わったなら、それは「熱情」(passion)と見なされて否定されたことに由来する。新約聖書の中で、「夫婦の関係」(hē koitē amiantos)は汚れてはいない、あるいは「汚してはなりません」と語るヘブライ人への手紙一三章四節ほど軽んじられた箇所はなかったであろう。キリスト者は一般的に性的関係を危険視していた[3]。ストア派は、それを生殖が目的である場合のみ許されると考え、キリスト教徒はそれが堕罪の結果としてだけ課されたものだと付け加えた(創世記三・一六)。さらには、フィロンのように理想的人間は性と無関係であると考える人々もいたのである(「男‐女」創世記一・二七)。セックスはサクラメントの一つであると考えたバレンティノス派の主張は、多くの賛同を得るには至らなかった。さらに教会が陥った誤りとしては、イスラエルの伝統や異教社会に既に存在していた男性優位の強調を取り上げることもできる。これは部分的には、女性特有の直感に無意識の理性が働いていることを見落とした結果である。また、正統的キリスト教の伝統に対する過剰な自信は、説得が合意を生み出さなかった時、異端に対する辛辣な不寛容へとつながった。このような状態は、サモサタのルキアノスのような異教徒風刺家までが、賞賛に値すると認めざるを得なかった、正統的キリスト教界内の愛と相互犠牲の裏の面だったのである。

原註

（1）発行の日付に関してはR. Sorabji (ed.), *Aristotle Transformed*（参考文献4を参照）p. 63に掲載されているN. Gottschalk, 'The earliest Aristotelian commentators' を参照。「アンドロニコスは彼の仕事を六〇年代に開始してその編集本をその後一〇年の内に発行した」。Düring はそれをローマで二〇年後に発行されたとしている。

（2）反対の論説はP. Merlan, *LPG* p. 54を参照。

（3）特筆すべき例外はアウグスティヌスである。『創世記逐語註解』（*De Genesis ad Litteram*）九・二・五は、アダムとエバは罪を犯さなければ楽園で無垢な性的関係を楽しむことができたはずだと論じている。

第7章　古代末期の哲学

キリスト教の初めの二世紀において、プラトン主義は次第に支配的な哲学となっていった。この時代も終わりに近づくと、良くも悪くも宗教的な関心の復興を証言したエピクロス派の魅力は減退していた。また、二世紀のストア派は、倫理的教師として尊敬された自由奴隷のエピクテトスと皇帝マルクス・アウレリウスに代表されるが、その理論の内容は知られていない。ただ、セネカの仲間のコルヌトゥスが、アリストテレスの論理学について言及していたが、それらの著作は現存していない。しかし、エピクロス派とストア派の教理についてある程度精通することは、もちろん長い間、哲学教育の一環と見なされ続けた。同時に、ピュタゴラス学派の多くがプラトン主義と手を組むようになり、ほんのわずかな人々だけが、自らを独立した学派として考えるようになった。そして、アリストテレス主義のアスパシオス（一〇〇頃―一五〇年頃）は、幅広いアリストテレスの著作の註解を記し、その中で『ニコマコス倫理学』の註解の一部は現存している。さらに重要なのは、最後の特筆すべきアリストテレス派、三世紀初頭のアプロディシアスのアレクサンドロスの著作であり、今もその多くが残されている。特に彼の『運命について』は、決定論と自由意志について論じており、今日もなお専門家でない人々の興味を惹いている。

プラトン主義への反発は主に復興した懐疑主義から寄せられた。この懐疑主義は、エリスのピュロン（前三六五頃―二七五年頃）の伝統を引き継ぐと主張したが、ピュロン自身は間接的にソクラテスの影響を受け、より強い影響をデモクリトスから受けていた可能性がある。アカデメイアがアルケシラオスとカルネアデスのもとで懐疑主義に傾いたことは既に述べたが（六六頁参照）、これはキケロによってより堅固なものとされた。しかし、アカデメイアで「教条主義」が復活した後は（七七頁参照）、ピュロンの権威を主張する独自の懐疑主義的運動がアイネシデモスによって促進された。アイネシデモスは、感覚の信憑性を疑い、倫理的思想の相対性を説いたようである。そこでは、判断を保留すること（epochē）のみが理性的な道であるとされた。これらの情報はセクストス・エンペイリコス（一八〇年頃）が残した、現存する大量の著作によるところが多い。セクストス自身は、批判者としての功績はともかくとして、さほどの文才はなかったので、より重要な思想家に関する情報を提供しているという理由で重宝されているのである。ただ、懐疑主義による問題提起はそれからも続き、アウグスティヌスもそのアカデメイア的形態に直面した際、それを初期の著作『アカデメイア派論駁』で扱うほどに重大であると感じたのである。

しかし、古代末期において支配的であった伝統は、肯定的で霊的な傾向に加えて、ピュタゴラス学派とストア派の要素も入り混じったプラトン主義であり、アリストテレスの重要性に関しては議論の余地がある。ここでは、三つの思想に支配された時代を区別することができる。（1）エウドロスからアッティクス（前四五頃―紀元二〇〇年）までの中期プラトン主義。この時代の最も有名で有能な著作家は、評論家で伝記作家のプルタルコス（四五―一二五年）である。（2）プロティノス（二〇五―二六九年）から、直弟子であるポルピュリオスとイアンブリコス、そして後代のプロクロス（四一一頃―四八五年頃）に続く新プラトン主義。プロティノスは、アウグスティヌスに重要な影響を与えた。しかし、「新プラトン主義」というのはあくまで現代の呼び名であって、当時の人々は自らをプラトン的伝統を堅固に引き継ぐものと考えていた。（3）プラトンを自らの師と仰ぎながらも、ポルピュリオスの打ち立てたアリストテレス的理論の弁証を受け容れ、発展させた古代末期のアリストテレス的スコラ哲学。ここで最も重要な人物はマリウス・ウィクトリヌス、西方のボエティウス、そして東方のヨアンネス・ピロポノスの三人である。彼らはキリスト者であったが、異教徒の新プラトン主義者たちも、五二九年にアテナイのアカデメイアがユスティニアヌスによって閉鎖されるまで、あるいはその後しばらくは活動を続け、そこには優秀なアリストテレス派の学者シンプリキウスもいた。

上述の三つのうち、新プラトン主義が最も独創的で影響力のある思想であったことは疑いの余地がない。事実、多くの哲学史家たちは、後期ストア派の倫理主義者たちから、間を飛ばしてプロティノスを直接扱っている。しかし本著の目的からすれば、キリスト教思想に与えた影響が小さかったために、新プラトン主義はさほどの重要性を持たない。先に挙げた四人の新プラトン主義者らは、キリスト教に強く反発していたのである。また、そのグループの中で最も親しみやすいポルピュリオスも、キリスト教徒を攻撃する論文を記したため、彼の著作は後にコンスタンティヌス大帝によって焼き払われた。それゆえに、四世紀のキリスト教神学者たちは、聖バシレイオス（三三〇頃―三七九年頃）に至るまで、初期のプラトン主義者たちの著作を参考にしていたのである。また、プロティノスの学問的研究は彼の死後一〇〇年経って、マリウス・ウィクトリヌスとアウグスティヌスによって始められた。そしてその頃には、キリスト教神学も四世紀の論争の結果として確かな神学的骨格を築いていたので、新プラトン主義の論敵を批判することもできるようになっていた。H・デュリーが記すとおり「段階的な神性、世界に始まりがないこと、一度限り与えられたロゴスの原始的啓示、魂の輪廻、そして悟りを得た魂（だけ）が解脱できるなどの教理は……例外なくすべて教会から退けられた」[(1)]のである。ただし、それらの教理は一度に退けられたわけではなかった。例えば、ヌゥメニウスが教えた「段階的な神性」の教理は、多くのニカイア公会議以前のキリスト者には許容されていたのであり、教理史においては「従属説」として姿を現している。さらに教会は、発展初期の、より柔軟であった時に中期プラトン主義から借用した教義のいくつかは保ち続けたのである。特に、神性を単一で不変的な統一体と捉えたこと、そして知性を称賛したことが挙げられ、素朴な信仰者に対して同情的であったとしても、感情を疑問視し、人の欠陥のすべては肉欲に由来すると考えることは変わらなかった。あの古代末期で最も独特・独創的なアウグスティヌスでさえ、自らの若き日々をプラトン主義の視点から捉える傾向から逃れることはできなかった。

アンティオコス以降の中期プラトン主義者は、近年のジョン・ディロンの研究に従って簡単に分類することができる。（1）プルタルコス――彼は、多作で想像力に富み、宗教的な心を持った著作家であり、プラトン自身の対話篇の雰囲気と文学的センスをうまく摑んで、プラトンの寓話も巧みに用いた。（2）アリストテレスの教えを多く取り入れた、ガイウスという人物に起源すると言われる、より散文的で学問的なグループ――このグループは教科書を記したアルビノスによって代表される。この人物は、アレクサンドリアのクレメンスや、さらに特色のあるラテン語著作家のアプレイウスによって研究されている。（3）アテナイを拠点とする反対グループ――彼らはアリストテレスの影響をそぎ落とした純粋なプラトン主義を目指していた。代表的な人物はアッティクスである。（4）前五〇年頃から紀元二〇〇年頃までの、ピュタゴラスに対して多大なる敬意を払うプラトン主義者たち――ここにはエウドロス、モデラトス、ニコマトスと、非常に影響力を持ったヌゥメニウスが含まれる。

長い目で見れば、これらの著作家たちの重要性は過大評価されるべきではない。具体的に言えば、ピュタゴラス学派の特色でもある、世界はすべて数字で説明することができるという考えなどは、実り多い思想のように思われたが、結局は倍音という音楽の論理でしか役立つことはなかった。本当の発見は、実に代表的な哲学派の裾野に位置するような思想家たちによって、数学、光学、天文学においてなされていった。しかしその一方で、ポルピュリオスやイアンブリコス、そして後の新プラトン主義者たちが、これまでよりも深い敬意を持って扱われるべきであることも確かである。鋭い思索は、時にくどいように思われる註解書の内に埋もれてしまっているのである。

中期プラトン主義は、ユスティノス、クレメンス、オリゲネス、そしてエウセビオスなど二世紀から四世紀のキリスト教著作家たちに与えた影響のゆえに、注目する必要がある。ここでは、これまでに論じてきた問題を取り上げるが、そのいくつかは第二部でさらに論じることとする。

神の存在についての私たちの知識
神について論じることの可能性とその方法
神性における統一と多様性
世界は永遠であるのか、創造されたのかという問い
霊と身体における人間の性質

まずは、プラトンの『ティマイオス』の創造物語から浮かんでくる問題を取り上げることが適当であろう。プラトンから読み取れることは、神的職人は世界を無から創造したというのではなく、それ以前の混沌から秩序だった世界を整えたということである。三〇aにはこのように記されている。「神は、すべてが善きものであることを……望み、こうして、可視的なもののすべてを受け取ったのですが、それはじっとしてはいないで、調子はずれに無秩序に動いていましたから、これを、その無秩序な状態から秩序へと導きました[1]」。この議論は、聖書の証言と重なっているように思われる。なぜなら、創世記一章一節は、おそらくもともとは神が無秩序から秩序ある世界を造り出したことを語っているからである（tohu-wa-bohu に関しては参考文献20のフォン・ラートの註解書を参照）。しかし、ここから別の問題が起こってくる。プラトンはここで、すべてに先立つ決定的な業について説明しているように思われるが、問題は後になって時間の創造について語られていることである（三八c）。「時間が宇宙とともに生じた[2]」。しかし、どうして時間ができる前に業がなされることができるのだろうか。

このことに関して、プラトンの直弟子であるアリストテレス、スペウシッポス、クセノクラテスらは皆、宇宙は永遠の昔から存在したと説いた。アリストテレスはプラトンはただ誤っていたとし、他の二人はプラトンは可

視的世界が永遠に神的存在に依存していることを神話的に表そうとしたのだと擁護した。そして、プラトン主義者の大半がそのように考えるようになった。しかし、プルタルコスやアッティクスを含む少数の人々は、人間が考えるような形ではなくても、確かに世界には始まりがあったと教えたのである。また、その他の人々は、より曖昧な態度を取ったので、フィロンなどは宇宙が常に存在していたという議論を非難する(『世界の創造』[*De Opificio mundi*]七)。彼は、時間が始まる以前には時間は存在しなかったと論じながら(前掲書、二六)、同時に『ティマイオス』にある職人の善性に関する文章を言い換えて、神が自ら前もって抱いていた計画に基づいて宇宙を秩序付けたことの説明に用いていた(『世界の創造』二一―二二)。つまり、フィロンの『ティマイオス』解釈は、実に瞬間的で決定的な創造の業を可能にしたのであり(前掲書、一三)、このような解釈では過去形をアレゴリカルに解釈する余地はなくなるが、フィロンは「六日間」の創造を説明する際にはアレゴリカル解釈を用いている。また、その他は、例えば時間は「創造において」それとも「創造の後に」始まったのかという問題のように、ただ曖昧なまま残されている(前掲書、二六)。

少しさかのぼれば、キケロは『ティマイオス』を字義的に解釈した(『神々の本性について』[*De Natura deorum*]一・一八―一九)。また、『知恵の書』(一一・一七)では、神の全能の御手が無形のものから世界を創り出したと語られており、キリスト教弁証家のユスティノスもその見解を引用することに異存はなかった。

これらの著作家たちのどこにも、神が世界を無から(ex nihilo)創造されたという、後の正統派のキリスト者たちが定義づけた思想を見ることはできない。しかし、ex nihilo とは、その意味が固定する以前から用いられていたために、その立場ははっきりとしない。ギリシア思想においては、何かがただ存在しているだけであることと、それが「何か」であることを区別することは難しいのである。つまり、「在らぬもの」(that which is not)とは、ただ存在しないことを意味するのではなく、「特定の性質を持たないもの」(that which has no definite character)を意味することもできたのである。後代の思想家にとっても、完全な非存在というものを想定することは困難であった。

アタナシオスですら、神は「無いものたち（！）」（things that are not）に対して呼びかけ、存在へと導いたのだとしている（『アレイオス派駁論』二・二二）。同様に、第二マカバイ記の著者も神が「無いものから（ex ouk ontōn）世界を創造された」と記してはいるが、後の教理を念頭に置いていたわけではないであろう。また、いくつかの示唆は紀元前一世紀の異教の思想家たちから与えられていた可能性もある。エウドロスは、神がイデアだけではなく物質も創造したと教えていたようであるし[2]、キケロはそれを否定するにしても物質が神的摂理によって創造されたとする説を知っていた。これについては、ラクタンティウスの『神的綱要』（*Institutiones divinae*）二・八・一〇に残されている断片を参照してもらいたい。しかし、おそらくエウドロスは、少なくとも物質がイデアのようにその神的起源に永遠に依存していることを想定していたであろう。つまりこれは、結局すべての物が「一者」から生まれ出たという、ピュタゴラス学派の論理から自然と発展してきた考えなのである。しかし、既に述べたように、瞬間的な創造という考えも同時に存在していた。「無からの創造」ということは、二世紀初頭のバシレイデスによって明確に説かれたが、そのことはヒッポリュトスの『全異端反駁論』七・二二・二に記されており、ヒッポリュトスはバシレイデスをグノーシス的異端として扱っている。「無からの創造」はアンティオキアのテオフィロス（一八〇年頃）によって正統的キリスト教に受け容れられ、エイレナイオスにおいては当然の事として前提されている。そこでよく用いられた議論は、物質が何らの干渉や発展もなく全能の神と共に永遠に存在するということは想像できない、というものであった。

『ティマイオス』はさらなる問題を生じさせている。プラトンは、その創造物語を、次の頻繁に引用される[3]フレーズによって始めている。「この万有の作り主であり父である存在を見出すことは、困難な仕事」（二八c）。このような格言は、それがどの程度まで徹底して捉えられるべきなのかという疑問を自然と導き出す。これは、人は自らの起源について何の知識も持っていないという意味なのか。また、それとは別に、「造り主」と「父」という二つの称号も議論を呼んだ。これらは等しい存在なのか、それともこれらは一つの存在を別々の役割によって呼んでいるのか、またはこれらは別々の存在であるのか。神を創造者として捉えることは、その創造の業を神よりも低い位置に置くことになる。しかし、父という称号は、神が人間の創造にあたって、神の霊的性質の何らかを分け与えたことを意味することもできる。これは実に創世記二章七節からも読み取れることである。なぜなら、そこには「命の息」と記されているからである。また、「詩人」あるいは「創造者」とも理解することができるギリシア語の poiētēs という語に鑑みても、詩人は、自らをその作品の中に表現するという考えに至るのである。つまり、人間は確かに肉体を持った被造物であるが、少なくともその魂に関しては、神の性質を共有しているという意味で神の子とされることができるのである。いくつかの新約聖書のテキストは、この問題がはっきりと整理される前に書かれたものでも、例えば、ヨハネの手紙（一）二章二九節―三章二節や四章七節などが、そのような思想の方向性を示している。

このような、人の霊的側面が神的存在と似通っているという教理は、哲学者からの支持を得ることもできた。例えば、ピュタゴラス学派は神の本質からの派生物である「神的閃光」について語り、それは粗悪で手に負えない人間の身体の内に捕らえられ、埋もれているのだと教えた。神の自己付与という考えは妥当なものであり、プラトンも「構築者は、すべてのものができるだけ、構築者自身によく似たものになることを望んだのでした……すなわち、神はすべてが善きものであることを（望んだのです）」と雄弁に語っている（『ティマイオス』二九c―三〇a）。[4] これに聖書は「神はお造りになったすべてのものをご覧になった……極めて良かった」と付け加える。しかし、もし神の業が被造物ではない物質の欠点によって制限されるというプラトンのような思想を退けるとすれば、なぜ神が被造物に分け与える善が制限される必要があるのだろうか。確かに、神は自らと同じ存在を創造することによって、自らの本質を否定するようなことはできないであろう。しかし、それを除いてはどのような制限が必要だというのだろうか。

このような問題は、段階的一元論と呼ばれるものから極端な二元論まで、幅広い可能性を提示する。一つには、神の善性は天上の世界と自然の秩序の中で、さまざまなレベルにおいて反映されており、人の魂とはただその中で最も崇高なものなのだと信じることもできる。しかしその一方で、そこに突如としてギャップを想定することもできる。つまり、人間の魂はそれ自体堕落したものであると考えることもできるし、異質で敵対的な、死んだ物質と悪意ある霊の世界に捕らえられた神的閃光であると捉えることもできる。ヌゥメニオスですら、この世界の「創造者」は、最高の「父」とは異なり、「父」に従属する第二の神であると考えた。そしてそこには、創造神をさらに暗い色彩で描き出そうとする大勢の人々がいたのである。

これらの疑問は、グノーシス派、プロティノス、そしてその両者を論敵とするキリスト者の三つ巴の議論を生じさせたが、ここでは、グノーシス派については詳しく述べることはしない。なぜなら、そこには哲学者と呼ばれ得る人々はほんのわずかであったし、途方もなく多様な対立する学派が存在していたからである。また、ナグ・ハマディ文書の発見によって得られる新しい情報を考慮すれば、その史料をまとめることは難しい。ただ、ほとんどのグノーシス派が二元論的立場をとっていたことは明らかである。物質的世界は悪意ある、あるいは道を誤った創造者によって造り出され、神的閃光はただグノーシスと呼ばれる「知識」あるいは「悟り」によって創造者の影響から免れることのできる、少数の選ばれた魂の内にだけ留まっていると考えられたのである。このグノーシスは、グノーシス派の教師の教えとして示され、このように要約される。「我々は何者であったのか、または我々はどこに置かれたのか、どこに向かって進んでいるのか、何から我々は贖われるのか、生まれるということは何なのか、また再生とは何なのか」(3)。そして、身体や物質的世界全般が低く見られていたために、グノーシス派の行いは両極端に陥る傾向があった。つまり、体を霊に反するものとして抑圧する者もあれば、挑むべき霊的向上には無関係なものとして、体を辱め、その価値を貶める者もあったのである。

しかし、グノーシス派の中にも一般に「流出説」と呼ばれる違った傾向を提示する者たちもいた。「流出説」という語彙は、私の見る限り論理的なつながりのない三つの意味を提唱するので、いささか分かりづらいように思われる。しかし、それらはたびたび同時に登場するのである。

（1）神は自らの生命を他の存在に分け与える。つまり、他の存在は神とある意味で「同質」ということ。

（2）このような行動は、神の本質の必然的な結果。

（3）しかし、これは完全ではない。それぞれの段階においてもともとの神性は部分的に失われ、不完全さが進入してくる。

これ故にグノーシス派の中で最も卓越した人物の一人であり、正統的キリスト教に近かったバレンティノスは、神の存在を原初の神秘的統一から「諸力」あるいは「霊体」（aeons）へと発展したものと捉え、それらは集合的に「プレーローマ」あるいは（神性の）「充満」と呼ばれた。その出発点は、神秘的神性が自らに関する観念へと至るプロセスであり、これはある程度不完全なものでなければならなかった。そして、そのプロセスは繰り返され、ただ神性の働きの一面というよりは、自らの意思と性格を持った諸々の力を生み出したのである。しかし、それらの諸力がもともとの統一から遠ざかり、各々異なる形を得るにつれて、神的完全性は次第に制限され希薄になり、ついには誤りや罪が生じるまでに至った。これらのことすべては永遠の、時間以前の状態において、低き世界が誤って創造される前に起きたというのである。この説に関する思索に富み謎めいた史料は、ナグ・ハマディ文書の『三部の教え』（*Tractatus Tripartitus*）に見ることができる。ここでは、神は完全性を築き上げるすべての属性を備えているとされる。しかし、神の属性が神の生命そのものを映し出すには、それら自体が命と意識を得なければならなかった。ただ、そこでそれらの属性は自らの限界と、神的完全性を表すにはお互いが必要であるということを忘れるという過ちに陥ってしまったのである。

この神話の要素のいくつかは明らかに哲学から生じたものである。プラトン主義者は当然、イデアの説に照らして、複製は常に原物より劣ると考えた。それゆえにフィロンは、神の業が神ご自身よりも劣ることを示すために、連結された磁石における力の減少の喩えを用いたのである（『世界の創造』一四一）。（この「希釈」の理論は、原物そのものが複製を生み出すことによって弱められるという思想とは区別されなければならない。それは、後に神がご自身のロゴスを「神ご自身の本質より」生み出したという教理に反対するものとして唱えられるようになる。しかし、それに対してはキリスト者も新プラトン主義者も、松明が他に明かりを移しても冷めることがないように、もともとの神性は何をも失うことがないと応えることができた。）

ローヌの谷に位置するリヨンを中心としたギリシア語圏のキリスト教の共同体の中で、およそ一八〇年頃に司教になったエイレナイオスは、グノーシス派に対して五巻にわたる『異端反駁』を記した。彼は、上述したバレンティノス派における両方の傾向に反対した。一方で、彼らの流出説は、完全なる神と堕落した罪深い被造物とが連続性を持っているはずはないとして批判された。もし、霊体（aeons）が何らかの形で神的であり、神の一部であるならば、それらの内の一つでも誤りや罪と関連させることは冒瀆である。他方、エイレナイオスは被造世界がそれ自体は悪でないことを論じ、悪の起源は人の自由意志とその誤用にあるとした。ただし、自由意志は倫理的生活とその向上に不可欠なものであり、長い歴史の営みの中で、人の未熟さによる過ちと意思の弱さは正され、人類は来るべき素晴らしい世を受けるに相応しくされるという。さらにグノーシス派に対して唱えられる異議は、哲学というよりもキリスト教の伝統に根ざすものであり、エイレナイオスは、聖書には創造主の他にいかなる神をも想定する根拠がないと論じた（『異端反駁』二・二・六、三・六・一など）。また、全般的にエイレナイオスはグノーシス派の空想的と思われる聖書解釈と数字のシンボリズムを批判したが、それはピュタゴラス学派の名残であり、無論フィロンにおいて頻繁に見られるものである。さらに、エイレナイオスはグノーシス派の極端な倫理をも断罪し、彼らがキリスト教の共同体組織内の権威ではなく、個々の教師に依存していることも非難したが、キリスト教共同体に関しては、楽観的に共通の信仰と教会の規律によって一つに保たれていると考えていたようである。

プロティノスも、インドとペルシャの賢人と語り合うためペルシャを訪れようとしたけれど、それが失敗に終わり、エジプトからローマへと移り住み、そこで執筆活動のほとんどを行ったにもかかわらず、ギリシア語で執筆している。彼の哲学はプラトンの根本的な最高善の教えを一貫して用い、普遍的なものは個よりもリアルであり、内包的であり、単純であり、より善いものだと考えた。それゆえに彼は、流出説をあらゆる面で受け容れたのである。宇宙における最高の原理は純粋な統一（Unity）であり、それは同時に純粋な善であり、他のすべての現実はそれに依拠している。世界の秩序は定められており、永遠である。最高の現実が他を生じさせるような、一時的・瞬間的な活動は存在しない。バレンティノス派において想定されるソフィアの非道な行いや、キリスト教のルシファーあるいはアダムにおける堕罪の教えのような、宇宙的惨事も生じていない。それよりも、プロティノスはすべてが秩序立った永遠の流れに従って外へと溢れており、その初めの段階が「一者」が自らの精神あるいは意識（Nous）を生じさせることだと考えたのである。

プロティノスの時代には、精神を最高善のもう一つの名前として扱う者もいたが、彼自身は二つの理由によりそこに区別をつけた。（1）精神にせよ何にせよ、「一者」を正しく説明できるものはない。それを説明しようとすることは、すなわちそれに何らかの述語を加えることになり、その統一性を壊してしまう。（2）精神とその思想は、考える主体と主体が抱く思想の二元性を示唆する。それゆえ、「一者」は考えることをしない。それは考えを生じさせるのである。しかし、これは「一者」を思い、考える、第二の原理あるいは本質の為す業なのである。

これらの説明を記すことで、もちろん私自身がそれを擁護するわけではない。現代の理論では「SはPである」ということは、半分は「Sは-Sではない」を示唆する定義として説明されることはないのである。無論それはSがP、Q、Rといった別々の側面（epinoiai）を持っていることを意味する。しかし、プロティノス自身、最高の原理をある時は「一者」、ある時は「善」、そして稀に「神」と呼んでいるのである。また、自己意識が二元性を意味するという第二のポイントは、拡大されるべきであろう。識別という過程抜きに起こる思考というものは想像し難い。するともし「一者」が完全な統一であるならば、それは説明不可能な、すべての善の源であることを証明し、すべての意識的思考を超えるレベルにあり、思索する精神を生じさせるが、その制限に縛られることはないということになる。この神的精神こそが、元来の統一（Unity）をイデアの多重性において表現することができるのであるが、それは完全（あたかも「一者」が完全に複写され得るかのように）ではなく、それぞれのイデアはただ部分的な真理を示すことしかできないし、それらの複合体は完全な統一には至らないのである。

さて、話は戻るが、外への流出は粛々と続き、「精神」は、世界と個々それぞれの魂のうちに運動と命を生み出す原理である「魂」を生じさせる。ただし、それら個別の魂は、プロティノスがある種の同一性とみなす絆によって「魂」と一つに保たれるのである。世界魂（world-soul）は高次の現実を映し出すことによって、物質に内在するイデアを作り出すとされ、ここでもプラトンの教えが用いられていることが分かる。――あるものが世界に存在している理由は、それが存在すること自体が善いことだからである（『国家』六・五〇八e）。すべての現実のレベルは、それぞれにおいて善いものである。なぜならすべてのものはある程度究極の「統一」「善」を反映しているからである。そして、すべては本有的にその源に戻ろうとする傾向を持っているのである。つまり、物質ですらそれ自体悪ではない。それはただ最も低いレベルの現実なのであり、そこでは究極の「善」と「統一」は最も不鮮明に映し出されている。そこは外への流出の最終地点であり、非存在のへりである。

個々の人間の魂がどのように宇宙の「魂」に関係しているのかということは、容易には理解できない。奇妙なことに、プロティノスは個々人はそれぞれ理想的で超越したレベルにおいて存在していると考えていたのである。専門的な表現をすれば、個々人のイデアが存在するということである。しかし、経験の範囲内では人の魂は自らによってコントロールされている。それゆえ、魂は完全なイデアに対して真実であることもそうでないこともできるのである。そして、悪とは、魂が自らを物質的なものに固執させ、それによって物質にそれらが所有することのない現実を与えることで、「一者」と「善」に背を向けた時に生じるのである。

プロティノスもグノーシス的キリスト者（バレンティノス派の可能性もある）と出会い、「宇宙の造り主は悪であり、宇宙は悪であると唱える者たち」を批判している。エイレナイオスと同様に、プロティノスもグノーシス主義の複雑な「霊体」（Aeons）の体系、救済論におけるエリート主義、そして非道徳的であることを攻撃した。確かにプロティノスの理論は、バレンティノス派が唱えた、神性が広がり、それが第一の原理の自身に関する「思考」（Thought）そのものによって始まるという流出のプロセスと共通している部分もある。そして、悪を誤った選択の結果とするところは正統派キリスト教と同じである。しかし、外向きと内向き両方の動きを永遠の事実と捉えることによって、プロティノスは上述（九八頁）のように、グノーシス主義とキリスト教両方の、罪と救いの「歴史的」見地を受け容れてはいないのである。

プロティノスの思想の崇高さは、彼のそつのない、日常生活において優しくてかつ実践的、そして規律正しく禁欲的で神秘的な性格によって十分裏付けられていた。そのような人柄を見て、キリスト者らが彼を anima naturaliter Christiana（生来のキリスト者的な魂）と呼んだことは自然なことであった。しかし、実際にはキリスト教の思想は彼の体系の特別な側面から影響を受けたわけではない。彼がアウグスティヌスに残したものは、超越世界の現実性、真理と美の源、そしてそこに到達するための門として知性を重要視するなど、だいたいにおいてすべてのプラトン主義者に共通する事柄の生き生きとした描写なのであった。結局、キリスト者がより注目したのはプロティノスの後継者であり伝記作家であるポルピュリオスであり、それも彼の哲学的見識ではなくて、キリスト者に対する攻撃的な文書に対してであった。

ここでは、新プラトン主義の後の世代について述べる暇はないが、二つのことは簡単に記しておきたい。まず一つ目は、プロティノスが独創的であり、暗示的、またたびたび自らの用語に関して無頓着であったのに対し、ポルピュリオス以降の後継者たちは、より厳密で学問的な方法論に則り、言葉の統一性に多くの注意を払うようになった。また、彼らがプラトンの遺産をすべて総合的に理解しようとしたことが一つの原因となって、彼らの神性におけるヒエラルキーはより複雑になる傾向があり、それゆえにキリスト教の神的三位一体の考えからはさらに距離を置くようになった。プラトンにおける三つの要素は父なる神と、神的「ロゴス」との一定の類似性を含んではいたが、第三の要素である「魂」、あるいは宇宙の魂、魂の宿った宇宙は、「聖霊」とは似ても似つかないものであったので、それらはもともと緊密に対応していたわけではなかった。しかし、二つ目に記しておきたいことは、キリスト者たち自身が、ニカイアとコンスタンティノプル公会議へと導いた運動の結果として、プラトン主義とのいかなる協調の兆しからも遠ざかるようになったということである。それぞれ違いはあったものの、オリゲネスもエウセビオスもアレイオス主義も皆、三つの位格が尊厳において上から下へと並べられる、連続した、あるいは従属説的な三位一体を信じていた。しかしニカイアは、父とロゴスが同等であることを宣言し、それは位格を加えていくことによって三位一体へと作り上げられる一人の神ではなくて、一人の神が三つの位格に区別されるという全く別な三位一体の考えを導き出したのである。それゆえ、四世紀にプロクロスによって唱えられた複雑な神的ヒエラルキーが、ディオニュシオス・アレオパギテスとして知られる著作家の、紀元五〇〇年頃の影響力ある文書において受け容れられ、キリスト教化されたことはかえって驚くべきことである。

原註

（1） H. Dörrie, 'Was ist spätantike Platonismus?'（参考文献20参照）, p. 300.（=*Platonica Minora* p. 522）
（2） H. Dörrie, *Platonica Minora*, p. 306.
（3） クレメンス『テオドトスからの抜粋集』七八・二。

訳註

〔1〕 種山恭子・田之頭安彦訳『プラトン全集 12』岩波書店、一九八一年、三二一頁。

〔2〕種山恭子・田之頭安彦訳『プラトン全集 12』四九頁。

〔3〕種山恭子・田之頭安彦訳『プラトン全集 12』二八頁。

〔4〕種山恭子・田之頭安彦訳『プラトン全集 12』三二頁（『ティマイオス』二九e—三〇a）。箇所が英文とは違っている。

第二部　キリスト教神学における哲学

第8章　キリスト教哲学についての論争

二世紀から五世紀初頭にかけて古代末期の約四世紀の間、信仰と道徳の方向に関して二つの体系が並存していた。この時代の始めにおいて、文明化されたヨーロッパの教養ある人々は哲学に道しるべを求めた。既述したように、プラトン主義的伝統は既に強力であり、今にも支配的な位置を占めようとしていたのである。哲学とは論理学、倫理学、物理学（現代で言う自然科学を含む）で構成されていると考えられていた。古代の論理学は知識に関する理論につながり、倫理学では、人がどのような善を求めるべきであり、そしてそれをどのようにして実際に獲得するのかが問われた。

この時代の始めにおいては、キリスト教は哲学に匹敵するようには見えなかった。それどころか、キリスト教は常に、その発祥の元であるユダヤ教から区別された独立した運動として認識されていたわけではなかったのである。しかし、キリスト教は急速に発展し、この時代の終わりには東西両帝国において学問を修めた市民の知的忠誠心を獲得するまでに至った。キリスト教は自らの信仰を一貫性を持って組織立てることにおいて、時と場所を同じくする他の宗教に遥かに優る成功を収めた。この過程でキリスト教は哲学、特にプラトン主義から多くを借用することとなったのである。とは言えキリスト教は、はっきりとした独自のアイデンティティーを保っていた。聖なる書物としての聖書への忠誠は、哲学者のプラトンに対する敬意よりも遥かに強固なものであったし、権威ある教師の指導を受け容れることに慣れていた哲学の生徒たちが気を悪くするほど、キリスト教は共同体の経験と伝統を重んじたのである。それでも、哲学はキリスト教の神と世界に関する信仰を形成する助けとなったし、それらを議論の中で擁護することをも教えたのである。キリスト教それ自体が一種の哲学と称されることもあり、時に「無教養な人々の哲学」などと呼ばれることもあった。今日、我々がこれを哲学と呼ぶべきかどうかはもっともな問いである。

哲学が初期キリスト教の思想に貢献したことに関しては疑いの余地はない。ただ、その事実は確かであるにしても、それにどれほどの価値があるかは時に議論の対象となるので、後で詳細を述べることを試みたい。しかしながら、キリスト教の著作家たちが哲学に対してどれほどの貢献をしたかは、同じような確信を持って語ることはできない。事実、一般的に「キリスト教的哲学」が認められる中世だけでなく、古代末期の「キリスト教哲学」なるものを説明しようとする本も書かれてはいる。(1) 私見では、そのような著作は「哲学」をあまりにも緩く、広義に解釈していると言わざるを得ない。確かに生活の規範と、それを受け容れる理由を提供した点において、キリスト教自体を一種の哲学と呼ぶことができたし、実際にそう呼ばれてもいた。しかし、もしそこまで「哲学」の定義を広げたならば、たとえどれほど奇抜であってもすべての宗教が哲学として認められることになる。問題は、果たしてキリスト教の教師たちの哲学的教義と方法論の用い方が、彼らを今日の定義で言う哲学者たらしめたかということである。私自身は、「哲学者」という称号は、哲学的教義と方法論を自らが忠誠を誓う自律的な学問として扱った人々にのみ当てはめることが好ましいと思う。そしてこの意味では、初期キリスト教教父の中では、ほんのわずかな者だけが自らを哲学者とふさわしく称することができる。大多数の教父たちに関しては、哲学への忠誠があまりにも曖昧であり、哲学者としての功績も取るに足りないものだったのである。

ただし、それらの教父たちが宗教、それもキリスト教を自らの関心の中心に据えたことを私たちが非難する必要はない。哲学者でも、論理や知識の理論に並んで宗教哲学に集中することも許されていたのである。そして、確かに初期キリスト教著作家たちも、有神論の根本的問題、世界の起源、悪の本性や運命と自由意志の相互作用といった、哲学的重要性を認められた問題に取り組んでいたことが見受けられる。しかし、重要なことは、彼らの聖書的・教会的伝統への忠誠が、哲学の要求する客観的な批判研究への余地をほとんど残さなかったということである。教父の内のほんのわずかの者だけしか、論理や方法論の根本的問題それ自体に関心を寄せていなかったし、新たな方法論を開発したり、新たな結論を展開した者の数はさらに少なかったのである。多くの教父は、当時の哲学的教義をキリスト教の信念と合致する場合は歓迎して用いていた。そして、これらの教父たちは、キリスト教の信念が哲学者たちによって挑まれた時に対応する構えもできていた。しかし、そうでない場合は、概して、教父たちは哲学に興味を示さなかった。それゆえに、「キリスト教哲学」と呼ばれるものの大体は、結局、哲学からの助けを借りて組織化されたキリスト教神学なのである。

例えば、ニュッサのグレゴリオスは、彼の神学的著作によってヨーロッパの文化に大きな影響を与えた。類まれな神学者である彼は、当時の哲学を率直に借用したのであり、類まれな哲学者であったことも容易に推測できる。しかし、少し立ち止まって考えてみると、そのような主張の疑わしさが浮き彫りとなる。グレゴリオスにとって聖書とキリスト教の伝統はすべての真理の源なのであり、プラトン主義の学者やアリストテレスの論理に同等の注意を払うことは、不謹慎と思ったことだろう。ただ、それらの取り組みと訓練なしに、グレゴリオスが哲学者たちとの論戦において彼らを論破することができたと主張するにはかなりの勇気がいると思われる。

しかし、議論を進める前に、一つの疑問を解決しなければならない。我々は、キリスト教著作家たちをアリストテレスを基準にして判定することで、非現実的な卓越性の基準を定めようとしているのではないか。時に、古代末期においては哲学的書物のレベルがあまりにも低かったために、当時の基準に則れば、キリスト者たちも簡単に哲学者と呼ばれることができたと言われることがある。しかし、これもまた誤解を招く考えである。確かに、当時はプロティノスとアウグスティヌスを除いては、独創的な天才の存在が欠けてはいたが、ただの素人と有能な専門的学者とは区別することができたのである。哲学者ではない読者でも、ただの興味本位（それがどれほど誠実なものであったとしても）と、専門的な熟練された技との差を認めることができたのである。

このことを証明するために、ユスティノスを例にとってみよう。彼はキリスト教徒には珍しく、二世紀のローマにおける哲学の教師であった。ユスティノスは最初期のキリスト教の伝統を構築することに貢献した賢明な人物であった。彼がローマの異教徒たちに劣っていたと憶測する理由は一つもない。それどころか、キリスト教への忠誠は、伝統的プラトン学派の枠組みを超えた新たな問題を提供してくれる点において、ユスティノスにとって有益だったのである。しかし、それでも洞察力と文化的・哲学的教養の広さにおいて、ユスティノスはプルタルコスやガレノスのような二世紀の最高峰の知力とは比較にはならない。彼の重要性はあくまでキリスト教の教師としてのものであり、我々の創始者としてのものなのである。

そこで、キリスト教の最初の四世紀においては、アリストテレス的伝統に立つアプロディシアスのアレクサンドロスや新プラトン主義のような、異教徒の学派から優れた専門的著作を見出すことができる。キリスト教におけるさまざまな課題への取り組みは、教会とその神学への脅威が論駁を余儀なくした場合を除き、往々にして独創的ではなかった。これらの双方の論争的著作を除けば、プラトンやアウグスティヌス、また後のアンセルムスやデイビッド・ヒュームが書き上げたような、分かりやすい言葉で書かれた真の創造的著作が見当たらなかったことを認めざるを得ない。多くの異教徒は哲学的問いを、問いの探求そのものよりも優美さが最終的に求められる弁論法として扱うことで満足していた。この点に関しては、キリスト教著作家たちの真剣さがたびたび有益に働いたと言わなければならない。わずかながらも、ポルピュリオスのような人物は哲学的実力と分かりやすい説明の仕方をうまく組み合わせた。一方プロティノスや後のプロクロスなどは、より力強い思想家ではあったけれど、直接の影響を及ぼすにはあまりに奥義的で難解だったのである。

アウグスティヌスの時代の後に、状況は目覚しい変化を遂げる。キリスト教神学はより固定したものとなり、自信を増し、内向きになり、同時に哲学者からの有益な提案に耳を貸すことが少なくなっていった。他方、時の哲学の学派中最高峰にあった新プラトン主義者たちも、ポルピュリオスから受け継いだ反キリスト教的姿勢を保っていた。彼らの理論的体系はより複雑で奥義的になっていき、その著作の多くは、プラトンやアリストテレスの著作の単調で専門的なかたちの註解において表現された。この時代の後半に入ると、キリスト教が帝国の公の宗教としての地位を増すに従って、キリスト教新プラトン主義者たちも見受けられるようになり、中でもピロポノスは近年、優秀な思想家として認められるようになった。また逆に、意外にもプロクロスの哲学に影響された、神秘主義神学者ディオニュシオス・アレオパギテスがいたことも既に記した通りである。哲学的方法論が、主に公会議によって承認された教義的判断の詳細を論じるために用いられる、キリスト教的スコラ哲学の始まりがここにあったのである。しかし、原則として哲学者はほとんど同時代のキリスト教徒に影響を及ぼさなかったし、影響力のある教会人は哲学者とは呼ばれ得ないのである。例えば、エルサレムのキュリロスや聖グレゴリウス一世などは哲学書を研究してはいたけれども、それを哲学的学問でなされるように受け容れることはほぼなかった。興味深い例外として挙げられるのは、哲学と神学に同様の興味を示し、なおかつ双方において才能を発揮し、さらには多大なる影響力と人気を博した『哲学の慰め』の著者ボエティウスぐらいであろう。

では、一体キリスト教著作家たちはどこで独自の貢献を成し遂げたのであろうか。この問いには、古代の人々が一般的に哲学を、論理学・倫理学・物理学の三分野に分けていたことを思い起こすことによって取り組むことができる。キリスト教徒による本格的な論理学への取り組みは四世紀にマリウス・ウィクトリヌスとアウグスティヌスによって始まり、ボエティウスへと引き継がれた。しかし、それ以前から知識の理論や認識論の分野での著作も存在した。アレクサンドリアのクレメンスはこの主題についての文書を、アルビノスの伝統に則り、アリストテレスの論理学の著作とクリュシッポスをも用いて作成した。これは今日では彼の『ストロマティス』の第八巻として知られている。やや初歩的な理性的知識の扱いも、信仰の徳と神の存在の証明を論じる際に前提とされていたが、このことに関しては後に詳細を論じる。どちらの場合も、キリスト教著作家たちの関心は懐疑論を論駁することであった。ただし、多くのキリスト教著作家たちは伝統的な懐疑論の理論を、哲学そのものが確かな真実を生み出すことはなく、それはキリスト教神学に見出されなければならないという、懐疑論とは全く逆の結論を導き出すために用いていた。また、テルトゥリアヌス、ラクタンティウス、アタナシオス、バシレイオスとナジアンゾスのグレゴリオスなどの著作家たちは、哲学者を激しく攻撃した。哲学者たちの見解の相違が、そもそも哲学者が真理を発見するのに失敗した証拠であると申し立てられるのである。しかしアウグスティヌスは、少なくとも初期の著作においてはもっと柔軟な路線を取っていたのである。彼は懐疑論に反論して『弁証論』と『教師』という知識の理論に関する初歩的な文書を記し、また、遥かに重要な懐疑論への批判である『アカデメイア派駁論』も残した。さらにアウグスティヌスは人間の知識を神の存在を証明する根拠として用いたのである（一四九—一五〇頁参照）。しかし、彼の最も鋭い洞察は、彼の関心が哲学から神学へと移行した後に書かれた『告白』（例えば第一〇巻）や『三位一体』で述べられている。

キリスト教徒の倫理学への貢献をまとめることは容易ではない。なぜなら、「倫理学」という言葉がどこまでを含むのかを定義することが難しいからである。もちろんキリスト教著作家たちは、キリスト教徒が目指すべき人格や行動の基準を定めること、そしてどのような行いが教会の一員として相応しくないかを考えるという両方のことにおいて、道徳に関心を示していた。それゆえに、彼らは徳と悪徳だけでなく、少し違った仕方で、許容される行いと明らかに罪と定められるものとを区別したのである。このような著作の多くはある程度親しまれているものであり、全般的な概説は以下の書物において読むことができる。社会学の見地からは、トレルチの古典的著作がある。[2] K・E・カークの偉大な書物は個人の理想と教会の訓練の両方を扱っている。[3] そして、近年ではG・W・フォレルやエリック・オズボーンなどが研究を発表している。[4]

しかし、単なる道徳的命法の寄せ集めは、それがいかに賢明で高尚であったとしても、哲学と呼ばれることはできない。はっきりとした境界を引くことは不可能だけれども、ここでは暫定的に、道徳的教えはそれが人間や人の魂、知性の本質、または人の運命や自由意志といった、もっと広範な哲学的問いとの関連で論じられる時のみ哲学と呼ばれることができるとしたい。あるいは、実践的な勧めが一貫し、包括的に組織立てられている場合、またその両方がなされている場合も、当然それを哲学と呼ぶことができる。キリスト教著作家の何人かはこの条件を十分に満たしていた。例えば、アレクサンドリアのクレメンスは、彼の形而上学と神学に合致し、精神を物質的なものから超越的現実へと導くための、熟考された教育的プログラムを持っていた。しかしそれに対して、彼とほぼ同時期のテルトゥリアヌスは、厳格で基本的に非哲学的な道徳主義者として執筆している。非キリスト教著作家に頼ることを擁護する一方で、修道士共同体の生活の規範をまとめた聖バシレイオスには、より思慮深い言葉が見られるが、彼のプログラムの詳細は、彼自身の「哲学的生活」の奨励とはほど遠く、哲学とは無関係の修道的生活が反映されたものであった。アウグスティヌスは、遥かに独創的で一貫性の保たれた倫理学を、キリスト教とプラトン主義の統合に基づいて提供している。

第三に、キリスト教著作家たちが物理学という哲学の分野において為した貢献について論じたい。古代の人々にとって「物理学」とは広義で包括的な用語であった。それは、人や人体、精神や魂の本質と自由意志への権利主張という小区分と共に、世界の第一原理あるいは原因、その起源と究極的運命を含む自然界の研究を指す言葉だったのである。一部の思想家はそこに神々と彼らの世界と人類との関係をも含んでいた。それゆえにアルニムは『初期ストア派断片集』(*Stoicorum Veterum Fragmenta*)において以下の九つの項目において物理を扱っている。(1)現実、カテゴリー、原因、基本要素、空間と時間の定義を含む根本原理。(2)宇宙全般。(3)天文学。(4)動物と植物。(5)人の魂。(6)宿命。(7)神々。(8)摂理。(9)占い。しかし、ここに挙げられた項目は、たとえどんなに理性・知性的なものであろうと、何らかの形で物質的に具体化されていない現実はあり得ないという、ストア派の前提に適合されたものである。これはもちろん、物質は事物全体の半分、それも遥かに重要性に劣る半分を構成しているに過ぎないと教えたプラトン主義者(懐疑的な「アカデメイア」学派を除いて)からの反発を受けた。プラトン主義者にとって一番大切なのは、イデアあるいは知性（noēta）、つまり非物質的な世界であった。これは、究極の創造的原理あるいは神、悪魔あるいは天使、そして堕落していない人間の魂を含み、それを知ることが可能なだけでなく、しばしばそれ自体知性的であると考えられていた。キリスト教著作家は大体において、彼ら以前のフィロンのように、現実を感覚的な秩序（aisthēta）と知解可能な秩序に分ける区分を受け容れていた。しかし、このような区分はアレイオス論争の結果によって特別な重要性を担ったキリスト教独自の別な区分によって乗り越えられる。その区分とは、創造主なる神と、非物質的な霊や天使も含むあらゆるすべての被造物の区別である。キリスト教徒は物質的世界を神の被造物と見ていたので、少なくともその概略を神学の範疇で論じることはごく自然なことであった。しかし、キリスト教の著作家たちは、プラトンの思想の出発点であるイデアの教義にはある程度の不信を示しつつも、大体においてプラトンの知性（noēta）の理論を、非物質的神と神の従者たる天使や霊、また人間の魂の不滅という彼ら自身の教理を支持するために受け容れていた。(5) テルトゥリアヌスだけが突出して、神は現実である以上、身体を保持していると主張していたのである。

多くのキリスト教著作家たちは、聖書と伝統の保証がある限り、神が存在することあるいは神が一つであることを哲学的言語で論じる必要はないと感じていた。その他の人々は、無神論や多神教に対する当時の議論を受け容れはしたけれども、新たな手段を生み出すことには疎かった（第10章参照）。究極的にはプラトンとアリストテレスに由来し、フィロンによって既に示された神の統一性と超越性に関する明確な議論は、ユスティノスとエイレナイオスに見受けられ、より論理的にクレメンスによって記されている（特に『ストロマティス』五・八一―八二）。キリスト教へのさらに熟慮されたアプローチはアウグスティヌスにより始まる。

世界の起源に関するキリスト教の考えは、当然ながら、大体において創世記一章と二章を字義的に天地創造の「六日間」（Hexaemeron）の話と捉える理解に強く影響されていた。バシレイオスやニュッサのグレゴリオスなどは、ポセイドニオスのような哲学者たちを借用して聖書の物語のさまざまな詳細を確かめ、展開しているけれど、哲学者たちの独立した権威は認めていない（バシレイオス『ヘクサエメロン』一・二）。それゆえ、バシレイオスはラクタンティウスが地球は平坦であると強く主張したにもかかわらず（『神学綱要』三・二四）、地球の形など重要な問いではないと考えたのである（『ヘクサエメロン』九・一）。ただ、ここでもアウグスティヌスはより賢明である。彼は科学的研究そのものに興味はなかったが、固く立証された明らかに聖書に反する科学的結論は、何らかの解決が見つけられない限りキリスト教信仰を脅かすと記している（『創世記逐語註解』一・一九・三九など）。またオリゲネスは、大変自由な聖書解釈を可能にした彼のアレゴリカル解釈を用いて、プラトンとストア派両方の教えに基づく、大胆で多岐にわたる次のような概説を展開している。もし神が創造主であるならば、必然的に神は永遠にそうあり続けなければならない。すると、この世界は無限に連続する被造世界のうちの一つのエピソードでしかないということになる。オリゲネスはさらに、来るべき世界の終わりをストア派の最後の大火の説を用いて論じている。人間の本性についてのキリスト教的理解は、しばしば肉体・精神・魂の三分割説へと修正されてはいたが、ほぼ一般的に受け容れられていた、滅びいく肉体と不滅の魂というギリシア的区分に則っていた。プラトンは、肉体と、それ自体三部構成である魂（四〇—四一頁参照）の対比という体系において最もよく知られているが、三分割説に関する示唆も残している。プラトンにとっては、知性（nous）が魂の最高の位置にあるものだった（神は「知性あるいはそれに優るもの」アリストテレス『断片』四六／ロス［Ross］p. 57）。しかし、ピュタゴラス学派は、人の中にある、実際、神に似た「神的閃光」という要素について述べている。キリスト教徒は、罪人が創造主とのそのような関係を主張するという提案を歓迎しなかった（九七頁参照）。それゆえにキリスト教思想家たちのほとんどは、神の創造の最高峰としての人の魂と、人間が自分で支配できない、特別な神の霊感の賜物である霊とを分けるようになったのである。

人の本性に関するキリスト教の教えは、プラトン主義の思想によって大きく支配されているために、命と人格に関しては、それが神の霊によって動かされる人間の身体的機能と捉えられるような顕著な聖書的人間学の痕跡はほぼ見られない。しかし、扱いが困難な遺産が一つ残されている。ヘブライ人たちは、死後の生命ということを身体の復活ということでのみ捉えており、その信仰は、聖パウロからの多大なる影響を受け、早期から教会の信条に組み込まれていた。しかしこのことは、いささか当惑をもたらすこととなってしまう。なぜなら身体の復活という概念は、身体を必然的に肉欲と堕落の源と考え、永遠に消え去らなければならないとしていた多くのプラトン主義者たちに嘲笑されたのである。その一方で、キリスト者たちは死後の命に関して、一貫した体系に収めることが困難な二つの違った概念を受け容れるようになった。それは、死後、魂は身体なしに生き続け、なおかつ終わりの日に栄光の体を受け取ることを待っているというものである（その間、魂はどのような障害を負っているのであろうか。そして、身体はどのように魂の霊的生活を豊かにすることができるのだろうか）。

現存する唯一のキリスト教的人間学に関する包括的な著作は、独創的ではないが広く読まれていた四世紀後半の著作家で、少なくともプラトン主義とキリスト教的思想の慎重な統合を示すには有益なエメサのネメシオスによる『人間の本性について』(*De Natura Hominis*) である。魂そのものについて書かれた著作は、既に哲学者たちによって示された見解をも含めて、医学の著作家であるソラノスから多くを借用したテルトゥリアヌスの、衝撃的で型破りな『魂について』(*De Anima*) など、より多くの著作が残されている。

人の魂の起源については長く議論がなされてきた。アダムに関しては創世記一章二七節に答えを見つけることができるけれども、彼の子孫に関してはさまざまな可能性が開かれていたのである。オリゲネスは一時期、人の魂は以前別の体に宿っており、また後にも同じように別の体に宿るというプラトン主義的概念を受け容れていた。ただし、これらの「他の人生」は過去か未来の別世界において起こるとされていた（プラトン『パイドン』二四九b）。しかし、この見解は厳しく批判され、キリスト教の意見は、魂は生殖行為において親から子へと引き継がれるとする「霊魂伝遺説」と、それぞれの魂は受胎の瞬間かあるいはその直後に神によって創造されるという「創造説」の間で分けられることになった。

倫理学にとって根本的に重要な問いは、人の自由意志に関するものであった。人の行動というものは、本性と偶然によって制限されると一般的に考えられていた。老いることや、病気や事故は避けられない。しかし、限定された自由を用いることができるのか、それともすべての行動は決定されており、原則的に予知可能であるのかという問いには議論の余地があった。ストア派は既に述べたように（七三―七四頁）、自己決定の自由と不可避なるものの受容の自由という二つのやや不完全な答えを出しつつも、決定論に傾く傾向があった。決定論は、占星術の立場を受け容れる者にとっても、神はすべての出来事を予め知っているという教理からしても、自然な結論のように思われた。逆の立場として、懐疑的プラトン主義者のカルネアデスは人の行動は少なくとも部分的には未定であると論じた。そして、もしすべての行動が決定されているとすれば、死後の報酬や罰に対する称賛も責めも論理的に正当化することができないと論じたキリスト者たちも、この彼の考えに従っていったのである。

この分野でのキリスト教の著作は、（再構成できる限りの）ディオドロス・クロノスやカルネアデスの厳密な議論や、アプロディシアスのアレクサンドロスの現存する著作の徹底した議論に比べると素人じみて見える傾向があるが、これは部分的に、キリスト教著作家たちが、アリストテレスが問うた、未来に関する陳述の真理と虚偽という根本的な問題（『命題論』九）に取り組まなかったことに起因する。最もよく知られているキリスト教的取り扱いはオリゲネスの『諸原理について』の第三巻である。他の議論と合わせて、オリゲネスは、神は人間の行動を予め知ってはいるけれどそれを決定することはないと論じた。メトディオスは『自由意志について』（*De Autexusio*）において、アウグスティヌスは『自由意志』においてこの主題を取り上げている。

これまでを鑑みて、公正な批評家から見て哲学に独自の貢献をしたと言えるキリスト教著作家は、アウグスティヌスを除いてはほとんどいないと結論付けることができよう。しかし、ここでその反論も考慮されなければならない。キリスト教正統主義の基本的な構造は、哲学的手法の助けを受けた継続的伝統の中で論じられたのであり、これは正当に宗教哲学に含まれることができると主張され得る。このような主張は、神に関する基本的な教義、つまり三位一体論、受肉論、そして創造論（聖書の詳細に関してではなく、無からの創造のような原則に関して）、また人類や道徳的生活に関する教義について当てはめることができるであろう。ウルフソン教授が『教父の哲学』（*The Philosophy of the Church Fathers*）を執筆した際には、明らかにこのような包括的な哲学の概念が用いられている。

私自身は、このような概念の拡張をいくつかの理由の故に退けたいと思う。最も顕著な理由は、そのような拡張は、一般に受け容れられている言葉の使われ方に矛盾するということである。図書館では、それなりの司書であれば誰でも、キリスト教教理の本をどこにしまうかは心得ている。さらに、もしそれらが哲学のセクションに移されてしまうようなことがあれば、神学は独自の学問としての地位を奪われてしまうことになり、聖書批評学、教会論、典礼学などといったはっきりとした関連のない周縁的諸研究に還元されてしまうであろう。

さらに重大なことは、上述の提案はキリスト教思想における信仰という側面を無視しているということである。信仰こそが、連綿と続く共通の敬虔の伝統の中で、新たな視点を前進させる力をキリスト教の想像力に与えたのである。しかしこのことは、キリスト教正統主義を論理的に整理された形で提示することが不可能であることを意味しない。例えば、人格的で愛情に満ちた「神」の存在を論じることは可能であり、そこからその神が人々に自らを啓示するということを理論的に結論付けることもできる。そして次の段階として、この啓示は聖書とそこにあるキリストの生と死の記録に見いだされると主張できる。このような体系は、それがその詳細においてどれほど説得的かは別にして、教義学を宗教哲学の範囲内に持ち込むことができる。しかし、初期の教会においてキリスト教信仰がそのような方法で論じられたことはほとんどなかったことは明らかである。初期の教会におけるキリスト教信仰の議論は、信仰において主であり、光を与える者（Illuminator）、救い主であると信じられたキリストに対する共同体の忠誠という文脈において、信仰により神の言葉として受け容れられた聖書について思い巡らしたことの産物なのである。

ここで論じたより広い意味での哲学の定義を退ける場合、哲学者とはその人物の理性的学問と方法論への献身と、それを追求する技量によって定義することができよう。そして、このような特殊な献身と特殊な技量がキリスト教教父の中に色濃く見受けられるとは思われないのである。もちろん、個々人に関してはそのような可能性も論じられるべきであるので、代表的な人物に関して簡単に私見を示したいと思う。ただし、この主題は非常に議論の的となるものであるから、肯定的・否定的両者について、他の学者の意見をこの章の終わりに付加することが最も相応しいと思われる。

ユスティノスについては既に記した通りであるが、エイレナイオスはさらに難しい人物である。彼は、現存する著作から容易に見受けられるよりも優れた哲学的才能を持っていたのではないだろうか。彼の『異端反駁』は、貴重な文書であるが、緊迫した牧会的必要に迫られて書かれたものであり、恐らく司教としての職務の合間を縫って、整頓しないまま構成されたものであり、十分整理されていない情報に満ちている。その神学は時に単純であり古めかしいものであるが、しばしば驚くほど成熟したものでもある。しかし、哲学的手法が用いられる際、それが見事に使いこなされている。エウセビオスの知っていた著作、特に神が悪の創始者でないことを論じた文書が失われてしまっていることは非常に残念である。

カイサリアのエウセビオスは、少なくとも注意深い哲学の学徒として名を残すことができるし、彼のプラトン主義的伝統への同調は彼の神学にその形跡を残した。全体的に見て彼は独創的な思想家ではなかったが、神学者たちの、彼を過小評価する傾向は、彼のアレイオス支持あるいは無批判的なコンスタンティヌス称賛のせいか、行き過ぎているように思う。彼の名誉はそれなりに回復されるべきであろう。

カパドキア教父の中では、もちろんバシレイオスとナジアンゾスのグレゴリオスが他にまさって影響力のある有能な思想家であり、三位一体における「本性」と「ペルソナ」の区別においてはある基本的な哲学が重要な役割を果たした（第15章参照）。さらにバシレイオスは、言語の性質に関する既存の論理に基づき、エウノミオスに対して鋭い議論を投げかけることができた。しかし、全体としては、彼は哲学をそれ自体で真理の源とは見做さず、詳細を正すために有効ともせずに、キリスト教の伝統に補助的なものとして見ていた。それゆえに、彼を重要な哲学者として語ることは非現実的である。ナジアンゾスのグレゴリオスに関しては、彼の才能は基本的にキリスト教の教えをうまく表現することにあったけれど、同じことがさらによく当てはまる。しかし、彼の印象的な用語はたびたび神学の本質をよく表している。

ニュッサのグレゴリオスについては既に記したし、彼については私は他の書物でも論じている。彼は、驚くべきことにアウグスティヌスを無視して、「教父の中で最も優れた哲学者」[6]などと呼ばれることがあるが、このような主張は、すでに受け容れ難いことを説明した緩いくくりでの哲学の定義に基づいてしかすることができない。確かに彼はそれなりに優れた神学者であり、祈りと神秘的著作家としても親しまれているし、哲学の分野においても、神の無限性について議論するなど、大きな発展をもたらした。しかし、それに反して、彼の非キリスト教哲学者を公に見下す態度や、言葉遣いと結論の両方における一貫性のなさなどを挙げることもできる（後者に関しては、例えば、後の世の命に関する矛盾する見解など、神学にもそれが当てはまる）[7]。彼は『三神が存在するのではないこと』などに見られるような驚くべき間違いよりもむしろ、哲学的技法を見下していたことにおいて批判されるべきだと思う（以下二二七頁を参照）。彼にとっては、過去の偉大な哲学者たちの存在は、驚くべき誤りの反証にはなり得なかったのである。

さらに分類が難しい数人の著作家たちがまだ存在する。その中でオリゲネスは、恐らく最も興味深い人物であろう。彼は自ら哲学を最高の権威とは認めないことを明言しており、聖書とキリスト教の伝統こそが最高の権威であると主張していた。それでも彼は、慎重で博識な哲学の学徒である。彼が生きた時代と場所は、キリスト教正統主義の基準が自由であり、彼のアレゴリカルな聖書解釈は大胆に思索する自由を保ちつつ、神の霊感によって書かれた言葉としての聖書への心からの忠誠を誓うことを可能にした。それゆえオリゲネスは、後の神学者たちには受け容れられないような、例えば、キリストの魂をも含む霊魂の先在、肉体的でなく精神的なかたちでの体の甦り、神の被造物である以上、根本的には悪になり得ない悪魔の魂をも含む、すべての魂の救いなどの、プラトン主義やストア派的な性格を持ついくつもの信念を受け容れたのである。オリゲネスの見解は実に幅広いものである。彼の四巻立ての著作『諸原理について』は、神について、この世界と人類についての包括的な説明を提示している。オリゲネスは時に奇抜な聖書の用い方をすることから、主流の哲学的伝統からはかけ離れてはいるが、彼はたびたび哲学的な手法を用いて執筆している。彼の研究方法は客観的であり、創意に富み、公平なものであり、彼は疑われない真理や自明な異端といった枠組みでは思考せず、ある提案をそれそのものとして考慮することに積極的であった。『ケルソス駁論』——ある意味で彼の最悪の著作——を読んだ人は、オリゲネスを心の狭い論者として簡単に片付けてしまうかもしれない。しかし聖ヨハネの註解においては、彼はグノーシス主義者ヘラクレイオンに対して随分と穏やかに対応しているし、場合によってはヘラクレイオンが正しい、あるいは真理からそう遠くないと認めたりもしているのである（例えば六・二六・一二六、一三・一〇・五九、一三・一〇・六二）。

クレメンスも、全体としては才能の劣る思想家ではあるが、驚くほど独創的著作家であり哲学者と呼ばれることができる。「パッチワーク」を意味する『ストロマティス』における彼の思想の提示は、意図的に、そしてじらすかのように非組織的である。しかし彼は、哲学が知的信者を教育するために欠かせない役割を果たしているキリスト教文化に関して、一貫した見解を持っていた。既に見たように、彼はカリキュラムの一環として認識論について調べることが大切だと考えていた。さらに彼はキリスト教倫理学における特定の問題に関する研究を『救われる富者』に残している。彼はプラトン主義的伝統に倣って、神は実質的に人には知り得ないほどに、超越的であることを強調する否定的神学を立ち上げた。

テルトゥリアヌスはどちらかと言えば不可解な人物である。彼は哲学書に精通しており、その激しい気質と修辞学的関心は彼をして矛盾した見解をこれ以上にない勢いと雄弁をもって主張するに至らしめたのである。彼のキリスト教的権威に関する論理は、彼の蒙昧主義的な状態を最もよく示しているし、彼の道徳的教えは厳格で禁欲的であり、哲学的洗練なしに展開させられている。しかし場合によっては、彼は『魂について』にあるように、また（さらに継続的な影響力のある）キリスト教の三位一体の教理を神が一つの本性と三つのペルソナであると表現することなどにおいて、哲学の学びを用いて、巧みに論理的な議論をすることもできたのである。

　このようなばらついた業績の記録の故に、私は本書をキリスト教哲学の歴史として提供することはない。紀元後まもなくのキリスト教における哲学の用い方が、いかなる形であれ神学と並ぶような継続的発展を含むものだったということは明らかに不適切である。哲学が既存のキリスト教教理の構造に組み込まれることは比較的少なかった。しかし、その程度の受容もある意味で重大なことである。なぜなら、哲学は外部から教会に入ったものであり、異教徒による逸脱として攻撃される危険がいつもあったからである。ほんのわずかのキリスト教著作家だけが、哲学に真剣に取り組んでいたのであり、優秀な哲学者となった者はさらに少なく、当時の異教と同じような疑い、自信過剰、修辞学的演出が完全に排除されることは少なかった。それゆえに私は、初期の教会における哲学と神学の関係を発展的なプロセスとして説明するつもりはない。それよりも、組織的な方法を用いるほうがより適切であろう。この分野に関する大まかな描写が分かったところで、ここからはキリスト教思想家たちが哲学者たちから学んだこと、あるいは彼らの影響が垣間見える筋に沿って展開した基本的な思想を研究したいと思う。このような方法は、キリスト教思想家を個別に扱えば紹介することのできる人間の温かみに欠けたものとなるかも知れない。しかし、探求心のあるふさわしい力量を備えた読者にとっては、これは十分に興味深く理解できるものになると思う。

以下のキリスト教著作家を哲学者として評価する著作

ユスティノス―― H. Chadwick, *Early Christian Thought and the Classical Tradition* (Oxford 1966) pp. 20-2, and *LGP* pp. 160-5; Eric Osborn, *Justin Martyr* (Tübingen 1973) pp. 77-82, 109.

エイレナイオス――W. R. Schoedel, in *JThS* n. s. 35 (1984) pp. 31-49.

ラクタンティウス――E. Amann, *DTC* 8 (1924) cols. 2434-43.

エウセビオス――J. Moreau, *RAC* 6 (1966) col. 1081.

バシレイオス――G. Bardy, *RAC* 1 (1950) col. 1264.

ナジアンゾスのグレゴリオス――I. P. Sheldon-Williams, *LGP* pp. 440-7.

ニュッサのグレゴリオス――E. Mühlenberg, *Die Unendlichkeit Gottes* (Göttingen 1966) 特に pp. 90-2; A. Dihle, *The Theory of Will in Classical Antiquity* (Berkeley, Los Angeles and London 1982) pp. 119-22.

以下のキリスト教著作家を哲学者として評価しない著作

ユスティノス――R. A. Norris, *God and World in Early Christian Theology* (London 1966) pp. 33-56, 特に p. 53.

エイレナイオス――A. Benoit, *S. Irénée* (Paris 1960) pp. 65-73.

ラクタンティウス――O. Gigon in A. M. Ritter (ed.), *Kerygma und Logos* (Festschrift for C. Andersen) (Göttingen 1979) pp. 196-213.

エウセビオス――D. S. Wallace-Hadrill, *Eusebius of Caesarea* (London 1960) pp. 139-54.

バシレイオス――J. M. Rist, in P. J. Fedwick (ed.), *Basil of Caesarea* (Toronto 1981) pp. 137-220, 特に pp. 219-20; Y. Courtonne, *Saint Basile et l'Hellenisme* (Paris 1934) pp. 143-62, 特に pp. 144-5, 159.

ナジアンゾスのグレゴリオス――R. R. Ruether, *Gregory of Nazianzus* (Oxford 1969) pp. 167-75.

ニュッサのグレゴリオス――G. C. Stead in H. Dörrie et al. (eds.), *Gregor von Nyssa und die Philosophie* (Leiden 1976) pp. 107-27. 以下二三二頁の原註（5）参照。

原註

(1) 例えば、Henry Chadwick,'The beginning of Christian Philosophy', *LGP* chapter 9; Eric Osborn, *The Beginnings of Christian Philosophy*; cf. H. A. Wolfson, *The Philosophy of the Church Fathers.*

(2) *Die Soziallehren der christlichen Kirchen und Gruppen* (Tübingen, 1972); 英訳――*The Social Teaching of the Christian Churches* (London 1931).

(3) *The Vision of God* (London, 1931).

(4) G. W. Forell, *History of Christian Ethics*; Eric Osborn, *Ethical Patterns in Early Christian Thought* (Cambridge 1976).

(5) オリゲネス『諸原理について』二・三・六。ナジアンゾスのグレゴリオス『講話』二七・九参照。

(6) シュトゥダー（Basil Studer）*Gott und unsere Erlösung* (Düsseldorf 1985), p. 177.

(7) デニス（T. J. Dennis）'Gregory on the resurrection of the body'（参考文献20参照）。

第9章　ギリシア的神理解とヘブライ的神理解

キリスト教の神に関する教理は、より一般的な別の問題を提起する。つまり、ギリシア思想の初期教会に対する影響はどれほど重要であったのか、そしてその価値をどのように判断すれば良いのかということである。

キリスト者であれば、信仰の第一の源は新約聖書に示されているイエス・キリストの生と教えであることに異論はないであろう。新約聖書の教えの多くは、ほぼ我々の旧約聖書にあたる、イエスにとっての「聖書」に基づくものであった。私たちは、イエス自身が聖書のすべての文書を等しい権威を持つものと理解していたと証明することはできない。なぜなら当時のユダヤ人のほとんどは律法、預言者、諸書の区別をしていた。もちろん今日のキリスト者もそれらを同等に見なすことはしないだろう。しかし、二世紀の教会が、マルキオン主義の旧約聖書排除の試みを退けて以来、旧約聖書全体に対する忠誠は、キリスト者であることにおいて欠かせないものとなった。

またほとんどのキリスト者は、後の世代の弟子たちがイエスの生涯と死をどのように理解し、それに従ったかを示す他の文書――つまり、我々の新約聖書における福音書に続く文書群――を福音書に付け加えるという初期教会の判断を受け容れている。しかし、当然ながら多くの学者はこれよりさらに進んで、例えば、福音書がそれらが書かれる一、二世代前の出来事を思い起こそうとしているのに対して、聖パウロの書簡は教会の歩みの同時期の史料なので、一次的な権威があるとする。しかし、その一方で純粋なイエスの教えはパウロや同類の人々によって複雑化され曲げられたと主張する人たちもいる。イエスが弟子たちに、イエスの天の父なる神を礼拝するように教えたのに対して、パウロや他の人々は教会にイエスを礼拝するように教え、救いに関する別の体系を示し、別種の価値観を受け容れたのだと言われているのである。

この問いは、本書の範囲を超えるところにあるものだが、一世紀以降のキリスト教教理のさらなる発展を考えるとき、同じような問題がはっきりと浮かんでくるのは明らかである。まもなくして、最も活動的で影響力のあるキリスト教の教師たちとは、教養のあるギリシア語圏の人々に分かる仕方で、つまりキリスト教信仰を新しい哲学、あるいは古代の高潔な異教徒には知られていたが長く堕落していた、古来の哲学の本来の形として訴えることのできる人々であることが明らかになった。

このようなヘレニズム化が新しい状況に対応する上で妥当であったか、そしてたとえそうであっても、それによって初期のキリスト教がイエスを宣べ伝える際に肝心な部分が失われたり、曖昧にされたのではないかという問いに関する書物は数知れず存在する。確かに、新約聖書自体は哲学を好意的に受け容れるように促してはいない。コロサイの信徒への手紙二章八節では、哲学は名指しで非難されているし、使徒言行録一七章一八節ではパウロがアテネで哲学者たちと論じているように描かれているが、ただちに成功を収めたようには見えない。そして、一般的にそこでの落胆が、彼のコリントの信徒への言葉（第一コリント二・二）の部分的な理由となっていると推測されている。「わたしはあなたがたの間で、イエス・キリスト、それも十字架につけられたキリスト以外、何も知るまいと心に決めていたからです」。さらに言えば、神に関する基本的な教えに哲学を適用すること自体に対する異議が唱えられることも考えられる。神の奥義を信じることは、人間の理解を無限に超えて偉大で聖なる存在への礼拝へと導くものであるのに対して、論理的思考は神的存在の、人の精神が届く範囲のわずかな程度しか示すことができないので、哲学の適用は、まるで真の信仰を論理的証明にすり替えてしまっているように見えるかもしれない。

一部のキリスト教徒にとっては、この哲学への反論は、結局は率直に単純な要素を含む反理性的な嫌悪という形をとることは間違いない。「イエス・キリストと彼の十字架」ということに集中する信仰者は、さらに複雑なキリスト教神学の発展を、原初的真理の、破滅的堕落とまでは言わなくても役立たずの邪魔なものと捉える傾向がある。しかし、もう少し思慮深い人であれば、判断を下す前にまず一体何が起きたのかをはっきり知りたいと願うだろう。神の教理の歴史的発展の最も簡潔な形を示すには、新約聖書をまず脇へ置いて、旧約聖書に示されているユダヤ教的な神の姿と、ギリシア哲学から最も適切な思想を受容し、それを修正したことから生じた神の概念を比べることが良いであろう。

ヘブライ的神思想に関しては、その組織的なスタイルが本書に適しているので、W・アイヒロットの『旧約聖書神学』を参考にする。一部の読者は彼が物事を単純化し過ぎていると感じるかもしれないので、その場合はさらに歴史的な研究として、例えばW・H・シュミットの『歴史における旧約聖書の信仰』などをお勧めする。イスラエルの神学が完全に一貫したものではなく、長期にわたる葛藤と変化を経て発展したものであることは事実である。しかし、ギリシア人のあまりにも幅広い思想に比べれば、イスラエルの神学は共通の宗教的伝統を保持しているので、統一として見ることができる。そして、このことは多様性を否定することにはならず、特に、キリスト教の誕生する前二世紀間は、一部のユダヤ教著作家（特筆すべきは「知恵の書」［Wisdom］の著者である）はギリシア哲学の要素を取り入れたし、黙示的グループなどの著作家たちはそれを無視あるいは拒絶したのである。

アイヒロットは、旧約聖書における神思想を次のように示している。イスラエルの神に対するアプローチは祭儀的、献身的、そして時に愛国心と結びついていたが、アイヒロットはそのような、ユダヤ的伝統において最も特徴的であった神に関する信仰を的確に指摘する。この伝統においては、神は人格的であり、霊的であり、一者であるとアイヒロットは説明する。さらに彼は、神の属性を次の項目に分けて列挙する。（1）力、（2）慈愛または忠誠（hesed）、（3）義または誠（emeth）、（4）愛情、（5）怒り、（6）聖性。

神が人格的であるということは、神が理性的な存在であり、この世界とその目的についての知識を持ち得るということを意味する（神は「盲目の自然的力ではない」アイヒロット、一〇四頁。英訳では二一〇―二一一頁）。神は、力強く、正しく、聖なる存在などのはっきりとした性質を有し、被造物、特に人類とは、彼らの限られた能力が神を理解し得る範囲において親睦を深める。また、神が霊的であるということは、肉体を持たないという意味ではなく（すぐに明らかになるように）、神が人間の肉体を動かす不可思議な命を与える力と活力の源であり、神自身がその活力を最大限に有しているということである。霊とは風や息吹のように不可視な力であり、自ら不可視な存在である神は、可視的な幻だけでなく、霊という不可視の手段を用いて人間とコミュニケーションをとることができるのである。さらに、神が一者であるということは、イスラエルが他の神々を無視してヤハウェという一人の神のみを礼拝し、その神のみに仕えなければならないという掟から始まり、神の名を受けるべき、全世界の支配者として人間の忠誠を求めることができるのはヤハウェという一人の神しかいないという確信に発展するまでの長い過程を総括したものである。この思想によれば、他の国々の神々と呼ばれる存在は、ただの無機質な偶像であるか、悪霊ということになる。もっとも、いくつかの旧約聖書の箇所では、従属的な「国々の天使たち」と呼ばれる霊たちが他の民によって礼拝されることを、神が許していることも見受けられる。

神の力は巡り巡る自然界のサイクルと、歴史にただ一度おこる出来事との両方に見ることができる。初期の文書においては、神は民を勝利に導く、あるいは敗北へと見放す戦士の指揮官として登場する。神の力は地震や疫病のような恐ろしい破壊的な出来事の内に「炸裂する」こともあるが、大体の場合は例えば反逆的なコラ人が懲らしめられたり（民数記一六・三一―三三）、制圧的なエジプト人が水没させられたりしたように、道徳的目的によって支配されていると捉えられてきた。また、神の力は人々の家畜の繁栄と農作物の豊作においても認められていた。神のその民に対する慈愛は、彼らに対する特別な契約的関係によるものであった。ヘセド（hesed）は、「正義」などの言葉で表されるような抽象的な公平や、「愛」や「愛情」などと表現される非理性的な感情を指すのではなく、神が忠実に約束を守ることを意味している。また、神の義とは、第一義的にその民の創造主、守護者としての地位に相応しい、神の民への注意深い世話心として表れている。神の民に対する神の愛情は、人々の失敗にもかかわらず、神が彼らを選んだことに表されている。しかし、神は赦す用意はできていても、抑圧や偽り、不順などと妥協することは決してできないのである。そのような、神の完全な人間的失態の拒否は、神の聖性の反対の局面である。しかし、神はその天の宮の壮麗さと荘重さや、その被造世界の美しさと繁栄、そして被造物である人間の率直な喜びをも喜ぶ。

このような信仰は、旧約聖書の宗教的また敬虔の理想を総括するものである。しかし、ここでギリシア語版旧約聖書を初代キリスト教改宗者たちが読んでいた状況を想像してみなければならない。その中にはギリシア哲学を学び、そこで奨励されていた客観的問いの精神に刺激されていた者もいたのである。ユダヤ人たちは、既にキリスト教以前に、文化的な異教徒たちの興味を引くため、自らの宗教を哲学的なかたちで示すための段階を踏んでいた。そして、キリスト教弁証家たちが、ケリュグマをもっぱら宣べ伝えることを越えて、理論的に信仰を擁護することが求められたとき、彼らはユダヤ教の先達の前提や方法をだいたい受け容れて、それに、ユダヤ教の批判に対して自らの宗教的運動と独自の信仰を擁護するために必要なものを付け足したのであった。そして、これはすぐに猛烈な反撃として発展した。

そのような状況で、アリストテレスの『カテゴリー論』に基づく問題の数々を問うている人物を思い浮かべてみよう。神とは何か。つまり、形があるとすればその形は何か、何でできているのか。神は空間と時間にどのように関わっているのか。あるいは、はっきりと言えば、神はどこにいるのか。どの位の大きさなのか。どのような意味において永遠なのか。そのような神は一人しかいないのか、そしてそうであるならば、どのような意味で一人と言えるのか。神は何をするのか、そして神に何が起こるのか。――実際には、このような問いのすべてが重要だと思われていたわけではない（ただし、フィロンはこのような問いのすべてに答えを示している）。しかし、これらの問いに対してキリスト教の教師たちによって出された、あるいは想定された答えは、初期キリスト教神学の土台を提供するものであった。

ここでもちろん留意しなければならないことは、どれほど洗練された探究者であっても、古代では現代の聖書への批判的アプローチのようなものを知られていなかったということである。聖書への反対者は聖書を偏狭的、非倫理的で矛盾したものとして攻撃した。そこで聖書を擁護する者はそれが霊感によって書かれたものとして扱われなければならず、それゆえに一貫しており、すべての詳細において完全で正しいものだと考えたのである。

さてここで、発展的（progressive）啓示の理論の文脈における「擬古体」（archaisms）と「原始的な要素」（primitive elements）について考えてみよう。ユダヤ教と初期キリスト教の解釈者たちは、矛盾や受け容れがたい聖書箇所を、既にホメロスの著作の教育的価値を擁護していたストア派や他の人々がしていたような、アレゴリーの理論を借用して扱っていた（例は後述する）。このことは、どの箇所が、字義的解釈あるいは伝統的理解に基づいて優先的な権威を持っているかを選ぶという課題を解釈者たちに残した。そして、必然的にこれらの聖書箇所は、最も相応しい同時期の異教的思想に同調する路線で説明される傾向があったのである。

実践面で言えば、神の形姿に関する信仰は神の居場所と密接していたが、旧約聖書もギリシア哲学もこのことに関して統一した見解を示してはいない。つまり、このことに関して初期の三つの信仰内容がイスラエル人のものとされていた。そこでは、神が宿る場所は南の砂漠（士師記五・四）、あるいはカナンの地（列王記下五・一七）、あるいは後のエルサレム神殿のように、より具体的な聖所だと信じられていたのである。しかし、聖書の読者が最も容易に思い浮かべる印象では、神の居場所は堅固な空の天井を越えたところにある「天」なのである。初期の著作家たちは、神が地上を訪ねることを妨げるとは考えなかったが（創世記一一・五）、天が神の家だと考えたのである。後期の文書では、神は地上に降りてくるとは考えられていない。なぜなら、(1) 神は遠くからでも見ることも聞くこともできるから（ゼカリヤ書四・五、詩編三四・一五、エレミヤ書二三・二四a、そして一般的な表現では詩編一三九)、そして(2)神は命令の言葉のみで、遠くからでも使者あるいは「天使」や人々を導く神の霊によって行動することができるからである。さらに、後期の洗練された著作家たちであっても、知恵の書一八章一四―一六節のように雲の上にある王宮といったイメージを保持している。(「沈黙の静けさがすべてを包み、夜が速やかな歩みで半ばに達したとき、あなたの全能の言葉は天の王座から、情け容赦のないつわもののように、この滅びの地に下った」。)しかし、このことは世界から神が姿を消したことを意味するわけではない。神は自らの存在をエルサレムの神殿(以前のシナイにおけるように)における栄光(シェキーナー)を示すことによって、また義人と共にあることで示したし(「内に」ではなく、「その周りに」「囲んで」詩編三四・八、一二五・二)、例えば詩編一三九編七―一〇節やキリスト教著作家たちに頻繁に引用されるエレミヤ書二三章二四節b「天をも地をも、わたしは満たしているではないか」などのいくつかの箇所では、神は遍在すると記されている。

神の宿る所は天であるという一般的な信仰は、創世記一章二六―二七節や、神の「王座」「足台」「御顔」「御手」などの多くの表現に見られるように、神が人間(当然ながら男性)と同じような形姿を持っているという信仰と対になっている。原始的な段階ではこの信仰は複雑なものではない。創世記一八章では、三人の「人」がアブラハムに現れ、二人はソドムへと出かけて(一九・二)、その間もう一人は留まってアブラハムと会話をするうちに、その人がヤハウェであることが明らかになる。神がアブラハムとともにテーブルについているという描写は、もちろん神が人間と同じ大きさである(あるいはそうなることが出来る)ことを意味している。しかし、その後の、神の宇宙的力について述べている箇所では(例えばイザヤ書四〇・一二―一五)、神は巨大な存在として描かれている。もっとも、申命記四章一二、一五、一六節(「あなたたちは語りかけられる声を聞いたが、声のほかには何の形も見なかった……自分のためにいかなる形の像も造ってはならない。男や女の形も、地上のいかなる獣の形も」)のように神のあらゆる形姿を否定する、「描写的でない」(aniconic)箇所も存在する。しかし、より一般的には、偶像は手や口を持っていることではなくて、それを使えないことを非難されているのであり、よく知られた詩編一一五編四節以下（＝詩編一三五編一五節以下）の偶像への非難も、真の神には目や口がないと言っている印象はないのである。

このような思想が、どれほど新約聖書の時代まで続いていたのかというのは微妙な問題で、その多くは個人の受けた教育と育った環境によって異なったのである。ラビ神学においては、確実に強調点の移行があった。神の聖なる名を口にするのが不敬虔と思われたのと同様に、神の形姿に関して憶測することへの躊躇が生じ、それゆえに有能な教師のみしかエゼキエル書一章を釈義することを許されなかったのである。人々が注意を寄せたのは、神の倫理的属性であり、大まかに言って、イエスが支持したのもこの見解だったように思われる。イエスは神の愛と赦しを説き、現世的ではなく未来に向けた宇宙的視野を持っていた。そこにおいても、メシアの祝宴や最後の審判の詳細が、究極の審判者や軍隊ということよりも鮮明に描かれている。

黙示的著作家たちはより自由であり、もちろん神を見ることができないことは認められていたけれども、それは人間の耐えることの出来ないほどのまぶしい光に神が包まれているからと考えていた（テモテへの手紙（一）六・一六）。エノク書（一四・九―二三）は、すべて炎でできた天を描き出し、その箇所のクライマックスは「大いなる栄光」の描写であり、次のように記されている、「み使いのなかのだれひとりとして（ここに）はいって来ることはできない。肉なる者はだれひとりとして、はえある、栄えあるおかたのみ顔をじかに拝することはできない」[1]。そして、新約聖書の黙示録にも、エゼキエルに倣った同様の描写がある。無論、出来事を肉体的に表現するというユダヤ人の習慣は考慮されなければならない。彼らは「好意に与る」ということを「顔を見る」と表現したし、使徒言行録五章九節ではペトロが「見よ、彼らが来ている」を意味して「見よ、あの男たちの足を」と言っている。しかし、黙示文学の詳細なリアリズムは、素朴な人々には、ヨハネの黙示録一章一三―一六節にあるように、神が人と同じような「足……胸……頭……髪……目」そして「右手」を持っているという印象を与えたに違いない。

旧約聖書の著者たちは、時折神を不変の存在として語っている（民数記二三・一九、イザヤ書四六・一一、マラキ書三・六）。ギリシア哲学に影響されたキリスト教著作家においては、この教理は完全に形而上学的な意味で展開されている。ユダヤ人著作家はより具象的であり、その思想には二つの中心的ポイントがある。（1）神には老齢に相応しいような威厳があるが、それに付随する障害は生じず、神は疲れたり忘れやすくなることはない（イザヤ書四〇・二八、詩編一四七・四―五参照）。そして（2）神は、たとえ人がそれを破っても、契約に忠実である（出エジプト記三四・九―一〇）。しかし、もう一方で、神は人間の歴史を導きかつ支配しながらも、人に（しばらくの間は）思うままに行動することも許しているので、旧約聖書の著者たちは神を人の善行や悪行に応じて、感情と相応の行動をもって応える存在として描いている。神は怒りもするし、怒りを抑えることもある。神は忍耐を示し、その民の忠誠を求め、悪人を嘲って笑いもする（例えば詩編一〇三・八―三九、七八・三八―三九、ホセア書一一・一以下と二一・一四、詩編三七・一三）。このような、人のさまざまな行動への正当な応答としての多様な感情の動きという考えは、知恵の書などにも見られるものである（四・一八、五・一七以下、一一・二三―二四）。他方で、神が実際に「後悔する」（創世記六・六、出エジプト記三二・一四、サムエル記上一五・一一、サムエル記下二四・一六、ヨエル書二・一三、ヨナ書三・一〇）ことができるという考えは、批判を受けたようである（サムエル記上一五・二九、民数記二三・一九、エゼキエル書二四・一四）。もちろんこれはヘレニズム－ユダヤ教徒にとっても後のキリスト教徒にとっても難しい問題であった。フィロンは、創世記六章六節が示すように神が心変わりするという考えを論駁するために、『神の不動性』（*Quod Deus sit Immutabilis*）という著作を特別に記した。また彼以前に、既にギリシア語訳はより適切な表現を施していた。「神は地の上に人をつくったことを悔やみ、そして（何をすべきかを）考えた」[2]。しかし、このような訳も六章七節の恐ろしい言葉を曖昧にすることはないし、ギリシア語訳でもヨエル書二章一三節とヨナ書三章一〇節では神が「後悔した」として描かれている。

フィロンは、神が人間の姿をしているといういかなる考えをも否定した点で、同時代のユダヤ人の中でも特異な存在である（『栽培』三五、『世界の創造』六九、『モーセ五書の寓意』一・三六、『アベルとカインの供物』[*De sacrificiis Abelis et Caini*] 九五など）。大多数は、人間の言語の限界を認めつつも、神を感情があり、決断を下し、人間の事柄を知識と憐れみと裁きをもって統括する人間の姿で描いている聖書箇所をそのまま受け容れることに何の疑問も感じなかったのである。しかし、今や神は不動であり、権威の座に永遠に座し、その「言」（ことば）や「知恵」、「律法」など、または従順な被造物である天使たちなどの特別な手段を用いて、御心を成す存在として一般に認識されている。神は何をも必要とはしていないために、労働、食事、睡眠といったような人間の生活リズムに相当するようなものは何もない。このような神のイメージは、神が人を実際に訪ね、園を与え（創世記二・八）、純粋な愉しみを満喫する（創世記八・二一）というような以前の考え方に比べて、多少活気に欠けている。例えば、エゼキエル書一六章八節の強烈な言葉は、確かに象徴的ではあるのだけれど、神が実際にリラックスしたり、遊んだりするという考えは詩編一〇四編二六節や箴言八章三〇節などにも示されており、このような箇所ももちろん、後期のより冷静な表現の見解と共に読まれ続けたのである。こうして、ユダヤ教の思想は、神が努力や思い煩いなしに、従属的な存在を用いて世界を支配するという、偽アリストテレスの『宇宙論』（*De Mundo*）と大差ない立場に辿り着くのである。ただし、ユダヤ教の場合は神の倫理的支配に遥かに大きな重点を置いていることも確かである。

以上の説明から、ユダヤ教的神思想は、根底では統一された考えを示しながらも、詳細においては多様性を持っていたことが分かる。ギリシア人においては、この多様性と相違はさらに幅広いので、一般論を語ることは避けて、さまざまな神学を識別しようと試みることが賢明であろう。

古代ギリシアにおいて多神教は、島々や居住区を分かつ山脈などのギリシアの地形によって促された多くの地域的宗教から自然と派生した、ごく普通のものであった。このような諸宗教を融合しようという試みは、ホメロスの詩に既に顕著な、オリュンポスの十二神の認知に至った。しかし、このことは多くの地域的な神々、下級神や「デーモン」（これは、特に悪い存在ではなく、高位の神々と人との仲立ちであり、しかし、ユダヤ教の天使のように究極的な神によって支配されているわけではなかった）を置き去りにすることになったのである。初期キリスト教の時代には、伝統的な多神教は教養人の間では影響力を失っていたし、無論ユダヤ教の護教家たちによって批判されていたが、地方の集落などでは生き残っていた（使徒言行録一四・一一―一三）。

主要な哲学の学派のなかでは、キリスト教神学にほとんど影響を及ぼさなかったのはエピクロス派だけである。第5章で見たように、エピクロス派は一般的な多神教をある意味で受け容れてはいたけれど、神々は人間の事柄には無関心であると教え、賢明な人は神の助けに頼ることも、神の裁きを恐れることもせずに、宗教から自由になるべきであると教えたのである。ユダヤ教とキリスト教の護教家たちは、そのようなエピクロス派を、いつも正しくそうしたわけではないが、無神論者、快楽主義者であると批判したのであった。

しかし、プラトン主義、ストア派、そしてピュタゴラス派は、初期キリスト教神学に確かな貢献を果たした。プラトン自身は一貫した有神論者と言うことはできない。『国家』においては、ソクラテスが大衆的神話の野蛮な物語を批判し、神の本質について初歩的な真理を述べる姿が描かれている。しかし、プラトンははっきりと一神教を好んでいるとは表明せずに、「神」「神格」（divinity）「神々」などといった言葉を目に見える区別もなく用いているように思われる。また、「神格」とは特に、プラトンが非宗教的な言葉でも表すことができた、『国家』における「善」の「イデア」や『饗宴』における超越的美（第2章参照）などのように、最も完全な存在を指すわけでもなかった。しかし、年をとるにつれてその宗教性が弱まったように見えるアリストテレスとは対照的に、晩年のプラトンは一神教へと近づいていったようである（特に『法律』第一〇巻参照）。

プラトンの対話篇のうち、ユダヤ教やキリスト教の伝統が最も受け容れやすいものは、プラトンの主要な思想から多少外れてはいるけれども、神的職人を描いた『ティマイオス』であった。[1] そこに描かれている職人の姿は、永遠と時間的秩序の基本的な対比とはっきり関係しているわけではないので（二七d―二八a）、その職人はただ永遠のうちに存在する能動的原理を人格化させただけと考える学者もいる（四八頁参照）。この職人は、不可視であると言われているわけではないのに、その形姿についての記述はなく、彼は「創造者」や「父」といった人間的言語で形容され、寛大さが動機となって行動するとされている。しかし、その働きに関する物語は、「生じさせること」(begetting) が「形作ること」(shaping) や「混ぜること」(blending) と交互に言い表されるような、奇妙にも曖昧な言い回しで表現されている。しかし、後の多くのプラトン主義者たちはこのような不明瞭さを無視して、この職人を、その精神から「イデア」を生み出した宇宙の究極的原理と考えることに異存はなかった。ただし、すでに見てきたように、大多数の者は創造が時間の中で起こるなど考えられないということで一致していたのであった。

究極的原理へのプラトン自身の探究は、後にプラトン主義者たちによって神学へ応用されはしたけれども、結果的に彼自身にとっては宗教とは無関係な思想へとつながっていった。彼は、数学的言語での説明を目指すピュタゴラスの方法論を受け容れ、あらゆる秩序と善の究極的原理はすべての数の源となる数、つまり「一」のうちに見出されなければならないという結論に至った。アリストテレスは次のような人々に言及していると引用されている。すなわち、「プラトンの『善について』の対話を聞いた人々。彼らはそれぞれ富や健康、力、つまり一言で言えば何か素晴らしい幸運などの、普通に考えられる人間的善について聞けることを期待してやって来ていた。しかし、その議論が数学的であり、数と図形と天文学についてであり、善とは統一であるとの断言でもって結論付けられたのを見たとき、彼らはこれを非常に奇妙に思った」。これには、宗教的な思考を持った人がそこにいたとしても、同様に当惑させられたことであろう。しかし、後のプラトン主義においては、この「一」という思想は、これから論じるいくつもの関連する思想、それも、この「一」を人格的、理性的、神的存在へと変化させる思想をまとめていったのである。

ストア派の神学は既に簡単に説明した通りである。最高神は宇宙の理性的原理であり、特に霊という純粋で力強い存在として展開されている。その神は、連続する世界の破滅を乗り越えて、大火の後に次の世界を始めるという限られた意味を除いては、宇宙を超越してはいない。また、ストア派の神は思いのままに自らの形姿を変容させることが出来る点でも、プラトンやキリスト教の神概念とは区別されるが、このような考え方は、神が宇宙のさまざまなレベルにおいて活動するということを象徴的に表しているとも言えるであろう。

本書の目的においてより重要なことは、ストア派がキリスト教とユダヤ教の背景の一部を形成した二つの側面を指摘することである。まず第一に、ストア派が多神教における下級の神々を最高神あるいはゼウスの「諸力」であると説明したことは既に述べた（七三頁参照）。これらの「諸力」の思想はフィロンによって一貫性に欠け複雑ではあるが豊かな思想へと展開され、ユダヤ教の天使に関する教えの哲学的基盤となった。そこでは、天使たちは一方でギリシア思想の下級神あるいは「デーモン」（もしくは半神的な勇者である「ヒーロー」！）と関連付けられ、他方でプラトンのイデアの後の形である理性的霊や精神といったものと関連付けられた。第二に、「教理的」プラトン主義という、一時ストア派を仲間として取り入れることも考慮していたプラトン主義の復興についても既に記した通りである。ストア派の宇宙的神は、究極の原理の表れとして理解されたことはなかったように思われるが、それでもその神は「第二の神」として認められ、究極的・超越的統一である存在の権威のもとで、宇宙の細かい事象を司るものとして理解されていた。それゆえに、フィロンにおけるロゴスは、時に間違いなくストア派的な神を髣髴とさせる仕方で説明されている。彼の『ケルビムについて』は、創世記三章二四節の「剣の炎」をさまざまな形で説明し、その内、一つの説明では「剣の炎」は神の諸力の中でも最高の地位にあり、最も素早い動作を持った、熱く燃え盛るロゴスであると述べている（二七、三〇）。また、『アベルとカインの供物』という著作では、ロゴスはストア派的用語を用いて「素早く流れる炎」（八〇、八二、八七）と呼ばれている。ただし、これはプラトン主義的表現である「無数のイデアによって織り成されたもの」（a fabric of innumerable Ideas）（八三）や、秩序と体系をもたらす「それらを分かつもの」（'the divider' of them）［八二、八五］などといった言葉と奇妙にも混ぜ合わされている。そしてフィロンが、金がこの上なく薄い箔へと伸ばされるように、ロゴスも「完全に広げられ、引き伸ばされ、偏在である」(『神の賜物を受け継ぐのは誰か』[*Quis rerum divinarum heres*] 二一七)と述べる時は、神が世界に浸透しているというストア派の教理(七〇頁参照)が思い起こされているのである。

同様のプラトン主義とストア派の混合は、フィロンの申命記四章三九節の「上の天においても下の地においても主こそ神」というテキストの註解(『アブラハムの移住について』[*De migratione Abrahami*] 一八二)にも見ることができる。フィロンによれば、この聖句は、何のうちにも封じ込められずかえってすべてを包み込む究極の存在には当てはまらないので、その神の創造的力を意味するとされる。そして、この創造的力こそが、プラトンの「職人」に相当するものであり、はっきりと『ティマイオス』二九eに由来する「妬みを退ける……善」という表現がなされている。このような考え方は、究極的な地位を「一者」あるいは「善」に与え、「職人」をその模倣者・執行者としたプラトン主義的教えを反映しているように思われる。

このようなフィロンの教えは、キリスト教のロゴスの教理にもはっきりとした軌跡を残している。キリスト教徒たちは、創造神は無知で悪意に満ちていたというグノーシス主義の理論(九五頁参照)に反対して、世界の造り主は善であることを主張した。また、すべての善の源は、ただ静的な理想ではなく、愛情あふれる人格的な父であると述べたのである。このような主張をする中で、彼らは自然と「職人」を究極の創造的原理と考え、「イデア」(七八頁参照)の源であると考えた一部のプラトン主義者の内に仲間を見出すこととなった。しかし、キリスト教徒たちはロゴスという、父から受けた、父の創造の御心を表すイデアに基づいて物質的世界を創造した「第二の神」という概念をも受け容れたのである。それゆえに、「下級神」(デミウルゴス)あるいは「職人」は「創造主」を意味するようになり、キリスト教において「創造主」は究極的創造の源である父、あるいは創造を執行する力であるロゴス、またはグノーシス主義者たちが思い浮かべた誤った創造者である「デミウルゴス」を意味するようになった。

一部のプラトン主義者たちは、七八頁で説明したように、宇宙が「神」と「イデア」と「物質」というそれぞれに独立した三つの原理によってなっていると考えた。その正反対の立場は、神がイデアだけでなく物質の源でもあるとしたキリスト教の無からの創造の教理であった。これは、それ以前に効果的に結合されることのなかった三つの要素の統合と言うことができるかもしれない。第一に、創造の業がただ一度なされたという、創世記とプラトンの『ティマイオス』の両方から自然と理解される概念（ただし、プラトン主義者の中でこの見解を示したのはほんの少数である）。第二に、物質が（無時間的にであるけれど）神を源としているというエウドロスの見解。そして第三に、知られる限りバシレイデス（九三頁参照）が最初に唱えた、「完全な無からの創造」という、「無からの創造」の非常に実存主義的な定義である。エウドロスは恐らくフィロンに影響を与え、フィロンを通してキリスト教思想家たちにも影響を与えたが、彼自身はプラトン主義的伝統に固く立っていたのであった。彼はアリストテレスの『形而上学』のテキストを修正し、イデアと物質の両方が「一者」から派生するという教理をプラトンの功績に仕立て上げようとしたほどである（Hayduck 編／アプロディシアスのアレクサンドロス著『形而上学』五九頁）。もっとも、『ティマイオス』五三―五五にあるような、物質のさまざまな形に関する数学的説明は、このような解釈を十分自然に見せることができる。

このような、神学における数学的手法は、神が不変で首尾一貫しているだけではなく、最もラディカルな意味で不可分であるという教えへと達する。神は純粋な存在であり、いつもその全存在において見たり行動したりしているので、神には個別の器官や性質などに当たるものは存在しないのである。多くの正統主義的キリスト教徒は、神がさまざまな力やエネルギーを発揮することができると信じていたけれども、それは神の単一性を妥協することにはならなかった。エイレナイオスは、神が「まったき魂、まったき霊……まったき耳、まったき眼、……そして、すべての善なるもののまったき源」（*A. H.* 2. 13. 3）であると記している。しかし、人間の経験からはこれらの個々の作用がどのようにして相互に同一であり、また神自身と同一であるのかを知ることはできない。それゆえに、これらのどの作用も神自身の性質を知るための信頼できるヒントとはなりえないので、神自身の性質とは神秘として留まざるを得ない。神に対して何かしらの説明を加えるだけで、その統一性と完全性を否定することになると考えられたこともあったほどである。そしてこのような理論は、現代の偉大な思想家であるジョン・ヘンリー・ニューマンなどによって支持されてきたが、私自身はそれがどのようにして、人間と人格的に交わる愛に満ちた父という聖書の説明と合致するのか理解できない[2]。このことに関しては、拙著 *Divine Substance* (pp. 186-89) に記しているし、第11章でも簡単に触れることとする。

原註

（1）ルニア（D. T. Runia）*Philo of Alexandria and the Timaeus of Plato* (Leiden, 1986) 参照。

（2）一六四—一六八頁参照。

訳註

〔1〕村岡崇光訳『聖書外典偽典4 旧約偽典Ⅱ』教文館、一九七五年、一八四頁。

〔2〕秦剛平訳『七十人訳ギリシア語聖書Ⅰ 創世記』河出書房新社、二〇〇二年、四〇頁。

第10章　神の存在の証明

キリスト教著作家たちが、哲学的に取り扱う必要があると考えた問題は二つほどあった。神の存在の証明と神の本質の問題である。このような議論は、神がいるかどうかは知ることができるけれど、神が「何」であるかは知りえないという、一般的に受け容れられていた原理によって最初から問題外とされていたように思われるかもしれない。(1)確かに、このような考え方は、神の存在の証明を不要のものとし、その性質の議論を不可能にする。しかし、この原理はたとえそれが理論として受け容れられていた場合でも、一貫して適用されていたわけではなかった。まず最初に、キリスト教著作家たちは自分たちの信仰の理論的な妥当性を示す必要を重く見たので、知識そのものの可能性を否定する懐疑論者、キリスト教徒を非理性的で軽信的であると批判して噂を広げた人々、そして神的存在を否定した無神論者たちへの弁明をしなければならなかった。第二に、「神は知られ得ない」という命題は、現代人が考えるほど字義的に捉えられることは稀であった。それを字義的に解釈するならば、まさに聖書に見られる神に関する肯定的な教えを否定することになるのである。つまりこの命題は一般的に、少なくともこの世の生において神を直接、そして十分に知ることは不可能であるが、(2)将来は聖パウロが約束したように「顔と顔」を会わせて神を見ることになることを意味すると理解されていたのである。

そこで、三つの哲学的問題を記すことができる。

（1）信仰の諸教理と権威への信仰、そして一般的な意味で知識を得ることがそもそも可能であるかということへの理論的弁明
（2）神の存在の証明
（3）神の本質

信仰に関しては、ここでは無論、哲学的問題を総合的に理解するための概略的な側面しか扱うことはできない。ギリシア語の「ピスティス」（pistis）のキリスト教的用法は、'mn という、もともと「堅固」や「不変」を意味する動詞的語幹から派生したヘブライ語の言葉の影響を受けていた。しかし、ギリシア語の言葉そのものの動詞的語幹は pith- であり、これは「説得する」という意味を持っていた。それゆえに、「ピスティス」という名詞は人格的な性質（誠実、信頼性）にしろ非人格的な事実（確信、保証、証拠）にしろ、「固い確信」とその「確信を与えるもの」の二つの意味を持っていたのである。実際にキリスト教徒が信仰について語るときには、いくつか違ったニュアンスが込められていた。信仰とは、神からの賜物であると同時にキリスト者の責任、業と見られ得たし、意思の方向性であると共に精神の働きでもあった。それは、神への信仰とも、キリストへの信仰とも言われることができたし、さらに具体的にはキリストの受肉と死と復活に見られる神の業への信仰と言うこともできた。このような「信仰」の表現は、聖書にも、教会の伝統にも、「信仰の法則」（regula fidei）［完全にではなくおおよそ固定された簡潔な信仰の表明］にも見ることができる。また、「ピスティス」という言葉そのものが、信仰の内容や何が信じられるべきかに関する権威ある言葉を指すこともできたのである（一テモテ四・一、テトス一・一三）。

このように多様な語義のうち、ここで問題となるのは「信仰による義認」の土台としてのそれではなく、信じる姿勢としてのその性質や、理論によるその堅持である。また、ここでも他の場合と同じように、キリスト教的思想は、特に既に指摘した「そもそも知識は可能であるか、またそうであればどのような条件のもとにそれは可

能であるか」という問題において、哲学の影響を受けるようになったのである。

新約聖書においては、信仰とは信じる姿勢あるいは意気消沈させられるような状況や、自然な知識・確信を新たにするための知識が欠けている場合における信頼として扱われている。後者の例としては、キリストの癒しの力や湖で嵐を鎮める力への信仰がそれである。特に重要なのは、ローマの信徒への手紙四章（特に一七―二〇節）におけるパウロによるアブラハムの扱いであり、同様の考え方はヘブライ人への手紙一一章の、信仰を讃える偉大な讃美にも浸透している。信仰とは、（理性的な面においては）神が約束を成就すると信じることも含めた神への信頼であり、それは落胆を退けること（一一―一二、二三―二七、二九節）、神の掟に従って、一見無意味で危険なことをも実行することを厭わないこと（七―八、一七―一九節）によって試されるのである。パウロも、コリントの信徒への手紙(二)五章七節で信仰と明確な幻との区別をつけてはいるが、信仰と知識の区別というものは、後にキリスト教徒を非理性的な妄想の虜になっていると批判した異教徒たちによってつけられたものである。しかし同時に異教徒の著作家たちは、「ピスティス」を正当な確信、あるいは真実な結論を得るための原理やその論証そのものを指す語として用いていた。それゆえに、キリスト教徒は信仰の性質というものを、理想的に堅固なキリスト教の確信に重点を置いて語ることもできたし、逆に信仰者が感覚的経験によっては何の保証も得られない約束を信頼するということで、人間の存在に付随する疑念や不安を強調して説明することもできたのである。さらに留意しなければならないのは、「ピスティス」という語の複雑さは思慮に欠ける人々には理解されず、彼らは認識論的な問題は解決される必要がないと思ってしまったことである。彼らにしてみれば、信仰とは単純に要求されるものであり、その要求に応じて単純に生み出されることができるものだったのである。

キリスト教信仰を擁護するものとして、少なくとも三つの方法を挙げることができる。一つは、率直に素朴な信仰を称えることで、これはテルトゥリアヌスに特徴的である。(3) 彼は『キリストの肉』（*De Carne Christi*）五にこう記している。「神の子は死んだ。これは完全に信用に値することである。なぜならこのことは不条理だからである。そして、神の子は葬られた後に復活した。これも確かなことである。なぜなら、このことは不可能だからである」。このテルトゥリアヌスの言葉は、「我信ず、それが不条理であるゆえに」(credo quia absurdum est)とパラフレーズされるようになった。しかしテルトゥリアヌス自身は、彼が称賛するような素朴な信仰を持っていたわけでは全くなく、彼の激しい逆説的議論は、意図的な修辞学的技術の賜物であり、「それほどに可能性の低い話を誰も作り上げたりはしない」というアリストテレスの『弁論術』二・二三、一四〇〇a五の考えの応用であることは間違いない。このような素朴な信仰への勧めは、当然、哲学者たちへの攻撃によって補足され、そこでは彼らの意見の不一致や虚しい論争、そして自身の掲げる原理にそぐわない行いが強調される。[4] この類の議論はキリスト教徒によって広く用いられたが、テルトゥリアヌスもその一人だったのである。しかし、彼は進取的で洗練された主張者であったので、都合に合わせて、時には哲学者たちを自らの同志であるという真逆の立場を取ることもできたのであった。

第二に、キリスト教信仰は、一般的な世俗的方法論と類似していると言うこともできる。ここでは三つの議論を述べることとする。最初に、アレクサンドリアのクレメンスが用いた議論で、「すべてが議論によって証明され得るわけではない」ということがある。議論を始めるには、何かしら第一の原理というものが前提とされなければならない。「すべて議論で証明され得るものは、証明しきれない確証まで辿ることができる」(『ストロマティス』八・七・二)と記されている通りである。これは明らかにアリストテレスの影響を受けたもので、アリストテレスは次のように記している。「他のものどもによってでなく、それ自身によって確信(pistis)を得るものどもが真実にして最初のものどもである」。[5] 二つ目の形体は、完全な確信というものは多くの場合、実際には不可能であることを指摘するものである。人は大体、信頼できる確信に基づいて行動することに満足しなければならない。このような議論は懐疑的哲学者たちによって用いられ、キケロの『アカデミカ第二巻』一〇〇と特に一〇九に見出すことができ、四、五個の具体例と共に一般的なものとなった。[6] 三つ目の形体はキリスト教の教育的価値を強調し、それはただ教養ある人のための哲学ではなく、すべての人に有益であり、子供や女性、無学な男性にも適切な指導をすることができると主張した（タティアノス『ギリシア人への言説』三二、オリゲネス『ケルソス駁論』一・九―一〇、アタナシオス『言の受肉』四七）。このような議論はもちろん、キリスト教が教養ある批判的な人々の疑問にも答えることができるという主張によりバランスをとらなければならなかったが、それには他の課題とともに何人ものキリスト教護教家が取り組んだ。アレクサンドリア学派のクレメンスやオリゲネスによって特に用いられた一つの方法は、「ピスティス」の意味範囲を、それはただ基本的なキリスト教の信仰箇条を受け容れることだと限定することである。彼らはそれを土台として、理性的知識や理解（グノーシス）を組織的に立ち上げることができるとしたのである。(7) 実際には、アレクサンドリア学派における「グノーシス」とは、自由に解釈された聖書と、主にプラトン主義を軸にした折衷的な哲学を合わせたものであった。彼らはこのような仕方で、自らの「グノーシス」が正統主義の学のない「ピスティス」より優っていると唱えたグノーシス主義者たちの主張に立ち向かったのである。キリスト教護教家のほとんどは優れた哲学的技量を持っていたわけではなかったが、グノーシス主義を論駁するにはそれで十分だったのである。

「ピスティス」に対する第三のアプローチは、クレメンスによって用いられているが、他に彼のこの方法に倣った者はいないように思われる（R4C 11 col. 102 参照）。クレメンスは、少なくともいくつかの箇所において「ピスティス」を理性的議論によって生み出された確信であると理解している。この場合、信仰と理性との区別は実質的に消えてしまう。理性は方法を示すものであり、信仰はその結果としての確信や確証を指すのである。事実、これはグノーシスと呼ばれることができるが、その意味は少し異なり、重点は哲学的体系と聖書の統一性を証明するために想像力を膨らませて聖書を解釈することではなく、有神論の基本的問題に理性的方法論を用いて取り組むということであった。

この章の始めに引用した原理から、神の存在の問題とその本質の問題は別々で独立したものだと思われるかもしれない。しかし、それはもちろん誤解である。たとえ「存在」という言葉を、特に何の性質や価値も意味せずに「事実」や「作り話でない」という意味で用いる経験主義の哲学者であっても、「神は存在する」という宣言は、「神」とは何を意味しているのかが多少でも明らかでない限り何の意味をも持たないと考えるであろう。古代人のほとんどにとっては、「存在」と「本質」の問題はとても密接に関係していた。「ウーシア」(ousia)という単語は、存在と本質の両方を指すことができたし、たびたび問題となっている実体に相応しい様態をも示唆することができたのである(同じことは多くの場合「〜である」einai(to be)という動詞に関しても述べることができる)。従って、神の存在を証明するということは、ただそれが存在するということを証明することではなく、何かそれ以上に確かで具体的なことを意味していた。つまりそれは神の生の特性を理解することを意味した。しかしそうすると、神という名に相応しいような存在は有限的な人間の理性によって理解されることはないという答えが自然と出てきてしまう。古代の理論においては、完全な理解に少しでも及ばないものは知識と呼ばれるに値しないかのように、知識は「ある」か「ない」かのどちらかだと捉えられる傾向があった(一三九、一六七頁参照)。このような考え方の筋道は、これより後に論じる事実を説明するために有益である。神の存在の証明を優れて進取的にまた巧妙に発展させたのは、神を宇宙の理性的原理と同一視し、完全に内在的な存在として表現したストア派の学者たちであった。神の超越性を強調したプラトン主義者たちは、その存在を証明しようと試みることは少なく、神がどのようにして知られるのかという疑問に取り組むことに集中する傾向があった。

しかし、このような証明の起源を語るには、まず、伝統的信仰に対する懐疑的挑戦を受け、それに立ち向かって理性的答えを見出すだけの知的力量を有していた、初期のギリシア哲学者たちまで立ち返らなければならない。このような証明は、懐疑論に対抗するために生み出されたとしか考えられない。イスラエルの民も懐疑的な人々に直面したが(例えば詩編五三)、彼らの場合はより簡潔な返答で満足していたのであった。

アナクサゴラスは世界を神の精神から出る秩序として説明し、世界における規則と美とに基づいた議論はその弟子のアポロニアのディオゲネスに見ることができる。そして、ディオゲネスの著作の影響は、エウリピデスやクセノポンの記述におけるソクラテスなどに見られる一般的な議論のパターンや、プラトンのより個人的な議論にも見ることができる。[8] プラトンは、魂が身体より優位でありすべての運動の源であるという原理から始め、天体の完全に循環的な運動はそれ自体に基づいて起こるものであり、よって神である完全な魂に起因すると考えたのである（『法律』一〇、特に八九二a、八九五a、八九六a—八九七c）。

既に記したように、プラトンの『ティマイオス』は世界を神的理性の産物であると考え、体の部位がそれぞれその機能を果たすために適切に作られていることを示すために、人体の構造を詳細に説明している。この類の議論は、より正確で広範囲の生物学的知識を、動物に関しても人間に関しても持っていたアリストテレスによって大いに拡張された。ただし、アリストテレスの後期の著作においては、目的論の有神論的解釈は薄れていき、「神と自然」は、推定されてはいるが具体的には述べられていない世界の秩序の源として、ほぼ同義語のように用いられるようになったのである。

二つ目のタイプの議論は、アリストテレスの初期の著作（『哲学について』断片一六）に見ることができ、それは、この世界に善の程度というものが存在する限り、最も完全な存在も存在しなければならない、というものである。しかし、アリストテレスは後にこの議論を自ら退けている。彼はまた、プラトンによる運動からの議論も批判しているが（『形而上学』一二・六）、彼自身も、運動というものは永遠であるものの、永遠に続く動者を想定することはできないので、その起源はそれ自身不動である動者に見出されなければならないと論じている（前掲書）。そして、この不動の動者は意識のある存在あるいは精神であり、それ自身の完全性という引力により宇宙における運動を創始するのである。もちろんこのような運動からの議論は、運動が継続する力によって維持されなければならないという前提に基づいており、この前提はアイザック・ニュートンによって初めて否定されることになる。また、プラトン主義者であり、アリストテレスから取った他の議論も挿入したアルビノスの手引書には、存在の程度ということからの議論を見ることができる。

しかし、神の存在の証明方法を誰よりも率先して編み出したのはストア派の学者たちであり、注目すべき彼らの議論の概要はキケロの『神々の本性について』二・二・四―一六・四四に、順番や配列は不確かであるけれども記されている。(似たような概説はセクストス・エンペイリコスの『学者たちへの駁論』九・四九―一三六にも記されており、キケロの場合と同様に、その続きに反論が記されている。)後の伝統まで引き継がれた議論の中には、天の美と規則性からの議論(『神々の本性について』二・二・四、五・一五)、人類すべてにおける共通性からの議論(前掲書、二・五)、人にとっての自然の有益性からの議論(前掲書、五・一三)、理性的存在は非理性的な存在よりも優っているということからの議論や(前掲書、八・二一)、それゆえにアリストテレスやアルビノスが主張したように世界は究極の存在に向かって段々と善の程度を増す存在の連続を含んでいるという議論などが見られる(前掲書、一二・三三―一三・三六)。しかし、ストア派の学者たちは汎神論的な見解を支持するために議論していたのであって、究極の理性とは世界を導く原理として世界に内在していると考えていた。これは、プラトン主義者にとってもキリスト教徒にとっても受け容れがたい見解であったが、キリスト教徒の中には、天体は理性的な存在であるという、ストア派とプラトン主義の教えを受け容れる者もあった。

では、キリスト教徒はこのような哲学的証明をどこまで流用することができたのだろうか。新約聖書の中で最も重要なテキストは間違いなくローマの信徒への手紙一章二〇節である。その抽象的な用語から、パウロはギリシアの大衆的な神学を念頭に置いていたと推測されるが、留意すべきはパウロがこの議論をキリスト教的確信を支持するために用いているわけではないことである(もしそうであったなら、議論をもっと展開させていたはずである)。まして、人間の精神が神の神秘に近づくことができるというようなことも論じられてはいない。かえって、異教徒ですら神が存在するということは知っており、それゆえに自らの偶像崇拝と不道徳に対する弁明はできないということが示されているのである。しかし、このことは後の著作家たちがパウロのこの議論を、神信仰を肯定的に勧める議論として広く用いることを阻みはしなかった。ただし、このような積極的な自然神学的アプローチは、使徒言行録一四章一五―一七節と一七章二二―二九節の二箇所において、キリスト教宣教師たちが生き生きとした信仰を導き出すために、既に聴衆の内にある信条の上に議論を積み重ねる様子に見ることができる。

アウグスティヌス以前のキリスト教教父においては、神の存在証明の議論は限られた範囲でしか用いられていない。それどころか、そのような証明を提示することへの躊躇すら見受けられるのである。クレメンスですら、そのようなものを要求するのは無神論者だけであると述べたことがあった（『ストロマティス』五・六・一）。また、神はその比類なき威厳の故に、人間の理性では理解することができないという考えがあったことは既に記した通りであるが、神について説明をすることができないということは、神について推論することができないことをも示している。さらに、神への信仰についての理屈が述べられるときは、それは信仰のない者を説得するよりも、既に信じている者の信仰を確実にする働きを持っていたのである。この時期においては新たな形での神の存在証明というものは生み出されず、いくつもの古い証明の議論は捨てられ、残った議論も大した強化や発展を遂げたわけでもなかった。しかし、特に創造における目的と意図からの議論に関しては、目を見張るような文学的な拡張が為されたのであった。

つまり、キリスト教の神の存在証明の議論の用い方は三つに分類することができる。（1）一般的常識による議論（e consensus gentium）、（2）世界の秩序の規則性と目的からの議論、（3）アウグスティヌスによる改定と新しい議論。（2）に関しては、典拠によっては（例えばR4C）宇宙の秩序と規則性から論じる「宇宙論」と、事物の人間にとっての有効性から論じる「目的論」とを区別する場合もあるが、このような語法はカントとは異なるものである。カントにおいては、「宇宙論」は第一原因の存在を不可欠とし、ここでの（2）をすべて「目的論」に含めてしまうからである。

e consensus の議論は、説得力を持って語るのは難しいかもしれない。なぜなら、キリスト教徒は大衆的な多神論と戦うため、まさに異教徒間の意見の不一致というものを指摘し、攻撃してしまったからである。この議論は、ある程度、感覚論や無神論を批判するためにも時々用いられた。ラクタンティウス（『神学綱要』七・九・五）やヒラリウス（『詩編注解』五二編トラクト一）がその例である。すべての人が一人の神を信じるとされている場合には、この主張はあまりにも簡潔に記されていて、議論と呼ぶに値しない。例えば、エイレナイオスの『異端反駁』二・六・一やテルトゥリアヌスの『弁証論』一七・一と『見せ物』二、クレメンスの『ストロマティス』五・八七・八八、ディデュモスの『三位一体論』三・一六などを参照していただきたい。また驚くべきことに、ミヌキウス・フェリクスは『オクタウィアヌス』の中で、すべてのギリシア哲学者は有神論者であると強く主張しているのである。さらに思慮深いアプローチはエウセビオスの『福音の準備』二・六・一一以下に見ることができる。エウセビオスによれば、すべての人は自然から、また実に神自身から神の、名と本質とは人の有効で善なる感情によって示されていると教えられている。しかし、ほんの一部の人間だけが一人の神への正しい信仰を維持したのであって、大多数は多神教へと堕落してしまったのである。この「高くいます神」への原初的な信仰の理論は、最近復活したものなのである。

創造における目的と意図からの議論は、初期キリスト教思想においてより大きな役割を果たした。時にそれは簡潔に述べられ（タティアノス『ギリシア人への言説』四、エイレナイオス『異端反駁』二・九・一、四・六・六）、あるいは、新たな要点は少ししか発展されなかったにしろ長い議論へと展開されもした。アテナゴラスはこの議論を示す際、哲学者たちの支持を得ていると主張するが（『キリスト者のための懇願』四―七）、テオフィロスはその詳細をさらに拡大する（『アウトリュコスへ』一・五―六）。しかしながら、彼らは哲学者たちの意見の不一致を批判したし（『キリスト者のための懇願』七・二、『アウトリュコスへ』二・八、三・七）、テオフィロスは世界が既に存在していた物質によって造られたという一般的な見解を非難している（『アウトリュコスへ』二・四）。独創的ではないけれども雄弁な議論はミヌキウス・フェリクス（『オクタウィアヌス』一七―一八）やアタナシオス（『異教徒駁論』三四―三五）、ナジアンゾスのグレゴリオス（『講話』二八・六、二二―二七）、そしてニュッサのグレゴリオス（例えば『教理講話』一二）にも見ることができる。

しかし、多くのキリスト教著作家たちは、自然界の定義を、字義通りに世界の起源と形姿として捉えていた創世記一―二章の物語に依存するという、哲学的には不利な立場に置かれていた（一一二、一一三頁以下参照）。それゆえに、彼らは当時の異教徒には愚かにも思われるような思想を受け容れたのである。一つの例として、バシレイオスは天空がもし堅固なアーチ形の天井であるならば、そこにはそこから水が地上へと放たれるまで、雨水が外側を伝って漏れるのを防ぐための貯水池があるはずだと考えていたのである。ただ、バシレイオスが気の毒なので断っておくと、この議論はある意味、感情的な議論として、固体としての天空はその高い部分において凸体である必要はないという議論のために記されたものである。しかし、彼自身の天空に関する理解は、それが希薄であることと密集していることの両方であるとするなど、あまりにも不明瞭であった（*PG* 29, 60B, 68BC, 180C）。

アウグスティヌスの自然神学における貢献は、彼自身はその重要性をある程度しか認めていないにもかかわらず、遥かに豊かで独創的である。実際には、彼の教えは彼自身の経験とはあまり合致していない。彼自身の歩みにおいては、プラトン主義への知的回心が決定的なステップであり、彼の最終的なキリスト教への信奉は、主として感情的・道徳的な反論や躊躇を乗り越えることにかかっていたのである。しかし、彼は後者のステップが完全な理解と忠誠への重要な手がかりであると考えるようになり、それゆえに改宗者には聖書を信じることに専心することを勧め、理性的な説明はその後に続けばよいとしたのである（『自由意志』二・五・一三―一五）。

アウグスティヌスには e consensu の議論も見て取ることができる（例えば『ヨハネ福音書に関する一二四の講解説教』一〇六・四）。また、創造における目的と意図からの議論の軌跡も明らかに見ることができる。しかし、これは『告白』七・一〇・一六や『神の国』八・六に見られるように、個人的・黙想的に書かれたものであり、厳密な意味での論証を試みているものではない。同じことは、存在の程度からの議論についても言うことができる。アウグスティヌスは完全な存在が実在するということを論証しようとしているのではなく、その実在以外には真実で絶えることのない満足を得ることはできないと、聴衆や読者を説得しようとしているのである（『告白』一〇・六、一一・四参照）。この議論に関してある程度より形式的な扱いは『三位一体』八・三・四と『神の国』八・六に見ることができる。すべての被造物の可変性を強調する議論の消極的な面は、後のカント的な意味での「宇宙論的」な議論の兆しを予示している。例えば『自由意志』二・一七・四五を参照。

最も独創的で完成された神の存在の証明の議論もまた、『自由意志』二・三・七―一五・三九に見ることができる。まずアウグスティヌスは、登場する対話相手に存在と命と知性があることを含めて彼自身が実在していることを認めさせる。次に、知性が人間の最高の属性であることを示す議論が現れる。そして、そこから人間の知性よりも優れたものが存在し、それは他の何にも優るものであり（二・六・一四）、そのような形容は永遠で不変な神にのみ当てはまることが示される。このことを証明するために、アウグスティヌスは人間の知性がそれ自体よりも優れたもの、つまり絶対的真理に依拠していると論じ、その真理はすべての幸福（一三・三五）と知的満足の源である神でなければならないと論じたのであった。

原註

（1）この考え方はフィロンに頻出する。『モーセ五書の寓意』三・二〇六、『カインの末裔と追放について』（*De Posteritate Caini*）一六九、『神の不動性』六二、『改名について』（*De Mutatione Nominum*）一一、『夢について』一・二三〇―一。特に『報酬と罰について』（*De Praemiis et Poenis*）三九―四〇。また、アウグスティヌスの『三位一体』八章を参照。

（2）参考文献9に引用された拙著 'Die Aufnahme des philosophischen Gottesbegriffes' 参照。

（3）Wolfson, *PCF* pp. 102-6.

(4) タティアノス『ギリシャ人への言説』二、テルトゥリアヌス『異端者たちへの異議申し立て』七。

(5)『トピカ』一・一・一〇〇b18『アリストテレス全集2』村治能就訳、岩波書店、一九七〇年、三頁。その他の平行箇所はリラ(Lilla)*Clement of Alexandria*, pp. 121-131; *RAC* 11 Col. 90を参照。

(6) テオフィロス『アウトリュコスへ』一・一八、オリゲネス『ケルソス駁論』一・一一、アルノビウス『異教徒反駁』二・八、エルサレムのキュリロス『教理問答』五・三、アウグスティヌス『告白』六・五・七。

(7) 特にオリゲネスの『諸原理について』一の序文§3を見よ。

(8) エウリピデス *Suppl.* 201-210; クセノポン『思い出』一・四・二—一四、四・三・三—一二。両者ともいかに自然が人にとって有益であるかを強調している。

第11章　単一で不変的存在としての神

キリスト教著作家は、神の本質についての教えに関して、当然、聖書を参照した。しかし、彼らの聖書の扱い方はしばしば当時の哲学的思想に影響されていたのである。第9章で見たように、イスラエルの人々は自らの礼拝する神が、その輝かしい姿と力、知恵と被造物への絶え間ない配慮という点で人間を超越しているにせよ、結局、自分たちと同じような体と精神を持っていると考えていた。このような思想は、旧約聖書の初期の文献に見られ、その後、強調点が変化しても権威を保ち続けたのである。しかし、この聖書的見解は八一頁で見たように、アレクサンドリアのフィロンによって大きく変化させられたのである。フィロンは敬虔なユダヤ教徒であり、神の忍耐、知恵、慈愛といった道徳的属性を強調して止まなかった。しかし同時に、フィロンは神を肉体や人間的感情どころか、あらゆる感覚的な性質を欠いた形而上学的な宇宙の第一原理としても述べているのである。それは完全に単一、不可変的で計り知れず、肯定的には出エジプト記三章一四節にあるように「わたしはあるという者」としか説明され得ない存在なのである。

フィロンからの直接的影響を受け、また同時に同じ哲学的権威からの影響を受けたということもあって、キリスト教著作家たちもフィロンとおおよそ同じような議論を展開した。この議論に、キリスト教著作家たちは後に論じる三位一体論を付け加えたのだけれど、そこでも彼らの思想は特に神的ロゴス論においてフィロンに影響されていた。しかし、これは直接的に彼の思想を借用したというわけではない。キリスト教の神学者たちが取り組んだ三位一体論は、ユダヤ教の著作家たちにその前触れを見ることは難しく、新プラトン主義から同時期に生まれた三元的な諸神学ともかなり異なるものだったのである。それらの新プラトン主義的神学は神性の三つの段階あるいは階級というものを認めたが、一人の神において一致している互いに同等のペルソナというものを想定はしなかったのである。

フィロンが用いたギリシア語訳では、出エジプト記の重要なフレーズは 'I am He who IS' と訳されており、現在形を示す分詞節 'Ho ōn' が用いられている。この訳の妥当性の確証はヘブル語からは得ることができないが、フィロンよりもずっと以前に、恐らく神の不変性の思想を強調するためにこのような訳が選ばれたのだと考えられる。(1)

なぜこの限りなく抽象的なフレーズが、力と完全性に満ちた神について語るために用いられたのであろうか。その答えは、第2章で論じたプラトン主義的なイデア論にかかっている。この理論は、例えば人は健康という基準に照らし合わせて「健康である」と言われることができる、といったように、一般的な定義を説明する試みとして始まった。これは、高さや病気に関しても同じことが妥当し、価値判断がそこに含まれる必要はなかった。しかしプラトンはこのイデアというものを完全性の基準として考えるようになり、そのような見解は善なる性質や数学的思想、または動物の種に関しては比較的うまく機能したけれども、病気などの短所についてはうまく働かなかった。イデアの思想におけるこの二つの側面は矛盾しており、プラトン自身もその問題を認めたのであるが、それでも彼はそれが解決され得るものとして、すべての一般的定義には、それに対応するイデアがあると考えたのである。しかし、彼の後継者たちはもう少し注意深くなり、イデアとは理想的な基準であるとして、扱いの難しい諸事例は排除したのである。その一方で、彼らはイデアが一般性の増大に従って配列されることができると教え、その頂点には純粋な存在（Being）であり純粋な善である唯一の原理があると考えたのである。

つまり、プラトン主義者たちは自然界の部類や種類を、一つの傑作のたくさんの模写のように考えていたと言うことができる。原作はその部類において頂点にあるが、それ自身は模写ではないために、ある意味その部類を超越しているとも言えるのである。さらに、ひとつの部類の内に存在する多様性は、原作を正確に模写できなかったことから生じたこととなり、個性とは不完全性と平行していることになる。我々にとっては、理論的に考えて模写作品が原作よりも進歩することは大いに可能と思われるのだけれども、プラトン主義的理論においては模写は原作よりも進歩することはできないのである。

それゆえに、あるものを「何々である」と述べることは、それがそれに相応しいイデアを模しており、そのイデアに参与しているということなのである。しかし、「Xは何々である」と述べることは、「Xはある」(X *is*) あるいは今日では「Xは存在する」(X exists) と述べることを意味しているように思われる。これはどういう意味なのだろうか。プラトン主義の伝統にある思想家たちは、「ある」(to be) という動詞を、現在、一般的に「生きる」(to live) という動詞から理解される意味において受け止めていた。これは、厳密に固定された語義というよりは、その対象によって変化する意味を有する言葉だったのである。例えば、人間に対して用いられるのであれば、「存在」(being) は多様で複雑な人生を指していたし、ミミズに関して用いられるのであれば、ミミズのその人目につかない状態を意味したのである。[2] つまり、「神の存在」(The Being of God) とは、表し尽くせない神の完璧な完全性を意味したのである。

しかし、これらすべてを鑑みても、なぜフィロンが'He who Is'という表現を、神を指し示すのにただ妥当なものではなく、好ましいものとして用いたのかを説明することにはならない。ただ、議論を展開すれば次のようなことであろう。もし「Xは何々である」ということが「Xは理想的な何々に似ている」ということを意味するのであれば、この「理想」とはこれが「何々」である限り、Xが超えることのできない有限的な完全性を指すこととなる。しかし、もし神を「何々である」とではなく、純粋で単一な存在 (being) として言い表すならば、あらゆる有限的な考えを排除することができるのである。プラトンにおける善のイデアのように、純粋な善としての神が、ありとあらゆる類の存在の発生の源なのである。そして、人がこの無限で創造的な起源を「純粋な存在」

などという抽象的なフレーズで言い表すことが許されるという矛盾は、人間の知識が有限だからということで正当化されるのである。人は神がいる、あるいは存在しているということは知ることができるが、神が何であるかは知り得ないのである。

しかし、この長年にわたって支持されてきた形而上学は現代では、その多くをイェーナのフレーゲの革命的な思想に触発された、主に英語圏の論理学の代表者たちによって疑問視されている。その手法における大きな違いを確認するために、ヨアキム・リッターの *Historisches Wöterbuch der Philosophie* における "Existenz"（存在）の項とポール・エドワーズの *Encyclopedia of Philosophy*(3) における "Existence"（存在）の項を比較してみよう。前者は、さまざまな伝統的なテーマを取り上げているが、現代の象徴的論理については触れず、ただ近年においても "Existenz" を特に人間の生の状態を指す言葉として理解している思想家については触れている。後者は、現代の論理の説に従って、全く新しい議論を始めている。しかしその著者は、この新たな議論の起源をフレーゲではなく英国の論理学者であるジョン・ベン（一八三四―一九二三）であると考えている。

伝統的教えの限界は次のようにまとめることができる。（1）現代の論理が、普段の言葉では区別されていないさまざまな「ある」(to be) の用法を認識しているのに対して、伝統的理解ではこの動詞に一貫して哲学的役割を与えてしまっている。（2）存在と価値の関係を自明のものとしてしまっている。（3）その結果、無価値なものや悪を存在がないものとして説明することに固く立っている。この三つ目のポイントは第19章でアウグスティヌスを扱う際に振り返りたいと思うが、ここでは一つ目の思想に焦点を当てることとする。

その昔、アリストテレスは「何々であること」と「存在そのもの」を区別するべきだと提唱した。そうでなければ、「存在しないものを思考することはできる、つまり存在のないものはある」（『ソフィスト的駁論』五・一六七a・五）といった議論が可能になってしまうからである。しかし、現代の論理的理論は両方の文章に対して新しい方法を提唱している。古典的理論ももちろん本性と偶有性とを区別し、「SはPである」という形の文章を必然に可能にしていた。現代の論理学はこの部分を発展させるが、同時にこのような言明に可能ないくつかの機能をもさらに峻別するのである。例えば、「ソクラテスは聡明である」というような簡潔な説明的言明は、「ソクラテスは人である」というような個人を類へと振り分けるような言明からは区別されなければならない。そして、今度はその両者が、「人はすべて死すべきものである」「ギリシア人の一部は市民である」などの類同士の関係を示すような言明からは区別されなければならないのである。そしてさまざまな体系やシンボルがこれらの区別を示すために用いられる。

ただし、ここで本書の目的のために重要であるのは存在論的言明の新しい論理であり、これは前章での「神の存在の証明」に深く関わっている。神の存在とは明らかに議論の余地があるものである。そして、無神論者たちは、人魚が存在しないのと同様に、神も存在しないのだと主張するであろう。では、この「人魚は存在しない」という言明について考えてみよう。「人魚」というのが何かの名前であることは容易に理解できる。プラトン以降、すべての名詞は名前であるということは一般的に前提とされてきたところである。しかし、この前提において既に逆説が生じている。上述の言明によれば、「人魚」という名前を持った何ものかがあることを示唆しつつ、同時にそのようなものが存在しないことを断言しているのである。新しい論理学はこのような種類の言明は再解釈されるべきだと勧め、ある主体を名づけているように見える語が、実は述部的な役割を果たしているとする。「豚は存在する」という真実な言明は、「それは豚である」という言葉が一つかそれ以上の対象に対して当てはまると述べていると理解されるのである。そしてこれは、「人魚は存在する」(もちろんこれは虚偽の言明になるのだが)に関しても同じことが言えるのである。つまり、「人魚は存在しない」という真実な言明は、「それは人魚である」という言葉が何にも当てはまらないことを意味しているのである。同様の思考方法は限られた数の構成員をもつ類、あるいは一人の構成員でも「フランス王」のように現在、誰も満たしていない役割について用いることができる。

この見解によれば、「Xは存在する」と述べることは、Xにいかなる動作や状態をも割り当てていない。これはただ、ある主体が「～はXである」という述部に先行することができることを意味しているのである。別の言葉で言えば、「Xは存在する」ということは、Xの類が空ではないことを断言しているのである。「存在を断言することは、ただ無を否定することである」(“Es ist ja Bejahung der Existenz nichts anders als Verneinung der Nullzahl.” Frege, *Grundlagen der Arithmetik*, §53) と言われている通りである。「人魚は存在する」というような言明を伝統的な視点から見ると、動詞が主語からその意味を受けているかのように見受けられ、まるで人魚が存在し、鷲が鷲らしく飛び回るように、人魚もそれに相応しい仕方で生きているかのように聞こえる。しかし、現代のシンボリズムにおいては、「人魚」は論理上の述部であることが明らかにされ、そうすると「～はある」(there are) に対応する記号は完全に色あせた汎用的表現と見做されることができるのである。

しかしもしこのことが正しければ、「～はある」(there are) に対応する記号は何かが実際にこの世に存在すると主張していると言えるのだろうか。もちろん、それは可能であるし、哲学者たちはそれがこの記号の正しい用い方であり、さらに何かが実際に存在することの主張は、「～はある」(there are) に対応する記号によってのみ可能になると考えてきた。しかし、いかなる論理の形態も、事物の本来的な部分だけに当てはまるといった制限を含むことは不可能である。それゆえに、ベンやフレーゲによって開拓された論理学は数字や形などの抽象概念にも当てはまることになる。「正多面体は五種しか存在しない」や「三一と三七の間には素数がない」という言明は可能性を定義するものであり、実際に触れることのできるそれらが一体いくつあるのかということは全く明らかにしない。また、架空のものについては話が違ってくるが、それが予測を可能とするだけの一定したコンテクストを提供できるほど発展させている場合に限って、ここでも同じ論理が当てはまる。例えば、ケンタウロスは数えることが可能であるという前提があれば、ケンタウロス二人にさらにケンタウロス二人が加われば、ケンタウロスは四人ということになる。

ギーチ教授による著名な論文によれば、新しい論理を受け容れるために、「ある」(to be) の古い用法を捨てる必要はないという。教授は、現実性（Wirklichkeit）と、「〜はある」（es gibt ein . . .）というフレーズで言い表される存在を区別する、以上で考察したフレーゲの教えに立ち返る。ギーチ教授は「現実性に関する暫定的な説明として……Xは X が行動する、あるいは変化するまたはその両方である場合にのみ現実であると言える」という言葉を示している（*God and the Soul*, p. 65）。つまり、「ヨセフはいない」（創世記四二章三六節）と言うことは、「ヨセフはもはや生きていない」という意味で述べることができるが、これはヨセフが実際に人でありその行動の一端が書き記され、死という変化を遂げたということを前提としている。しかし、聖書の物語を信じない者であっても、このような言い回しを用いることは当然できるのであるが、この場合、彼は信者の話法に自身を合わせていることになる。

この議論に関して語るべきことは多くある。まず、これは思想史を研究するものにとっては必要不可欠なものである。この議論は自らの定めた範囲内で正しく議論した思想家と、思わぬ間違いを起こしてしまった思想家とを区別するのに役立つのである。ただし、いくらかの注意は必要である。つまり、現実性というものを行動と変化ということで理解した場合、それを活動的ということと混乱させることは避けなければならない。この点で実存主義者は誤った方向を示しかねない。ヒョウは活動的であり、ナマケモノは活動的ではない。しかし、両者は同じく現実的なのである。同じことは、頑なに変化を拒むコイヌール・ダイアモンドのような物についても言うことができる。行動と変化ということは、現実性を認識する助けにはなっても、現実性の指標ではないのである。

さらに、言語における避けがたい習慣の要素も念頭に置かなければならない。例えば、「プロメテウスは天から火を盗んだためにゼウスによって拷問にかけられた」と述べることは可能である。表面上では、実在しない人物の行為や変化を説明することは可能なのである。それは、ただ慣習によって、いつも「一般的なギリシア神話によれば」と付け加えることを求められてはいないからである。しかし逆に、「プロメテウスは実際に存在した」というフレーズは、同じようにそれがただ神話の内容の一部を表現しているかのようにして扱うわけにはいかない。

なぜなら、普通このようなフレーズはいかなる架空の表現方法をも退けるために用いられるからである。つまり、一般的に文章の働きというものは、その形からだけでは知ることができず、文脈や話し手の意図も考慮しなければならないのである。

以上の議論において、「存在すること」(being)を「生きること」(living)と同義に捉える伝統的用法は、今日でも理解でき、また受け容れることができることは既に述べた。しかし、この言葉は、神の行動の激しさや神の存在を質的に説明することが、神の現実性に関する疑問を解決するに十分であることを示すために用いられてきたのである。これは別に不合理な試みではなく、実際に存在論的議論において前提とされる原理であり、この存在論的議論は最近の哲学書において擁護されているが、ここで扱うには複雑すぎる問題である。しかし、これを有効に擁護できるのは、「存在」の伝統的理解を超えたところを見ることができる思想家だけである。現代における「存在」に関する思想の研究は考慮されなければならず、ここでその議論を含めたのもそのためである。

(2) しかし、もし「ある」(is)や「存在する」(exists)といった言葉が、今も現実性を示す言葉として用いられることができるとしたら、これはまだ価値を示す言葉としても用いられることができるのであろうか。そこでまずプラトンの見解に目を向けたい。プラトンによれば、いかなる類の存在も普遍的で善であるそれらのイデアにつながっているのである。ここで示した疑問は、このようなプラトンの例に従って、一般的な道具の類比を用いつつ説明してみよう。プラトンは織機の杼《ひ》とその機能について語っているが、ここではナイフとその機能について考えてみたい。プラトンの見解によれば、ナイフの機能を完全に満たしている理想的なナイフが存在することになる。ただし、問題となるのは、人は数種類のナイフをその用途に従って用いているということである。こま切り用のナイフは皮むき用のナイフや投射用のナイフとは異なるのである。また、とても便利な道具として万能ナイフという物があるが、これはさまざまな用途に順応できる代わりに、何をしても専門的なナイフには敵わないという欠点がある。あらゆる仕事を巧く成し遂げられるナイフとは、重さと軽さ、固さと柔軟性のように矛盾した性質を備え持っていなければならないことになる。この単純な喩えは、ある程度人間の生や善性の可能性についても平行して考えることができる。例えば、完全な人間というものを思い浮かべることができるであろうか。当然、ありとあらゆる人間の善の典型となる人という意味では無理である。主イエスでさえも自らをそのような人間などとは言われなかったと思われる。禁欲主義者となることは主イエスの目指したところではなかった（マタイによる福音書一一・一九、ルカによる福音書七・三四）。主イエスは「罪を犯したことがない」（ペトロの手紙（一）二・二二）とか「試されて確かにされた」（ヘブライ人への手紙五・七―八）という意味で完全であると信じることはできるが、これはまた別の問題である。さらには、ある生物分類上の種に属する個々が持つ善をすべて包括するような、その種のイデアというものは考えにくいし、ましてや属に関してはなおさらである。すべての種の持つ善なる性質を兼ね備えた、理想の「動物」など考えられるであろうか。しかし、プラトンにおけるイデアのヒエラルキーにおいては、種から属への筋道は最高群、つまり純粋な善へと上り詰めるための必要な段階なのである。

　神が純粋な存在であるという教えは、既に触れた（七九、一二六頁）神が一つの存在であるという教えと密接に関係している。キリスト教著作家たちの間では、この場合の「一つ」ということはいくつかの異なる意味を持つようになり、これらは便宜上 unicus, simplex, constans という言葉にまとめられるが、常に区別が可能なわけではない[4]。神が一人しかいない、つまり神の名に相応しい存在は一人であるという主張は、申命記六章四節にある聖書的伝統の反復であり、もちろんすべてのキリスト教著作家たちによって引き継がれた。しかし、この主張はある意味で神々と呼ばれる存在（コリントの信徒への手紙（一）八・五）を否定しているわけではなく、それらは異教の神々だけでなく、天使や神の霊感を受けた人々をも含んでいるのである（出エジプト記七・一、詩編八二・六）。

　神が単一であるという教えと、神が不変であるという教えも、これから見るように深く関係しているのであるが、その議論に入る前に、神が一つの存在である（God is One）という主張のもうひとつの含意を示したいと思う。

古代における数の理論によれば、すべての数は統一から生じている。つまり、神が一つの存在あるいは単一であると主張することは、神がすべての存在の起源であることを意味するのである。明確にではないが“He Who Is”というフレーズが示唆するように、神は純粋で創造的な、存在のイデア（Form of Being）であるということである。実際には、神はたびたび「起源を持たない」（unoriginate/ ingenerate）と説明されてきたのだが、この言葉は二つの性質を表している。（i）他のいかなる存在にも依存しない唯一で究極の原因。（ii）始まりを持たず、永遠の昔から存在する。第一は、多くのプラトン主義者が考えたような無時間的な依存をも排除するものである。第二は時間が神の創造の業に依存しているとする理論に一致している。

既に述べたように、‘He Who Is’というフレーズは、不変であり無時間的な存在を示唆している。それとは異なり、ヨハネの黙示録の場合の（一・四など）、「今おられ、かつておられ、やがて来られる方から」（From Him who Is and who Was and who Is to Come）という言い回しは、神が時代の内に、そしてそれを貫いて永続的であることを表している。キリスト教著作家たちはほとんど例外なく神が不変的な存在であるという教えを受け容れ、たびたびその信念をプラトンの『国家』（二・三八〇—三八一）からの議論によって固めたのである。つまり、神は全能であるので、他者の手によって変化を強いられることはなく、神自身が自らを変化させない限りそれは起こらないのである。しかし、それもまた不可能なことで、神は完全であるためにさらに良くなることもできず、善であるために自らを悪くすることもないので、すべての可能性は否定されるのである。

この教えは、聖書に見ることのできる範囲を超えた、絶対的な意味において発展することになる。旧約聖書においては、神は考えを改めるとさえ言われている（一三一頁参照）。そして、神が「不変」として語られる場合、これは一般的な意味で志操堅固であるとか自らの契約や目的に忠実であるという意味である。この場合、変化する人間の行動や需要に適切にさまざまな方法で答えるということは否定されない。しかし、絶対的な意味での不変的存在という教えは、いかなる変化の経験や変化に対する対応をも排除するものであった。そうすると、神は変化する出来事を完全なる先見において、あるいは時間外的な知識において経験することになり、それは未来の出来事の図式は最終的に決定していることを意味し、人間の自由意志の余地は残されていないように見えるのである。(「見える」というのは重要で、例えばオリゲネスなどは神の先見と人間の自由意志は両立すると考えていた。そして現代の多くの哲学者たちは決定論とこのような自由意志は両立できるとしているが、私見ではこれは誤りである。)

神の不変的な忠実さ(あるいは「同一性」[identity-sameness])に関する教えは、「同一性」や「忠実さ」が人間の徳の根本的なものであるという主張によって裏付けられ、悪を行う者の不忠実と対照的に見られた。しかし、このような主張は、明らかな難点を無視している。ただの「同一性」(sameness)とは不活発な無関心や不道徳への頑なな執着であることもできるので、「忠実」とは、「徳への忠実」と理解されなければならないのである。しかし、その場合も、善人であっても時と場合に応じて行動しなければならないこと、徳において進歩しなければならないこと、新たな倫理的責任を受け容れていかねばならないことなどが無視されている。これらのことを少しでも欠いては、悔い改めを迫る救い主の要求に応えることはできないのである。

このようにさまざまな限界を抱えつつも、神の絶対的不変の教えは支配的であった。そして、神が自らを変化させる力を持ち、思いのままの形で自らの力を示すことができるというストア派の考えに賛同する者は少なかったのである。正統派の見解は、あくまでも神の複雑で多様な力はすべてその単一で不変的な存在から出るというものであった。しかし、ストア派のような考え方は、キリスト、あるいは天使には天使として、人には人として現れた神的ロゴスに適用することは許された。ただし、受肉によって神的ロゴスは何の変化も経ることはなかったとされていた。また時として、「単一」と「複雑な統一」の哲学者的な区別の名残を見ることもできる(七九、一九一頁参照)。それゆえに、オリゲネスは神ご自身は完全に一つであり単一であるが、救い主は自らの被造物の必要に合わせて「多くのものになった」(polla ginetai)[『ヨハネによる福音書註解』一・二〇・一一九]と説いたのである。

神が全く不変であるという教えは、自然と神は「受苦不可能・無感覚」(impassible) であるという主張へとつながっていった。しかし、この言葉は pathos (passion, 受難・激情) という語の誤使用と関連したり、神の御心に関する混乱と相まって、さまざまな問題を孕んだ語だと思われる。

(i) ギリシア語の pathos は、「(特に苦しいことを) 経験する」を意味する paschein という動詞と関連している。これは、多くの場合、怒りや恐れなど、人が自分で選ぶのではなくて、ただ降りかかってくる状態を指すものであった。そして、倫理的に中立的な hormē (「感情」) と pathos とは普通区別されたのである。そうすると、後者は次第に肉欲や実際に不道徳な行動に走ることなどの、厭うべき感情を意味するようになった。しかし、この区別はたびたび見過ごされ、pathos という言葉から、あらゆる感情は、それがはっきりと理性的な決断に基づかない限りは非難すべきものであると考えられるようになったのである。また、別の一般的前提では、すべての激しい感情は節度がないので、非難すべきものであると考えられていた。[5] ただし、憐れみなどの良い感情が「激情」とされないことは、暗黙の了解としてただ受け容れられていたのである。

(ii) 神が受苦不可能・無感覚であるという説は神の御心は絶対であるという確かな原理に基づいていた。神は他のどのような力にも、そして自身の本質にとって異質な感情に服することはできないのである。しかし、たびたび忘れられていたのは、神はへりくだり、人々の必要や祈りを聞いて応えることを望んでおられるということである。神が受苦不可能・無感覚であるという教えは、神の主権を確保することを目的としていたのだけれど、神を知覚力を欠いた無感覚の存在へと貶める危険を冒すことになってしまったのである。同じような欠点は、人間の行動の秘訣として「無感動」(apathy) を推進する際にも生じるものである。そして、キリスト教著作家たちが神の内にも人間の愛における感情的ぬくもりに似た何かがあることを認めざるを得なくなったとき、彼らは疑わしい用語を用い、既に確立された教えに矛盾せざるを得ない状況に置かれていた。例えば、「父自身は無感情ではない。彼は愛という情熱を持っているのである」（『エゼキエル書による説教』六・六）と述べた時のオリゲネスのきまりの悪さは明白である。

ここで、再びキリスト教正統主義の一部として認識されるようになった、神の単一性の教えに目を向けることとする。しかし、教父たちがこの問題を扱うと、いくつかの課題が生じる。すなわち、haplous（単一）という言葉と、それと同等の amerēs や asunthetos は異なる文脈において用いられ、本来、別々の定義が必要なのだけれども、それがしっかりと示されていないように思われるのである。この問題はプラトンにおける魂の議論まで遡ることができる。『パイドン』においてプラトンは物質的なものと非物質的な現実とを区別し、人間の魂は後者に近いと論じている。それらの現実は複合的（sunthetos）で絶えず変化し、分解可能な肉体とは対照的に、純粋で不変的、非複合的（axunthetos）であるとされた。つまり、プラトン自身がはっきり述べているわけではないけれども、ここに魂そのものは単一であるということが示唆されているのである。しかし、その後プラトンは『国家』において魂が区別可能な「部分」（merē）や働きを有していることを主張したので、果たしてそのような「部分」について語ることが適切であるかという、アリストテレスの『魂について』[6]に既に見られるような議論を引き起こすこととなった。ストア派は、そのことに対して何の抵抗もなかったようである。[7]しかし、プラトン主義者たちは、魂を単一な実質として捉え、それはさまざまな「力」（dunameis）を行使することが可能なのだと考えた。そして、そのような考え方に似た神の本質の教理は、多くのキリスト教著作家たちによって受け容れられたのである。[8]

しかし、この立場とそれを支持する議論は、あまりにも単純に考えられ過ぎていたのである。キリスト教教父は、神が物質のように分解可能な複合体であるはずはないので、神は単一であるとたびたび主張した。しかし、「単一」という言葉にはどれほどの意味が含まれているのだろうか。時にそれは、いかなる多様性をも許容しない数学的統一を示唆していた。しかし、それは既に本書で考察してきた問題へと逆戻りしてしまう。純粋に単一な存在がさまざまな力を行使するという考えは擁護され得ないのである。なぜなら、神はそれぞれの力を理解しコントロールしなければならないからである。また、数学的に単一な神がどのようにして大勢の被造物を愛し、変わりゆく世界の出来事を支配するのかも想像することができない。オリゲネスが主張したように（『諸原理について』三・一・一〇―一一など）、神の行為は単一かつ一律であるが、その結果は受け取る側によってさまざまであるなどと述べることはできない。なぜなら、この議論は神の行為を非人格的で機械的なものへと貶め、自発性を人間にのみ託して、先行する恵みを否定することになってしまうからである。そこで、不十分ではあるけれども最も分かり易い答えは、再びオリゲネスと共に、神がロゴスという、一つ（単一というよりも唯一）であることにおいて神と似ていながらも、その力を人々の必要に応じて分配するということにおいて独特な存在を通して働かれるのだと説明することである。

この問題は、さまざまな用語の定義を改めない限り解決することはできない。例えば木や人体というものは厳密には単一ではない。なぜなら、それらは幹や枝などの区別可能な部分からできているからである。しかし、それらは複合体であるとも言えない。なぜなら、それらはまるで家がレンガによって建てられるように、ただ部分を組み合わせてできている訳ではないからである。そして、死や破壊は必ずしも古代人が一般的に考えたように複合体の部分を分離させることで起こるわけでもない。木が死ぬためには何も枝が幹から落ちる必要はなく、両方が共に腐ることもあるのである。しかし、そのように考えると、可能性を消していく方法での議論は成り立たなくなってしまう。つまり、たとえある物体が厳密な意味で複合体でないとしても、それが完全に単一であるとか区別不可能であると結論づける必要はないのである。その物体は、さまざまな側面や働きを全体的な統一の内に含んでいる可能性もあるのであり、キリスト教の神に関する教えは、理論上は理想的で完全な単一という考えを保ちながらも、実際にはこのことを許容しなければならなかったのである。エイレナイオスからアウグスティヌスに至るキリスト教著作家たちは、神の統一性についての野心的な説明をなし、神の属性や行動は互いに同一のものであり、神自身とも同一であると説明したが（一三七、一三八頁参照）、そのことが神がそれぞれの時と人に応じて異なった対応をするという基本的な信仰（ローマの信徒への手紙一一・三二など）とどのように並存可能なのかは説明されていない。

そもそも、「単一」という言葉は実際どのように理解され使われていたのであろうか。私自身はこの言葉に関する批判的な議論を全く見つけることができないでいるのだが、そのための材料は確実に存在した。アリストテレスは基本元素を「単一体」と表現している。これは、例えば火は無数の別々の火として現れるのだから、それらの元素が「分離不可能」という意味ではなく、恐らく「独特な部分や構造を持たない」ということであろう。セクストス・エンペイリコスはかなり異なる考えを持っていた（『学者たちへの論駁』八・九四）。彼自身の例からは少し異なるが、例えば、水の分子はそれが水として存在できる最も単純な形であるという限りにおいて単一であると言うことができる。それには部分が存在し、それらは分離することもできるが、その時点でそれは水ではなくなってしまう。しかしキリスト教著作家たちは、ある物が同時に単一であり多様であるということを許容することができなかったようである。あるいは、少なくともその法則を神学に適用することはしないのである。この「単一」（simple）という言葉は、確かに倫理的に「誠実」や「真実である」という意味で用いることもできるのであるが、それはまた別の次元の議論である。偽善者は断絶した二つかそれ以上の行動の複合体を有しているかもしれないが、誠意ある人（the 'simple' man）はただ誠意ある行動という複合体のみ（！）を有しているのである。アタナシオスは、日光が「太陽からの単一で純粋な派生物」であり、それゆえ、神のロゴスを表すのに大変ふさわしい喩えであると主張したことがあったが（『アルミニとセレウキアにおける教会会議に関する手紙』五二）、通常はすべての物質的存在を、神的な完全な単一性に対比させて複合であるとしていた。私見では、このようなアタナシオスの発言が用語の丁寧な分析によってなされているとは思えず、彼はただ自らの神学的目的に適うように目に映った様子を用いただけだと思われる。

神が完全な単一であるという教えは、時に神が人間の知識では全く到達できない存在、あるいは性質や属性を持たない存在であるという意味に捉えられた。なぜなら、「すべての属性は他との区別によってのみそれであることができる」[9]からである。このような主張は、字義的に理解された場合、多くの問題を引き起こすこととなる。しかし、それらはいつも厳密な文言に整えられたり、厳密に理解されたりしていたわけではなかった。神に性質が存在しないということは、時にはただ神が、病気や健康といった偶発的な性質に左右されず、色や形といった可視的な性質を備えていないということを意味したのである。このような意味においては、プラトンが肯定的に「純粋、単一で不変」と語った精神や知解可能な世界に類比した存在として神を捉えることができたのである。しかし、神が形を有しないという考え方が、旧約聖書の字義的解釈から理解されるような人間的な神の姿というイメージと相反するものであったことは言うまでもない。それゆえに、神の身体的部分や機能、また愛や怒りといった感情について語るいくつもの聖書箇所を表象的に解釈する術が見つけられなければならなかった。

さらに難しい問題は、「神は人間の思考の枠内にあるあらゆる概念の外に存在する」というアレクサンドリアのクレメンスの言葉、そして神を「不可知、不可解、表現不能」などとする説明によって生じた。神を「善い」「義なる」や「憐れみ深い」などの一般的な形容詞で説明し、その存在を「火」「光」や「愛」などの馴染み深い表象で語る伝統と聖書の権威の前に、このような主張がどうして成り立つことができるのであろうか。

このような問題は、解決することはできないかもしれないが、否定的な言辞に関する哲学的背景を考慮することによって難しさを軽減することができる。ギリシア思想において「知識」とは、一般的に完全で完璧な知識として理解されていた。アリストテレスはそれを「精神によるその対象との同化」[10]と定義したが、この理解では、聖パウロの「一部しか知らなくとも」（コリントの信徒への手紙（一）一三・一二）のような、正しいけれども不完全な知識というものへの余地は残されないのは明らかである。しかし、否定的な言辞においては状況が反転する。もし「知識」が「完全な知識」を意味するのであれば、「不可知」とは完全な知識が不可能なのだと理解されることができるのである。ここでは、あらゆる類の正しい理解が排除されるわけではないのである。それゆえに、神が不可知である（akatalēptos）ということは、ストア派における、感知された事実の完全な理解（把握的表象／katalēptikē phantasia）と対比させることができる。神をそのような仕方で知ることができないと認めることは、さほど難しいことではないからである。ただし、このように今私が提案したある種の逃げ道が実際に用いられたのかは定かではない。しかし、より可能性が高い説明としては、否定的形容詞はそれによって生じるさまざまな問題を考慮せずに、神秘の深みを強調するため、大げさな表現が修辞学的に用いられたのだと考えられよう。同じようなことは、同様の文脈において用いられる akhōrētos についても述べることができる。これは空間的な比喩を体現する語であり、字義的には、神を包含することができる、神よりも大きな存在はないということを意味している。これは神が宇宙の外面にあり、最終的な境界であるという、明らかにストア派的な思想に見られるもので、テルトゥリアヌスにもその片鱗が見受けられる（『プラクセアス反駁』一六・六）。しかし、より一般的には、この語は神の存在の神秘を理解し悟る（emperiechein）ことができるものはないということを意味していた。ここで不可能とされているのは、先ほどと同様に、「完全な」知識である。クレメンスの否定神学は無論これよりも極端なものであった。ただ、ここで示したことは、クレメンスに比べれば不可知論者とは言えないような著作家たちでも、同じような「不可知論的」議論をすることができたということである。「不可知」（unknowable）というような語は、人知を超えた神の栄光を指すようなこともあり、神の存在のある側面を表す形容詞や類比によって神の性質を述べることを、必ずしも禁じてはいないのである。

同様のことは、神が説明不可能（arrhētos）であるという主張についても当てはまる。例えば、フィロンは律法が「表現不可能なものを象徴する表現」（sumbola rhēta arrhētōn）［『個々の律法について』（*De specialibus legibus*）三・一七八］であるという意見を述べている。そして、神は名付けられることができないという教えは、少なくとも時々は名前が独自にその所有者に属するものであり、さらにはそれが、例えば 'Triquetria'（三角形の）がシチリアの詩的呼び名であるように、本人の独自な性質を表現するものだという考え方を基盤としていた。しかし、神の名前に関する問いは、それ自体の難しさを引き起こしたのである。[11] 出エジプト記三章一四節は、モーセが神の名を尋ねたことに対する神の答えが記されている。その答えは、七十人訳によれば、'I AM WHO HE IS' という不可解なフレーズによって与えられている。しかし、次の節には本来固有名詞であったが、後に「主」という言葉で隠された宣言が含まれていると通常説明されるのである。しかし、「名」（onoma, nomen）とはより一般的に「名詞」を意味することもできるので、これは「固有名詞」というよりも「称号」であるとも言えるのである。エウセビオスのような学問に秀でた著作家たちは、ヘブライ語のテキストでは一五節が神聖で口にすることができない、YHVHという名を含んでいることに気がついていた（『福音の証明』五・一一・三など、『福音の準備』一一・六・三六と一二・一―二）。しかし、ギリシア語での egō eimi ho ōn とその後の「主」と訳されるフレーズからは、与えられたのは固有名詞ではないと容易に受け止めることができたのである。それゆえに、アンブロシウスは『詩編註解』四三・二〇において、「〔神が〕自分の名を述べて答えるのではなく、名ではなく実在である自分の働きを顕された」（non respondit nomen, sed negotium; hoc est, rem expressit, non appellationem）と述べることができたのである。全体としては、神が名付けられることができるかということに関して同意は存在しなかった。それが不可能であるという主張についてはユスティノスの『第一弁明』二一・五（六）がよく引用されるが、逆にアタナシオスは『ニカイア公会議の決議に関する手紙』二二において、「神」や「父」という語自体が名であると主張しているのである。

原註

（1） ヒッポリュトスによって用いられている 'I become what I will'（『全異端反駁』五・七・二五）と比較してみて欲しい。これは、自ら変化を遂げる神というストア派の教理を髣髴とさせるものである。現代の一部の学者たちは 'I will be what I will be' とも訳している。

（2）人間に関する事物への集中は実存主義的学派の特徴であった。パウル・ティリヒが『生きる勇気』（*The Courage to BE*）を記した際には、間違いなく人間の生あるいは存在における課題について述べていたのである。

（3）Ritter (Darmstadt 1972), 2. 854-60. Edwards (New York 1967), 3. 141-7. Ritter はもちろん「フレーゲ」と「論理」というタイトルの下で、フレーゲを取り扱っている。

（4）このことに関する議論は拙著 *Divine Substance* の pp. 180-9 参照。

（5）*The Philosophical Frontiers of Christian Theology*（Festschrift for D. M. MacKinnon）, ed. B. L. Hebblethwaite *et. al.* (Cambridge, 1982) の拙論 'The concept of Mind and the concept of God' (pp. 41-48) を参照。拙著 *Substance and Illusion in the Christian Fathers* (London, 1985) に再録されている。

（6）特に一・五・四一一b一以下。

（7）*SVF* 1. 143, 2. 827-8, 2. 830ff.

（8）例えばグレゴリオス・タウマトロゴス（?.）、*PG* 46. 1101-2; バシレイオス（手紙二三四）参照。

（9）W. Pannenberg, 'The appropriation of the philosophical concept of God as a dogmatic problem in early Christian theology', p. 167.

（10）『魂について』三・四・四二九b六以下、三・七・四三一a一以下、三・八・四三一b二〇—四三二a一。『形而上学』一二・七・一〇七二b・二一、一二・九・一〇七四b三八—一〇七五a・五。

（11）拙論 'Logic and the application of names to God,' in El '*Contra Eunomium I*' ed. L. F. Mateo-Seco and J. L. Bastero (Pamplona 1988) 参照。

第12章　神をどのように形容するか

ナジアンゾスのグレゴリオスは、確信に満ちて次のように問うている。「霊、火、光、そして愛、知恵、義、さらに精神と理性やそれに準ずるもの、これらは第一の本性の名前ではないだろうか」（『講話』二八・一三）。彼は続いて、このような名はすべて誤解を招く要因を含んでいると指摘している。それでも、これらは確かにキリスト教の伝統に深く根付いているものである。それゆえ、既に記したように、神に関する「不可知」や「表現不可能」のような一般的な形容は字義的に捉えられるべきではない。これらは、人が普段の経験から得る言葉を用いて神の本性を窺い知ることの妨げとはならないのである。それどころか、神を「火」「光」「命」などとして言い表す聖書箇所を前にしては、これらの言葉を避けることはできない（申命記四・二四、ヨハネの手紙（一）一・五、ヨハネによる福音書一・四など）。しかし、このような箇所には適切な解釈が必要である。キリスト教著作家たちは、これらの大胆な比喩を精錬させる傾向があった。ごく一般的に、彼らは神が精神あるいは理性であるという考えを保持していたので、その他の語は神的精神の性質あるいは活動であると捉えたのである。しかし同時に、新プラトン主義の哲学者たちは、精神（nous）が第一原理の適切な名称であるかを議論していたのであった。

ここで、便宜上、神に付される述語について、超自然と自然（物理的なものと倫理的なものを含む）を分けたいと思う。前者の範囲内では、存在（Being）としての神、統一としての神、そして究極の起源としての神（エレミヤ書二一・一三など）について簡単に論じたので、ここでは精神と霊の属性について語らねばならない。

精神（nous）とは、もちろんギリシア哲学において鍵となる思想である。生物は理性的なものと非理性的なものとにはっきりと区別されており、理性的なものの方が優れていると考えられていた（プラトン『ティマイオス』三〇b、アリストテレス『魂について』二・三など、アレクサンドリアのクレメンス『ストロマティス』二・一一〇―一一一＝*SVF* 2. 714, etc.）。そこには確かに精神を理想化させる傾向があったのである。たとえ「堕落した精神」という表現があったとしても、多くの場合、悪徳とは常に、精神が激情に対して自らが本来優位であるということを示し損ねたことから生じたと考えられていた。つまりそれは、事前の敗北を常に仮定するような精神の悪意によるのではなく、精神の敗北によって生じるのだと考えられていたのである。それゆえに、「神とは精神であるか、それに優るものである」と述べることはごく自然のことなのであった（アリストテレス『断片』四六／ロス［Ross］p. 57. オリゲネス『ケルソス駁論』七・三八など）。多くのギリシア思想家たちがnousを神の適切な名称として受け容れた。このような表現には、神を神秘的かつ力強い存在として表すことができるという利点があった。精神とはある意味馴染み深いものであるが、可視的ではなく、その仕組みは不明だったからである。また、決断を実行に移す際の精神の素早さと身体のまどろっこしい努力とを比べることができる（無論、精神がいつも正しいとは限らないし、問題自体と格闘しなければならない場合もある）。さらには、離れた場所を思い浮かべる能力は、たびたび精神が望むところへ実際に「赴く」ことができるのだと説明されている（フィロン『モーセ五書の寓意』一・六二）。ただし、これは誤解であり、アタナシオスは人間の精神が離れたところで活動することができないということを、非常に的確に指摘している（『言の受肉』一七）。

神を精神であるとすることは、思考が複合的要素を含むものと考える新プラトン主義者たちから批判を浴びた。究極の神は完全な統一でなければならないのに対して、思考においてはその主体と対象とは区別されなければならないからである。この考えは、最高の存在は「一者」、また時には「善」であると考えたプロティノスによって権威あるものとして提示された（九八頁参照）。彼にとっては、精神（Nous）はその「一者」の次に格付けされるものだったのである。何人かのグノーシス主義者たちも似たような立場を取った。しかし、大方のキリスト教教父たちは、精神をさまざまな力を行使することのできる単一の実体として捉えることで満足しており、それらの言辞によって神を表現したのである。

旧約聖書にはギリシア哲学のような明確な思想体系は存在しない。結果的に神が意識を持ち、理性的存在として考えられていることは確かであるが、神が精神であるということには、何の聖書的確証もないのである。もしかすると、それゆえにキリスト教神学者の間で、そのような用語の妥当性に関する合意が得られなかったのかもしれない。フィロンは、神を精神と呼ぶことに躊躇はなく、キリスト教弁証家や続くクレメンス、オリゲネス、そしてアレクサンドリアのディオニュシオスも同様であった。[1] エウセビオスとアタナシオスはこの点に関しての確信は乏しかったが、それでも両者とも神的ロゴスの発生を、精神から言葉や思考が発出することになぞらえて説明しており（エウセビオス『教会的神学』二・二一など、アタナシオス『異教徒反駁』四一）、これは神学的テーマとして定着することとなる。しかし、ほとんどのキリスト教著作家たちはプラトン主義的な肉体と魂の対比と、感覚的現実と知解可能な現実の区別を受け容れていた。そして、後者が詳細においてどのように理解されていたとしても、つまり、神の精神における思考様式や神の力、または天使的な理性などさまざまに捉えられていても、常に受け容れられていたことは、神が知解可能な現実に属する、あるいはそこに近い、またはそこにおいて求められるべきであるということが、最も真理に近い表現だということである。それゆえに、人の霊的な向上のためには、まず一番に意識を肉体とそれが必要とするものから遠ざけ、自らの思いを観念的な世界に集中させなければならないと考えられていたのである。この教えは、修道制の発展において、より単純で可視的な神のイメージと、禁欲生活における労働や相互奉仕、実践的な善行の重要性が再び注目されるまで、教養のある人々の間では問題視されることはほぼなかったのである。

本来のヘブライ的伝統において、「精神」（Nous）というギリシア語に最も近いものは ruach と nephesh（一二六頁参照）であり、前者は普通ギリシア語の pneuma（プネウマ）「霊」と訳されていた。キリスト教思想においては、聖書的考えは、プネウマを複雑な物理的・心理学的体系に組み込むストア派的な教えからの影響を受けていた（七〇、八四頁参照）。このことは、ただ一人テルトゥリアヌスという例外を除けば、ほとんどのキリスト教著作家たちによって見過ごされていた。しかし、忘れてはならないのは、「霊」という語が用いられるとき、それはかなり大雑把に神の命、活力、力を指すものであり続けたということである。つまり、この語が用いられる場合でも、それは必ずしもキリスト教における聖霊の教理を意味していたのではないのである。

プネウマとは、「風」や「息」を意味する言葉であり、旧約聖書の霊に関する考えは、息と命および思考の深い関わりに依拠するものであった。人は、神が命を吹き込んだときにのみ、考え、知覚し、感じることができると考えられていたのである。そして、この霊（ruach）が受け容れられ、吸収されると、それは人の見えざる原動力である魂（nephesh）の形を取ると考えられていた。この考えを突き詰めれば、プネウマは神自身の性質を表すものと言える。しかし、これはまた、良きにつけ悪しきにつけ神よりも劣った目に見えない存在（「汚れた霊」）や、善悪に関係なく人間の衝動や能力を指すこともあったのである。しかしながら、「霊」とはだいたい人間を超えた善なる原理を示すことが多かった。例えば、神という存在そのものや、人間の生における神の霊感の働き、そして、キリスト教の教えにおいては、聖霊という特別な形での霊感の源を指したのである。また「霊」はキリストにおける神的な要素を指すこともできた。原初的なキリスト論においては、キリストは「霊に従えば神である」という点において特別であるということが当然に受け容れられていた。このことやこれに似た表現は、キリストの神性を、基本的にすべての人に与えられる聖霊の働きのより高次なものであったと主張する「霊的キリスト論」（Spirit Christology）を意味しているわけでは必ずしもない。「霊的キリスト論」は確かに二世紀のキリスト教徒の間に存在し、キリストをただの人間と同等に見ているとしてたびたび断罪されていた。しかし、キリストの神性が「霊」という言葉で説明されるたびに、そのような見解が背後にあると疑う必要はないのである。

グレゴリオスが用いた神の名あるいは称号には、理性（Logos）と知恵（Sophia）があった。これらの名は、キリスト教以前から、神の働きの仲介である神の第二格を指すと考えられていたので、一般的に御父を指して用いられることはあまりなかった。このことには、二つの別々の理由が存在する。フィロンにおけるヘレニズム・ユダヤ教では、ロゴスの語義はヘブライ語の memra ではなく、彼の哲学的伝統の色彩を濃く帯びていた（八三、八四、一三五頁参照）。ストア派と同様に、ロゴスは理性と秩序を作り出す原理としての能力において、究極の神的存在を意味することができたのである。しかし、プラトン主義者たちは通常ロゴスとヌースを区別した。彼らにおいては、ロゴスは発話の有無に関わらず、言葉を用いて言い表された考えを意味していた。そしてヌースとは、そのような表現の土台となる直感的力を意味していたのであった。プラトン主義者たちにとっては、究極の神が単一で純粋であるということと、その神が世界とそこに住むものを詳細まで管理するということが互いに相容れないと考えた際、究極の源としての神と外へと出て働く神とを分けることは自然だったのであり、後者にロゴスの称号が与えられたのである。これとは逆に、ソフィアに関するキリスト教的用法は、特別な哲学的な背景からの影響をあまり受けておらず、むしろ聖パウロや知恵の書の著者によって伝えられているように、ヘブライ語の hokmah と結びついていたのである。ソフィアは、箴言の八章に記されているように、より独立した人格的な存在である。フィロンにおいてのソフィアの形態は、ロゴスによく似ており、特に一貫した区別が為されているわけではない。それらは共に仲介者の必要性の反映である。しかし、ソフィアの担う哲学的役割は比較的小さいものである。つまり、ここではロゴスの用法は直接哲学的伝統に依拠しているが、ソフィアはより間接的に似たような伝統に頼っていたのであった。フィロンは、それが女性名詞であるにもかかわらず、ソフィアを一人の男性であるとまで解説している（『逃亡と発見』［*De Fuga et Inventionis*］五二）。それゆえに、キリスト教著作家たちにとって、これら二つの思想を天上のキリストを指すものとして混淆させることは容易なことだったのである。

神の存在はよく光として説明あるいは象徴されている。旧約聖書においては、通常これは天使すらも直視することのできない、恐るべき神の輝きを意味していた（一三〇頁参照）。しかし、時にそれは神の愛情や好意（詩編六七・一、一一八・二七など）、あるいはより一般的に救済や救出（詩編一一二・四、アモス書五・一八と比較せよ）の比喩的表現でもあった。ギリシアの伝統においては、光と理解、もしくは知解の間に深い結びつきがあった。視力は感覚の中で最も重要であると一般に考えられていたし、他の言語でもたびたびそうであるように、「摑む」や「包む」などの喩えと並んで、「見る」という動詞は、「理解する」ということを意味することもできたのである。プラトンは精神を「魂の目」と表現し（『国家』七・五三三）、このフレーズは幾度となく繰り返されている。「見る」（to see）ということは、努力して答えを見つけようとする前に問題への解決が示された状況を指すのに特に相応しい喩えである。また、言葉にはしていないけれど友情や美、神をよく理解しているときにも同様のことが言えるであろう。

キリスト教の文脈においても、神の姿の輝きということはテモテへの手紙（一）六章一六節やキリストの変容の物語、そしてパウロの回心などに表れている。神の「好意」という考えは、キリスト教においてはあまり明確ではない。しかし、隠すことを必要としない正直な行いという思想に新たな焦点が置かれている（ヨハネによる福音書三・一九以下、ローマの信徒への手紙一三・一二―一三など）。しかし、キリスト教教父においては、光を理解と結びつけることが支配的なテーマとなるのである。アレクサンドリア学派は特に、既にフィロンに頻繁に見られる「理解の光」やそれと同等のフレーズを引き継いだ。これは、ロゴスによって人に伝えられた理性、あるいは自然界と道徳における秩序と摂理の究極的な源であるロゴスの神性そのものを意味していた。このような考え方はフィロンの『世界の創造』五五や『アベルとカインの供物』三六に見ることができる。聖ヨハネにおいては道徳的な意味合いが顕著であるが、多くの教父たちは道徳的生活をほぼ完全に精神による激情の制御という意味において捉えており（一六三、一七二頁参照）、従って霊性とは、精神が妨げられることなく、人間の本性において可能な限りで神の見えざる美と知恵とを捉える道だと理解されていた。

ギリシアの伝統においては、光の比喩は光に関する当時の物理的仮説の影響を受けていた。「類は類によって知られる」(Like is known by like) という言葉が広く受け容れられていたので、光をとらえる目という器官は、太陽あるいはそれを生み出す別の光源に類似しているのだと考えられていた。光はたびたび、光源から出る流れあるいは線として捉えられており、プラトン主義者たちは目も同様に「視覚の光線」を出すのだと考え、視覚とはこれらの二つが合わさることによって生じると考えていたのである。後期のストア派においては別の説が存在し、そこでは目はあたかも棒で探るかのように(!)、空気という媒体を通して対象と接触する、あるいは対象に触れるのだと考えられていた(*SVF* 2. 864-7)。そして同様に、光も光源の静的な延長であると考えられていた(マルクス・アウレリウス八・五七、テルトゥリアヌス『弁証論』二一など)。このような考え方は、光が光源とは不可分であるという結論を容易に導き出す(ユスティノス『ユダヤ人トリュフォンとの対話』一二八)。そして、このような言明は、光を流れとして捉える人々にまで受け容れられていたのであった(プロティノス一・七・一、アタナシオス『アルミニとセレウキアにおける教会会議に関する手紙』五二、一六六頁参照)。この光と光源が不可分であるという思想は、ロゴスを太陽から流れ出る光(apaugasma)に喩える際に前提とされていることであった(ヘブライ人への手紙一・三、オリゲネス『諸原理について』一・二・七、アタナシオス『ニカイア公会議の決議に関する手紙』二四ほか)。

グレゴリオスは、神を光としてだけでなく火としても表現している。火とは当然ながら光と関連しているのであるが、ストア派の説によればそれは霊(プネウマ)とも関係していた。ただし、光と霊という概念そのものはそれほど深く関係しているわけではない。ギリシア思想においては、火はもちろん基本原素の一つであり、現代、我々が理解するように燃焼の過程としてではなく、実体として捉えられている。この考えは、火が燃料の消耗に依拠しているということを無視できるので、火を神的本質を表すにふさわしい象徴とするのである。実際、火は必ずしも燃焼を伴う必要はなく、より一般的に熱の原理を指すこともできたのである(六九頁参照)。旧約聖書においては、火は光と同様に神の姿の輝きの一部であった(エゼキエル書一・四以下、特に一・二七)。

しかし、火にはさらに二つの重要な面があり、まず神の怒りの道具としての火と、次に清めの役割とがあった。申命記四章二四節は、雷と火山の噴火が神の報復として見られている一連の箇所の集大成である（詩編一八・八、列王記下一・一〇など）。より一般的には、「火」は、何らかの特定の執行手段を指すことなく、神の怒りを指すこともできた（イザヤ書六・六―七、マラキ書三・二など）。他方で火は、不純物を燃やして卑金属を精錬するような清めの手段としても理解された。そして、来るべき裁きの火とは、悪人を滅ぼすことと義人を清めることの両方のモチーフを含んでいた。この両方のモチーフは、新約聖書にもはっきりと見ることができる。しかし、教父たちによって入念に解釈されたモーセの燃える柴の象徴（出エジプト記三・二以下）は、新約聖書において展開されることはなかった。

実は、キリスト教的な火を用いたシンボリズムは、本書において扱うにはあまりにも壮大なテーマであるので、ここでは哲学的伝統を反映するいくつかの点を挙げることで十分であると思われる。フィロンは既に、ストア派に見たような破壊する火と創造する火（per quem omnia artificiose facta sunt. *SVF* 1. 120, 2. 422, 六九頁参照）の対比を思い起こし、火には焼くことと光を与えることの両方の働きがあることを記している（『モーセ五書の寓意』四九）。ここでは、火は創造の業を助ける役割を担っており、また別の箇所では人間が何かを建てることを援助してもいるのである（『モーセの生涯』[*De Vita Mosis*] 二一九など）。クレメンスにおけるストア派からの影響は、『預言書精選』二五―二六、特に二六・三に顕著に見られる。「火の力は二面性を持っている。一つは果実を創造し実らせるのにふさわしいものであり、生き物の誕生とそれを育む力……そしてもう一つは、それらを破壊する力である」。しかし、このような哲学的言明は、聖書のモチーフと混合されている。つまりクレメンスの言明は、洗礼者ヨハネによる、救い主は霊と火によって洗礼を授けるという預言から始まり、火が破壊と清めの力を持っているという注意で終えられているのである。オリゲネスにおいては、清めの火は『諸原理について』の冒頭で重要な位置を占めており、そこでは申命記四章二四節における神の火とは物理的な破壊を意味するのではなく、邪悪な思考が破壊されることを意味すると主張されている。

また、フィロンにはもう一つのシンボリズムを見出すことができる。これは、後のキリスト教の著作に多大なる影響を与えたものであり、松明が他の松明に火を点しても、自らの熱を全く失わないというイメージが用いられている（『巨人族について』［*De Gigantibus*］二五）。フィロンはこのイメージを、教師が知識を分け与えても自らの知識を減らしはしないことになぞらえている。ユスティノスは、この喩えがロゴスの神的精神からの発生を解説する際にも当てはめることができることを示したが（『ユダヤ人トリュフォンとの対話』六一・二、一二八・四）、これは既に論じた光と光線の喩えとも容易に結びつくものであった。また、興味深いことは、アレイオスが父が子を生じさせる際に何も失うことはないという原理を受け容れたにもかかわらず、それを二本の松明に譬えることは拒否したということである（アタナシオス『アルミニとセレウキアにおける教会会議に関する手紙』一六）。ストア派における完全な相互浸透の理論（七〇頁参照）は、オリゲネスがキリストの魂を、高熱の鉄に火が浸透しているがごとく完全に神性が浸透しているものと見ているところに再び現れる（『諸原理について』二・六・六、*SVF* 2. 463ff.）。また、同じ喩えはキリストにおける神性と人性が一つであることを説明するために、正統と異端の両方の著作家たちによって用いられている。

神の倫理的属性に関しては、グレゴリオスは簡潔に「愛と知恵と義」と述べている。この部分に関するキリスト教の教えは、大方、聖書的な伝統を基盤としており、時折、哲学者が引用される際も、それは権威的な原理としてではなく、ただ聖書の教えを確認するために用いられているに過ぎないので、これらの神の属性に関しては、ここでは簡単に扱うのみとする。そこで、三つの点が注目に値するであろう。（1）神に関する残酷あるいは非倫理的な教えへの批判に対する、聖書、特に旧約聖書の弁明。（2）神の倫理的属性が人間の感情に似たものを含んでいるという問題。（3）神的摂理という思想。

（1）キリスト教著作家もその論敵の異教徒たちも含め、誰も古代の書物を、複数の文書の寄せ集めであるとか、原初的な思考によって限定されたものであると考えることはできなかった。聖書は、ホメロスの詩歌と同様に、全体が等しく霊感を帯びた統一体として捉えられていた。しかし、これはあくまで理論上のことであって、実践においての話ではない。キリスト教著作家たちは、当然ながら的確にイエスの教えを中心的な基準として受け容れた。そして、神が愛情あふれる父であるというイエスの理解は、特定の哲学者の文書からも広く支持することができたし、神の真理（プラトン『国家』三八二ｅ）、神の善（前掲書、三七九ｃ）、神の寛容（『ティマイオス』二九ｅ）、そして神の創造的知恵（『ソピステス』二六五ｃｄ）に関しても同様であった。問題は、旧約聖書が神を嫉妬深く、残忍で復讐心に燃えた存在として描き出している箇所だったのである（同様に解釈が困難なのは、族長たちの非倫理的な行動であった）。キリスト教徒たちは、旧約聖書が別の神を示していると考えたマルキオン主義者たちやグノーシス主義者たち、あるいは懐疑主義的な風刺作家であるルキアノスや真剣なプラトン主義者であるケルソスを含む哲学者たちからの攻撃を受けて立たねばならなかった。そこで最も一般的に用いられた解決方法は、考え方としては既に異教徒がギリシア神話全般、特にホメロスの詩歌を擁護するために既に用いていたもので、問題のある箇所をアレゴリーであるとして、正しく解釈されれば倫理的で霊的な教えがあると主張するものであった。このような解釈方法は既にフィロンに見られ、例えばノアが酒に酔っていることが（創世記九・二一）、霊的な高揚の象徴として捉えられている（『栽培』一四一、『酩酊について』［*De Ebrietate*］を指して）。しかし、フィロンは別の弁明も記しており、多少、酒に酔うことは構わないとか（『栽培』一四四）、ノアの罪はそれが公でなかったので、さほど深刻ではない（『モーセ五書の寓意』二・六〇）などとも記しているのである。このアレゴリカルな解釈は、オリゲネスや他のキリスト教著作家、特にニュッサのグレゴリオスによって拡大・組織化され、雅歌における性的な描写に霊的な解釈を与えるものとして評価されたが、その詳細については他で吟味されなければならないであろう。

（２）神の性質というものは、神が有する究極の地位をできる限り保持しながらも、人間の経験から類推する他はない。そして、神には王に相応しいような徳が備わっているとする方が、妻や奴隷に相応な徳を想定するよりも明らかに自然である。しかし、どれほど神の究極性を保とうとしても、人間の感情を抜きにした徳というものを考えることは無理だと思われる。このことに関しては既に見たように（一三一頁参照）、聖書の著者たちは神に愛、切望、怒り、悔い改めなどを付することに躊躇を感じなかったのである。しかし、ここで問題を呈したのは哲学的伝統であった。そこでは人間の理性が理想化され、感情は、受苦不可能な神とは無関係であるはずの激情（pathē）として扱われていたのである。

このような思想は、上述の通り、オリゲネスが神はある意味で確かに苦難を経験すると（一六三頁参照）宣言した時のように、時折、激しい批判にさらされることもあった。しかし、この問題は確かに複雑ではあるけれど、ヌースを単純に理性と考えれば、見た目ほどに有害なものではない。なぜなら、この語は理性に寄与する感情的性質を暗黙のうちに含むからである。今日においては、理性が潜在的な性的欲求を含んでおり、これが新しいものを創造する喜びや優美で整った構造を楽しむことに表れているということは一般的に受け容れられている。そして積極的な欲求が、人が問題を解決しようとする決意の根底にあることも周知されている。プラトンの『饗宴』は、性的欲求と永遠の美への熱愛の間に連続性を見ている。しかし、通常ギリシア人は低次元の欲求を直接的でほぼ非理性的な表れに見たのであり、それらは理性の働きの妨げになると考えていたのであった。それゆえに、理性的な喜びや努力というものは、ただヌースの働きとして扱われていたのである。ここから、神はロゴスの内に予表されていた自らの被造世界の構造に理性的な喜びを見出し、そこに住む被造物たちのために、天罰を下すことあるいはそれを遅らせることを理性的に判断しているとされることができた。しかし、教父たちに一般的に見られる神のイメージは、豊かであり矛盾も孕む旧約聖書よりも冷たく、より厳格でより画一的であることは否定し難いものである。それに温かみを補うようなものの大部分は、神の統一性の思想が神秘的信仰の焦点を提供すると理解する人々の著作に見られるのみである。

要するに、神の愛とは、プラトンの『パイドン』や『饗宴』に力強く描き出されているロマンティックな愛情にはほとんど場を与えない倫理的伝統に結び付けられていたのであった。プラトンが示すような愛情がキリスト教の社会にも存在したことはほぼ疑いない。例えば、それらは意外にも砂漠の師父たちの伝承に見ることができる。しかし、そのような愛情は、許される唯一の愛情表現は友の霊的利益を求めることのみとする倫理的伝統により制御されており、そこでは個々人の特別な価値というものはないがしろにされていたのである。キリスト教徒は、雅歌の人気とその註解の多さからも分かるように、実際は暖かく単純な感情に感じ入るところがあった。彼らは、自らを霊的指導者として頼ってくる者たちに対する見守るような優しさに劣らないほど、恥と安堵、贖い主への感謝を感じていたのである。また、彼らは教会の聖職位階制を強く意識していたので、神の神聖さを前にして自らを謙遜にすることの表現として、たびたび自らの上に立つ者に対して崇敬の念を抱くことができたのである（ただし、この崇敬の念は、期待が裏切られたと感じられたときには、ひどい敵対心に変わることもあった）。しかし、哲学から影響された正式な教えは、たとえひどく感情的な演説を用いてでも、禁欲、鍛錬、自制を勧めたのである。[2]

（3）キリスト教徒たちは、情熱的な愛慕と独占欲につながるギリシア語のエロスの思想をほぼ拒絶し、新約聖書で普通用いられる、より高貴なアガペーを好むことで、既に人間的な温かみからある程度の距離を置いていたのであった。しかし、人に対する神の愛は、さらに洗練されて philanthropia（英語では benevolence よりも kindness の方が適切な訳であろう）と呼ばれるようになった。知恵と力が備わった神の加護は神的摂理（pronoia）の教理として表現されることになる。摂理について、哲学者たちは互いに相容れない見解を示している。エピクロス主義は摂理を否定したし、通常アリストテレスのものと言われる説によれば、摂理は存在するけれども、それは天界のみを支配するのだと考えられていた。また、多くのストア派は摂理が宇宙の大まかな流れだけを統制すると信じていたし、逆にその支配は個々人にまで及ぶと考えた者もいたのである（プラトン『法律』一〇・八九九―九〇三

「神々は小さなことにも、きわめて大きなことに劣らないだけの配慮をしておられる」〔1〕）。この最後の見解を支持した者は多く、キリスト教徒も、髪の毛や一羽の雀も神は守りたもうというイエスの教えに基づいてこれを受け容れたのである（マタイによる福音書一〇・二九―三一、ルカによる福音書一二・六―七）。

神の慈しみに満ちた摂理という信仰は、当然この世の不条理や自然災害、善人の不幸や逆に悪人が栄えるといった現象からの挑戦を受けた。これらの問題は既に旧約聖書においても見られ、例えば詩編七三編や、最も顕著にはヨブ記で論じられているが、自然の理性で納得できるような答えは出されていない。哲学者の間では、この問題を職人の支配力が完全に及ばないところで、世界の基本的な物質が統制に反逆するからだと説明することができた。しかし、このような選択肢は、物質自体が創造者の意思から生まれたものだと考えられるようになって消え失せてしまった。ただ、この見解の名残は、やや矛盾しているように思われるが、キリスト教著作家たちの内に見ることができるのである。異教徒の中では、プルタルコスの『神の復讐の遅延』（*De Sera Numinis Vindicta*）や、確かに影響力があったにもかかわらず残念なことに現存しないクリュシッポスの『摂理について』の四巻本などが最も重要な成果と言えるであろう。初期のキリスト教の著作は、多くのグノーシス主義、マルキオン主義、マニ教が唱えた、悪が善なる主に対抗する力を持つ霊的な存在から生まれるという二元論に反論することに集中していた。このような見解に対してキリスト教著作家たちは、ストア派に既に見られた教え、つまり悪を肯定的な存在とせず、善が欠けている状態であるとする考えを用いた。しかし、多くの問題も残されたのである。重要な成果はエイレナイオス、クレメンス、オリゲネスとアウグスティヌスによって挙げられたが、ここでそれをまとめることはできない。ただ、オリゲネスの説は、鋭く興味深いものではあるけれども、後のキリスト教が葬り去った前提に基づいて論じられている。例えば、魂が過去にも未来にも複数の人生を生き、神は元来すべての魂に等しく賜物を与え、等しく良いものとして創造したけれども、人が生まれながらに罪人であるということは前世の罪によって説明され、人が天国に相応しい者となるために、倫理的教育は来世において完全にされることができるなどの教えである。エイレナイオスやアウグスティヌスの教えの中には、今も変わらず重要な要素が含まれているが、これらに関してはジョン・ヒックの著名な書物『悪と愛の神』（*Evil and the God of Love*）を参照していただきたい。しかし、私自身はアウグスティヌスの教えにおいて重要な位置を占める、悪に関しての否定的な理論は受け容れることができない。[3] 私見では、悪とはたびたび潜在的に善であるものが堕落したものとして見ることができる。しかし、これは単なる善の欠落とは異なるのである。

原註

（1） 拙著 *Divine Substance*, p. 169 参照。

（2） 'The Concept of Mind'（一七〇頁原註5参照）, p. 47.

（3） 二八四頁以下参照。

訳註

〔1〕 向坂寛ほか訳『プラトン全集 一三巻』岩波書店、一九七六年、六二六頁。

第13章　ロゴスと霊

キリスト教徒は、神を三つの位格と一つの本質、父・子・聖霊なる三位一体として言い表すようになった。その意味とその背景、また専門用語については説明が必要であるが、まずより大きな問題に目を向ける必要がある。純粋な一神教というものは、イスラエル宗教の偉大な獲得物の一つと考えられてきた。ではなぜ、後期ユダヤ教は一神教を従属的な仲介者や諸力の教えと混同し、問題を複雑にしたのであろうか。そして、なぜキリスト教はそこから神の言と霊というただ二つの力だけを選び取り、それらを彼らの主イエスに結びつけ、また三一論的に父に関連付けたのであろうか。この過程は、神学的に、後のキリスト教教理への道を整える神の摂理が働いたのだと説明することもできるかもしれない。しかし、それでは変化がどのようにして起こったのか、人間の考えがどのように働いたのかという、全く適切な歴史的探究に対する答えにはならないのである。

最初の問いへの答えとしては、イスラエルの民族が神を、天上において王座についている存在であると同時に、人間の営みにも積極的に関わり、報いや戒め、霊感を与える存在として描き出す必要を感じたことが挙げられる。初期のイスラエル人は神を、下ってきて人間の形で現れる存在として描いている（一二八頁参照）。しかし、神が天を留守にして、ある特定の人間の困り事の世話をするなどと考えることは、あまりにも単純すぎた。そこで、神は天使という従属的で霊的な仲介を用いて、遠くから業を為すのだと考えられるようになった。しかし、このような思想は、世界に直接手を下すのは神自身ではなく、無責任に（ヨブ記二・三）行動するか、あるいは神に従わない何らかの代理人であるということを示唆してしまう。後期ユダヤ教は、悪い天使や「国々の天使たち」を想定するようになった。これにより、異教の神々は全能者から大目に見られてはいるが、それらの神々を礼拝する者にはもちろん真正な啓示は示されていないと考えられた。そこで、神の超越性と神の地上への働きかけの直接性を共に支持できる神学が必要とされるようになったのである。そして、そのような神学は、ただの助け手や従属する存在としてではなく、神の近くに立つ神的本質の働き、つまり神の霊、神の言、神の知恵、神の律法に訴えることに見出されようとしていた。また、神の名と神の栄光（シェキーナー）も共に挙げることができよう。これらは崇敬の念に基づき、神を名前や主（アドナイ）などの称号で直接名指しすることを避けるために考え出されたのである。哲学的著作家たちは、これらよりも抽象的な、力やエネルギーという思想を用いていた。

しかし、上述した称号は、神の人格的な行動を指して用いられたために、それらは容易に固有名詞として用いられるようになった。もちろん、それらはもともとは擬人化という文学的手法であったが、間もなくそれはより真剣に受け止められるようになったのである。このように、本来神の属性、行為や働きであったものは、それら自体が人格を持つようになり、学者の間で「実体化」(hypostatization) と呼ばれるプロセスが生じたのである。しかし、これはまた問題を振り出しに戻してしまうように思われる。このような存在は、天使について生じたものと同様の問題を生じさせるのではないだろうか。

ここで、このプロセスを一般的な言葉で説明することが相応しいであろう。恐らく、変化の過程がはっきりと見える、神の知恵を例に取ると分かり易いと思われる。初期のユダヤ教著作家たちは人間の営みにおける知恵という徳を称賛している。それゆえ、知恵を神からのものとし、被造世界における神の知恵を称えることはごく自然なことであった。ヨブ記二八章二七節では、「神は知恵を見、それを計り（英訳では「探し」searched it out）」とあるように、知恵と神との間にある距離が置かれている。しかし、知恵それ自身が人に語りかけていると示されることもあり、そこでは知恵は自身を神のお供、そして創造における助け手と説明され（箴言八・三〇）、全能者は自らとは別の人格、知恵の創造者であり指導者であると述べられている（箴言八・二二、ベン・シラの知恵二四）。そして遂には、これはだいたいグノーシス主義の間に見られたものであるが、神の臨在から締め出される、軽率でおこがましい知恵という思想まで生じてきたのである。

興味深いことに、ベン・シラの知恵二四章三節では、知恵は自らを神の創造的言と同一視しているが、この結びつきは後にキリスト教神学において大いなる発展を見ることになる。しかし、知恵は聖霊とも同一視されることがあり、これは明確な三一論の原型が生じてきていた二世紀のキリスト教著作家にまで見られるものである。つまり、キリスト教の時代の始まりにおいては、基本的な神の諸力の間に明確な区別は存在しなかったということである。知恵は、神の律法と同一視されることもあった。W・D・デービスはコロサイの信徒への手紙一章一五―一八節のパウロのキリスト論が創世記の冒頭句のユダヤ教的釈義を基にしていると論じているが、そこではキリストはユダヤ教の信仰に基づいて、神の知恵と律法、そして霊を統合し、来るべき救いの時をいざなう存在として描かれている。最終的には、神の律法（トーラー）はキリスト教思想において中心的な位置を保つことはなかった。聖パウロ自身も、律法が限度のある暫定的な働きしか持たないという判断をはっきりと下しており、教会はすぐにこの意見を受け容れて、しばらく後には意識的にファリサイ的ユダヤ教の組織と思想から距離を置くようになった。それゆえに、その後は神の知恵と言と霊とが問題となるのである。

この時点で、神学の素地は自らもギリシア哲学に影響されていたヘレニズム・ユダヤ教徒のフィロンらによって固められていた。ストア派において、霊（プネウマ）と言あるいは理性（ロゴス）の思想がどのように用いられていたかは既に見たとおりである（六九頁以下参照）。フィロンにおいては、ロゴスの方がより重要であり、それは時にストア派的に燃え盛る、俊敏ですべてに浸透する存在として描かれている（『ケルビム』二八、『アベルとカインの供物』八七、『神の賜物を受け継ぐのは誰か』二一七）。しかし、プラトン主義の影響はより顕著である。例えば、ロゴスは、神の創造的なイデアあるいは原型が集められている神の精神と同一視され、世界の永久的な構造を成り立たせる属や種に事物を振り分ける役割をもつと考えられていたのである（例えば『神の賜物を受け継ぐのは誰か』一三一以下と本書八〇頁以下参照）。これらはすべて、恐らく何世代ものユダヤ教思想家たちが、当時のプラトン主義を自らの宗教の基本的な主張に適合させようと努めたことを示している。ロゴスは、最終的には全能者の責任であるが、神の超越的神聖さを傷つけるような業の数々を引き受ける仲介者として行動する。ちょうど天使が倫理的悪を犯す可能性のある人間を神に代わって創造したように、ロゴスも、「真の神をまだ見ることのできない人間を助けるために」、可視的な姿を取って燃える柴においてモーセに現れたのである（『夢について』一・二三一―二三八）。またフィロンは、完全な見識のない者にとっては、ロゴスが神としての役割を持つとまで述べているのである（特に『創世記問答』［*Qu. Gen*］三・三四）。この主張は、聖書的な文脈のうちに述べられてはいるが、典型的なギリシア的解説によって保持されており、プラトン主義・ユダヤ教的な神格の究極の超越性を固持しながらも、ストア派の宇宙的神性という思想に多少の価値を認めようとする試みのように思われる。

これに対して、フィロンにおける知恵の扱いは、恐らくパレスチナ・ユダヤ教的思索の色彩を帯びている。知恵は箴言八章二二節に従って、創造における神の代理者として捉えられているが（『酩酊について』三一など）、ここでフィロンは知恵の書七章二四節に見られるようなプラトン主義あるいはストア派的な思想の軌跡を再現することはあまりないのである。さらには、フィロンは知恵とロゴスの関係についてはっきりとした思想を持っていなかったようである。時に彼はそれらを同一視したし（『モーセ五書の寓意』一・六五）、それらを区別する場合には、神の知恵がロゴスの起源であるとも（『夢について』一・二四二）、逆にロゴスが知恵の起源であるとも言うことができたのであった（『逃亡と発見』九七）。知恵が神の配偶者として語られる際には、そこには人格があることが示唆されていたが（前掲書、一〇九）、知恵は神の娘（Bathuel）でもあり、しかもその威厳を保つため、おかしなことに男性であるとされているのである（前掲書、五一）。このように、一つの書物の中でも矛盾が生じていることから、このことに関してフィロンに一貫性がないことがよく分かるであろう。

次に、なぜキリスト者は父と共に三位一体を形成する、ただ二つの力の教えに落ち着いたのかという第二の問いに移りたいと思う。当然ながら、聖なる三位一体はマタイによる福音書二八章一九節にあるように、我らの主から教会に神的啓示によって示されたのだという信仰をもってこの問いに答えることは不可能ではない（ルブレトン［J. Lebreton］1910）。しかし、現代の学者のほとんどは、聖マタイがイエスの真正な言葉を記録したとは考えていない。この箇所によって明らかなことは、三一的文言が紀元一〇〇年以前の影響力のあるキリスト教共同体によって受け容れられ、用いられていたということである（たとえ福音書がより遅い時代に書かれていたとしても、著者が全く新しいものを作り出しているとは考えにくい）。より早い時期の新約文書からは、使徒の時代に三一的文言が一般的であったとは読み取れない。聖パウロによるコリントの信徒への手紙（二）一三章一四節の祝禱は、後のキリスト者にとっては重要なものとなったが、パウロの通常の言葉遣いとは異なる。彼は通常「父なる神と我らの主イエス・キリスト」という表現を用い（コリントの信徒への手紙（一）八・六）、また時にはイエスと霊について語ったのであった（前掲書、六・一一）。彼の言葉遣いは、イエスをその生涯のうちに知ることのなかった信者の経験を反映しているように思われる。彼はイエスの生涯と行いに関する一般的な伝統を受け容れ、また教会が聖霊の霊感を受けていることをはっきりと意識していた。しかし、彼はそれらを結ぶ一貫した定式を有しているわけではない。キリスト教の伝統は、パウロにイエスが人であったこと、律法の下に生まれたイスラエル人であったことを伝える（ローマの信徒への手紙一・四―五）。しかし、イエスの高く挙げられた地位は、別の説明を要するのである。つまり、キリストは神の力であり神の知恵である（コリントの信徒への手紙（一）一・二四）。彼は、命を与える霊となった（コリントの信徒への手紙（二）一五・四五）。また事実、イエスは霊と同一視されることもできるのである（コリントの信徒への手紙（二）三・一七）。しかし、霊が人間的な誕生を経験するなどということは、たとえ霊が人間の人生に浸透することができたとしても、考えることはできない。霊は神からの賜物であり、洗礼においてキリスト者へと与えられるのである（コリントの信徒への手紙（一）二・一二）。しかし、神の霊とは同時にキリストの霊でもあり（ローマの信徒への手紙八・九―一一）、そのキリストの復活は彼に属する人々の新しい命の内に再現されているのである。

つまり、聖パウロの言葉は生き生きとしているけれども、本質的には人為的であり創作的なものなのである。そこには、彼の時代の教会において、父と子と聖霊を三位一体として一まとめにする習慣が定着していたことを示唆するものは何もないのである。実際、随所に見られるのは、父と子と天使たちという別の三位一体である（マルコによる福音書一三・三二、ルカによる福音書九・二六、テモテへの手紙（一）五・二一）。三一論的思想の片鱗はヨハネ文書に見ることができるかもしれないが、私見ではヨハネによる福音書からは一世紀中頃のキリスト教信仰に関して特に何も知ることはできないと思われる。

それでは、キリスト教の三一論的告白は、既に論じてきた、ギリシア語圏のユダヤ人の内に存在したギリシア哲学とは別の哲学の発展によって促されたものと言うことができるのだろうか。これは、論理的には不可能ではない。この時代には既にプラトン主義者たちが三一的神学を展開していたことが分かっているし、二世紀後半のヌゥメニウスの時代には、それはキリスト教教理を支持するために引用され得るような明確な構造へと発展していたのである。しかし、そのような哲学が使徒の時代のキリスト教に影響を与えたということを示すには、フィロンが生きていた、一世紀前半に目を向けなければならないのであるが、既存の証拠でそこまで遡るものはないのである。

シンプリキウスによって伝えられ（*In Phys.* 230. 34ff. Diels; *LGP* p. 92）、頻繁に引用されるポルピュリオスのある文章は、一世紀後半のガデスのモデラトスの著作を説明している。もしこの情報が信用できるものであれば、モデラトスは第一、第二、そして第三の一者、あるいは統一について書き記したとされる。プラトンの後期における数学的論理は（四八、四九頁参照）、すべての現実が一者と「無限のダイアド」（the infinite Dyad）や「多い少ない」（the more and less）、あるいは数や単位によってのみ計られて理解可能となる不明確な量などとの組み合わせによって生み出されるのだと説明しようとした。しかし、一体「数」とは何を意味していたのであろうか。プラトンは自身の理論の基盤を理想的で足すことのできない数に置いていた。それゆえに、彼がすべての理性的秩序の源であると考えた純粋な統一は、繰り返されたり足されたりすることによってその統一性を失うただの算術的「一」も含む他のすべての形の統一から区別されなければならなかったのである。

「三つの統一の理論」はプラトンの『パルメニデス』(二四—二五参照)を論理的営みとしてではなく、形而上学の肯定的な小論として理解する新しい解釈によって支持された。プラトンの「もし一が存在するならば、それについては何も語ることができない」また逆に「それに関してすべてのことを語ることができる」という言葉は、二種類の統一を指していると理解されるようになったのである。一つは純粋で超越的な不可知の統一であり(知られるということは、その複製や模写が生じることになるため)、二つ目は複雑な複合性の内にある統一である。『パルメニデス』の第三部は、それだけが取り上げられて、魂について論じていると考えられるようになった。無論これは個人の魂のことではなく、プラトンが『ティマイオス』において論じた世界魂のことである。プラトン主義者たちは、世界が生きて活気に満ちている存在なのだと教えていたので、プラトン主義的「三位」においては、三つ目の位格が「魂」と呼ばれようと「世界」と呼ばれようと大した差は生じないのであった。

しかし、このような教えが最初期のキリスト教に影響を与えられるほど早い時代から存在したと言うことができるのであろうか。確証を得ることは難しいが、少なくともフィロンにおいてはモデラトスの文書の断片に似通うような箇所を見ることはできない。ヘンリー・チャドウィックは的確に次のように述べている。「フィロンは、後に新プラトン主義の三位一体に権威を与えるために重要な役割を果たした『パルメニデス』にも、プラトンの書簡のさまざまな箇所にも特に興味を示すことはなかった」(*LGP* p. 145)。確かにフィロンは、一者の状態に関するさまざまな考え方を知っていたであろう。そのことは、彼は神が一者であると述べると同時に神は一者の上に立つと述べていることから分かるのであるが、これはひとつの一者を他の一者の上に置く理論の確かな証拠とは言いがたいのである。

また別の種類の議論としては、『酩酊について』三〇―三一におけるフィロンの考えを基盤とすることもできる。そこには、伝統的な『ティマイオス』の註解が箴言八章二二節を説明するために用いられている。「この宇宙を創造した職人とは、造られた秩序の父と同一であるということをはっきりと的確に述べよう」。そしてこれは『ティマイオス』二八cの「父と創造者」というフレーズから考えられるように、別々の存在を意味しているのではない。「そして、秩序の母はその創造者の知恵であり、神はこれと結ばれ、被造物を人間がするようにではないけれど蒔いたのである。しかし彼女（知恵）は、神的種子を受け取って……可視的で愛された神の独り子を産んだのであり、それがこの宇宙であった。知恵は彼女自身について次のように述べている（箴言八・二二）。すべて存在たらしめられるものが、すべての母であり乳母よりも後に来ることは必至だったのである」。この「すべての母であり乳母」とは、聖書からではなく『ティマイオス』四九a、五〇dと五一aからのフレーズである。この箇所においては、確かに世界が「神の可視的な子」として描かれているが、その他にはこれが人格的であるとか神的であると考えられていたことを示すものはない。神性の三位が現れるのは、あまり発展した議論が見られない箇所のみである。すなわち、『逃亡と発見』一〇九で神を父とし知恵を母とする神的ロゴスについて語られているだけなのである。

この他に興味深い箇所は『神の不動性』三一に出てくる。そこでフィロンは宇宙が、ロゴスという長男に対して、神の次男として知られる存在であると主張している。これはもしかすると、神とイデアと物質という三つの原理を想定するプラトン的な体系に影響されているのかもしれない（七八、七九頁参照）。なぜなら、既に見たように、フィロンよりも少し早い時代のアレクサンドリアのエウドロスは、神が物質とイデア両方の源であると教えていたからである（九三頁参照）。フィロンは常にロゴスとイデアを結びつける。そして、物質から、フィロンにおける子のイメージと合致するような宇宙的魂によって動かされる物質世界へと移ることはさほど難しいことではない。しかし、これらのすべての提案には確証があるわけではない。しかも、これらは聖ヨハネや聖パウロの知恵－キリスト論において見られる宇宙的原理の軌跡が存在しつつも、第三の位格がかなり違うかたちで、キリストの神的霊感として、また教会におけるキリストの臨在と関連して理解されている新約聖書の思想へと近づく手立てにはならないのである。つまり、これらからせいぜい言えることは、ただ三位的な体系がキリスト教の第一世紀の哲学的神学において広く好まれていたということに留まるであろう。

そうすると、キリスト教の三位一体の教理の最初期のかたちは、ギリシア哲学の伝統に由来するにしろ、フィロンに見られる哲学の響きに由来するにしろ、キリスト教以外の三位的な神学からの影響はあまり受けていないことになる。それよりも、この三一論の教理はイエスの宣教が二通りに理解されており、それらの対比によって提示された可能性が高い。一方でイエスは我々と同じような人間として見られており、しかし特別に愛され、選ばれ、神の霊による霊感を受けていると考えられていて、この霊が教会においてイエスの業を未だに為し続けているのである。しかし、聖パウロがイエスを神の先在の知恵と同一視していることからも分かるように、対照的な理解はかなり早い時期から生じていた。そして、この思想は間もなくギリシアのプラトン主義になじみのある受肉を示唆する言葉で展開される。つまり、キリストは神の知恵あるいはロゴスであり、それは人間の体に入り、それを自らのものとした。しかし、キリストは、この生においても父と共に宇宙以前に存在したこと（ヨハネによる福音書一七・五）、そして将来の高挙についても語ることができるのである。教会は自らの新約聖書的伝統に忠実であるために、父なる神、その知恵－ロゴス－子、そしてイエスとその弟子たちに霊感を与える聖霊のどれをも無視することはできなかったのである。

より後の時代のキリスト教の三位一体の教理の歴史は常に吟味されているところであるが、ここで教理の発展の詳細について述べることはできない。それについてはキリスト教教理についての歴史を参照していただきたい。しかし、ここではその発展の過程における哲学の影響に関して少し述べなければならない。そして、ここでは代表的な三つの思想家のグループを視野に入れなければならないであろう。まず（1）ユスティノスからエウセビオスまでのキリスト教プラトン主義者。そして（2）アタナシオスとカパドキアの三教父。さらに（3）アウグスティヌスとその後継者たちである。

最初の学派は、神とそのロゴスの関係に多大な興味を寄せていた。彼らは神とロゴスの関係をプラトン主義研究の助けを借りて解釈した。これによって神の純粋な統一性と自然界に起こるさまざまな出来事との間を埋めるために、ロゴスを直接の創造者であり支配者であるとすることはごく自然なこととなった。聖霊への信仰は聖書に立つ教会の伝統によって保たれてはいた。しかし、哲学者からの明確な手引きもない中、聖霊の起源や働きについて細かいことは論じられず、時にはロゴスの背後にほとんど消え失せんばかりであった。それゆえに、教理史家たちは二世紀には「二位一体的」傾向があったと語るほどである。続く世紀には、テルトゥリアヌスやオリゲネスが聖霊の独自の存在の重要さを強く主張したが、驚くべきことに、残存する古い見解は最後の頌栄に至るまで聖霊に関して全く触れられることのない、他でもないアタナシオスの『言の受肉』に見ることができるのである。

このプラトン主義的なキリスト教徒の見解においては、神的位格ははっきりと区別され、その尊厳の度合いも異なるとされる。また、後のすべてのキリスト教徒においてもそうであったように、父・言・霊という順序は固定されていて変えられることはなかった。ロゴスは、父の内にある理性として、また父から出る活動的で創造的な言（イザヤ書五五・一一）として二通りの形で描かれている。しかし、発話された言葉と発話されていない言葉という伝統的な対比は、誤った類比であると批判されてもいる。この考えは、実際に働く力とロゴスの永続的な力とを十分に捉え切れていないからである。それゆえに、キリスト者は、神がその目的を実行するためには、ロゴス自身が実体でなければならず、一時的な発話ではない永続的な命を自ら保持していなければならないと論じたのである。そして、もしロゴスが実体であるならば、それは独自の実体でなければならないことになる。そうすると、そこからの類比により、聖霊も同様に独自の実体を有することになる。つまり、三位一体とはオリゲネスの言葉を借りれば、三つの異なるヒュポスタシスによる三つ組みであり、それらは必然的に異なった働きと地位を持っているのである。父なる神は、自身の位格に相応しくない仕事を自らのロゴスに託す――これは、既にフィロンに見られた考え方である（八二、一八七、一八八頁参照）。エウセビオスの表現力豊かな喩えは（『福音の準備』四・六・四）、父自身は受肉することができなかったと説明している。太陽が地上に降りれば破壊的な結果をもたらすように、父自身の臨在は耐えられるものではなかったのである。来るべきはロゴスでなければならなかった。父の輝きに耐え得るのはロゴスだけだが、そのロゴスは父の輝きを穏やかで有益なかたちで我々に伝えるのである（これは、ストア派の二種類の火に関する思想を模したものかもしれない。六九、一七七頁参照）。つまり、ロゴスは神の自己規制とへりくだりの永続的な仲介として語られることができるのである。聖霊の働きはより限られたものであり、後に酷評を浴びたオリゲネスの有名な言葉は（『諸原理について』一・三・五、『断片』九K）、父の力はすべての存在に及び、子の力は理性的存在にのみ、聖霊の力は「聖人」（キリスト教徒と天使、既に召された信仰者）にのみ及ぶと述べている。しかし、オリゲネスは神的位格の統一性と差異が、「実体」の専門用語であるウーシアとの関連でどのように表現されるべきかについて一貫した教えを示してはいない。

このような序列的な三位一体の描写はもちろん誰にでも受け容れられたわけではなかった。これは、教養のある信者には魅力的なものであったが、より素朴で教養の浅い人々は、後には異端と疑われたり断罪されたりするような、過度に単純化された思想に陥る傾向があった。その一例としては、ロゴスの教理を脇へ寄せて、キリストを特別な霊感を受けたただの人間とする考えがある。またその逆に、キリストを単純に神が人間の姿をとっているのだと理解し、父自身が地上において苦しんだのだと示唆する考えもあった。このような思想の詳細は、教科書などの「養子論」や「様態論」などの項目で読むことができる。しかし、これらの名称は現代人がつけたものである。古代人は、前者のグループをその指導者であったテオドトス、アルテモン、サモサタのパウロスなどの名を用いて呼んでいた。そして、後者のグループは「サベリオス主義」あるいは、父の「モナルキア」または「単独支配」を保持していることを誇る、「モナルキア主義」として知られている。初期の正統主義の著作家の中では、上述のプラトン主義化された伝統から距離を置いた、エイレナイオスとテルトゥリアヌスが最も重要である。エイレナイオスは子と霊とをより父と密接につなぎ止めようとし、両者を「神の両手」と描写している（『異端反駁』五・六・一など）。これらの「両手」は互いに等しいものだったのであろうか。その可能性はあり得るし、そのような考え方はエイレナイオスには自然なものだったであろう。なぜなら、彼はロゴスではなく霊を知恵と同一視したのであり、右手が左手に優るという一般的な議論も用いてはいないからである。しかし、彼の描写においては、三位すべてが互いに等しいということはほとんど示唆されてはいない。エイレナイオスは確かに「子は神である。何であれ神から生じたものは神だからである」（『使徒的使信の証明』四七）と述べており、哲学的資料を用いてグノーシス主義の流出説を攻撃している（『異端反駁』二・一七・一）。しかし、彼はこの考察を自身の三一論を形成するために用いることはしていないようである。

テルトゥリアヌスは、あるものが何かしらの意味で体を持たない限り現実ではあり得ないというストア派の思想からの影響を受けていた。それゆえに、彼からは物質的な言葉が自然と出てくるのである。彼はそのことをごまかそうとも、論争の種として主張しようともしていない。彼は、神を三つの位格に広がる一つの実体という、後にニカイアの三位一体の教理の表現へと一人歩きするラテン語の用語を作り出した。しかし、時に見られるように、彼が既にニカイアの神学を形成していたと考えることは誤りである。テルトゥリアヌスの‘una substantia’は、確かに神が他のすべてとは質的に違うことを示すけれど、「一つの単一な存在」を明確に意味していたわけではないからである。また、彼の位格に関する理論も、少なからず原初的な名残を見せている。つまり、位格とは「噴出」や「発射」（probole）という、グノーシス主義にも用いられたにもかかわらず断罪されることのなかった用語で描かれるプロセスによって父から出るのだとされていた。また、それらは完全に共に永遠に存在するわけではなく、部分的には神の創造の業に依存しているのであった。言は神の理性（ratio）として永遠に存在するけれども、語られた言（sermo）として、あるいは子としての独自の存在は創造において始まるのである。この見解は、アタナシオスよりもアレイオスに近いものである。そして、ここでも霊は二次的なものとして語られている。

アタナシオスは、一般的にまた正当に三位一体論という新しい神学の先駆者と考えられている。しかし、彼自身はこのような評価を全く予期してはいなかったであろう。彼は自らを、変わることのない教会の伝統を引き継ぐ者と考え、哲学からの助言に耳を貸すことも少なかったのである。アタナシオスはすぐにアレイオス主義の過度に従属説的な意見との論争に身を投じたので、彼の著作の多くはその論争の渦中において書かれている。アレイオス主義者たちは、ロゴスについて、彼らの論敵が非難したようにただ被造物の一つと考えたわけではなかったが、それでも、ロゴスが何らかの意味で被造物であり、神の創造の業への備えとして、世界が造られる以前に存在たらしめられたのだと考えていた。しかし、アタナシオスはロゴスが完全に神であり父と共に永遠であると教えたのである。

アタナシオスの神学的活動の多くは、ロゴスあるいは子を高く挙げ、「父の本質（ousia）からなり」また「父と同質である（homoousios）」と宣言する教えに正式な表現を与えたニカイア信条を擁護することに集中していた。これらのフレーズの適切な説明は専門用語が正しく理解されてのみ可能である。しかし、一つ言えることは、ウーシアとホモウシオスをアリストテレス的な第一実体と第二実体という枠組みで理解されるものと考えた人々は深刻な誤りを犯したということである（五九頁参照）。この考え方によると、ホモウシオスは父と子が完全に同一であるという、父の名も子の名も不適切にしてしまう理解と、両者はただ種族として相似しているだけという二つの理解が生じてしまうのである。この厄介な選択は、残念ながらアリストテレスの遺産である「実体の数的一致」などという、あやふやなフレーズによって曖昧にされただけであった。しかしいずれにせよ、歴史的研究によれば、アレイオス主義的な論理学者たちが注目し始めたと思われる三五〇年代後半まで、キリスト教著作家たちはアリストテレスの『カテゴリー論』とそこでの実体の特異な扱いに注意を払うことは少なかったのである。一般的に認められていた区分は、物質的実体と非物質的実体であったが、イデアによって表される後者は、単に個としてもあるいは単に種族としても簡単には分類することができなかった（一五三、一五四頁参照）。まして、唯一で比べようのない神の本質となれば、それはなおさらのことであった。しかし、アタナシオスが言わんとすることは、父の本質は、それに属するすべての善・知恵・力と共に、完全で永遠に子と分かち合われなければならなかったということである。第一格にのみ限定されていることは、父という称号とすべてのものの究極の起源というその地位だけなのである。

アレイオス主義的神学は、アタナシオスの生涯においてほぼ信用を失ったかのように見えたが、その決定的な終焉は彼の死の六年後の三七九年に皇帝テオドシオスが即位し、続いて三八一年にコンスタンティノプル公会議が開かれたことにより訪れた。そしてその間、東方教会の知的指導権はカイサリアのバシレイオス、その友人のナジアンゾスのグレゴリオス、そしてバシレイオスの弟のニュッサのグレゴリオスの「カパドキア教父」へと移っていた。このグループの神学的優先事項はアタナシオスとは目に見えて異なっていた。彼らはアレイオス主義にも強く反発したけれども、同時に神の三つの位格の個別の存在を曖昧にさせるいかなる神学をも嫌ったのである。彼らはオリゲネスの三つの独自なヒュポスタシスという思想を受け容れたが、それらを共に永遠であるというだけでなく、互いに等しいものだと考えたのである。この教理は、ニカイアにおける一つの神的ウーシアの神学に組み込まれなければならなかった。それゆえに、彼らはウーシアとヒュポスタシスの違いを正式に受け容れ、これが東方神学では規範的になったのである。この発展については次の章で論じることにする。

第14章　本質の統一性

今日、我々は三位一体のキリスト教教理を「三つのペルソナと一つの本質」という、テルトゥリアヌスによるラテン語の表現でまとめることが普通である。ギリシア語神学者たちは三つのヒュポスタシスと一つのウーシアを告白する。「一つのウーシア」とは、それが厳密に何を意味するにしろ、ニカイア信条においてはっきりと権威付けられている。ニカイア信条とは、三二五年の原ニカイア信条と普段用いられる三八一年の公会議に帰される信条であり、両方とも、子が父とホモウシオスであると述べている。「ホモウシオス」とは、ラテン語では「同本質」（Consubstantial）とも「同一本質」（Coessential）とも訳されることができる。しかし、ウーシアと全く同義のラテン語の essentia という言葉が、もはや使われなくなった時に問題が起こったのである。ラテン語神学者たちは、ウーシアをサブスタンチア（substantia）と訳すようになったのであるが、これは語源的にギリシア語のヒュポスタシスと同義なのであった。それゆえ、ラテン教父たちはサブスタンチアを神の統一性を示すために用いた。しかし、ギリシア教父たちはサブスタンチアに対応するギリシア語を父・子・聖霊の三つのヒュポスタシスを告白するために用いていた。その結果、ギリシア教父はラテン語の‘una substantia’（あたかも「一つのヒュポスタシス」のように）が、三位一体を否定すると考える傾向があったし、逆にラテン教父はギリシア教父たちが、三つの別々で異なる神性を意味する「三つの本質」（three substances）を唱えているのではないかと疑うことができたのである。さらに、問題は専門用語の違いに留まらず、双方は自らの用語に影響されていたので、重要な時々において、ラテン教父は神性の統一を強調する傾向があったし、ギリシア教父は三位を明言することに重きを置いていたのである。

「ホモウシオス」という言葉は、常々議論の的になっているが、伝統的な説明は信頼しがたいものである。ここでは、まずこの言葉の構成要素から吟味していきたい。まず「ホモ」という接頭辞は統一性や一体感を示しているが、その意味は完全に一貫しているわけではない。例えば、もし一つの同じ壁が二つの建物の両方に属しているならば、それらの建物はホモトイコス（homotoichos）である。しかし、羽毛の柄が全く同じ二羽の鳥は、それらが一つも同じ羽を共有していないにもかかわらず、ホモプテロス（homopteros）と言われる。また時には、その意味は必然的に不明瞭な場合もある。たとえば、ホモノイア（homonoia）は、合意を意味するが、無論テレパシーなどありえないので、それが「同じ心」（the same mind）であるのか「似た心」（likemindedness）であるのかはあまり関係なかったのである。しかし、この点は古代においてたびたび見過ごされていた。キリスト教神学者たちは、「一つの本質」（ホモウシオス）と「相似した本質」（ホモイウシオス）との間にはっきりした区別をつけるようになったのであるが、これはウーシアという名詞の理解が深まらない限り、何も実際に明らかにすることはできないのである。

この、「ホモウシオス」における二つ目の要素であるウーシアは、最近に至るまで十分に吟味されることのなかった広義で複雑な用語である。日常的には、これはルカによる福音書一五章一三節に見られるように、「財産」や「所有物」を意味することができた。しかし、これはほぼすべての哲学の学派によって、解明するのが困難なさまざまな意味において用いられたのである。（それに比べ、対を成す「ヒュポスタシス」という語は、綿密に考慮されている。これは明らかに、この語が哲学者や神学者によって用いられる以前に日常的な用法において、非常に興味深いさまざまな意味を発展させたからであろう。）ウーシアについて論じるためには、まず古典的な教科書などには未だに見られる、伝統的な理解を辿ることから始めよう。それから、次に修正された説明を加えることとする。

伝統的な見解は、『カテゴリー論』におけるアリストテレスの議論によってウーシアの意味が固定化されたことを前提にしている（五八、五九、一九七頁参照）。『カテゴリー論』の議論は、個と種を分ける。既に説明したように、これは問題を生じさせる。もしホモウシオスが「同一の個人」を意味するのであれば、ニカイア信条は父と子と聖霊が三つではなく、一つのペルソナを唱えていることになる。しかし、これがただ「同じ種」を意味するのであれば、神的統一性を十分に表現していることにならない。これでは、四世紀の保守派の人々が、位格の違いを無視するきらいがあるとしてニカイア信条に反対した時の見解と同様に、ペルソナは本質において似通っている（ホモイウシオス）と述べているのと実質的に大して変わらないことになってしまう。伝統的な答えは、父と子と聖霊は「ペルソナにおいて」異なるけれども、「本質の数的一致」によって一つであると主張してきた。しかし、ここには、このような神秘は人間に理解できると期待しないことであると、たびたび付け加えられるのである。

しかし、ニカイアの時代において、ウーシアの意味が完全に理解されていなかったことは一般に認められている。「ヒュポスタシス」との区別が明確に為されていなかったのである。実際、アタナシオスやヒエロニュムスなどの正統主義の著作家たちが、ウーシアとヒュポスタシスは同義であると記しているのも見受けられる（『アンティオキアの人々に宛てた手紙』六、『アフリカの主教たちへの手紙』四、ヒエロニュムス『書簡』一五・四）。両者ともニカイアの教理に忠実であったので、当然「一つのウーシア」は「一つのヒュポスタシス」を必然とすると考えたのであるが、後者の定義は詳しく為されていないのである。事実、アタナシオスは統一見解を得るために、「三つのヒュポスタシス」は必ずしも異端的ではないと認めており、用語について厳密な主張をするよりも、信じている内容を吟味するほうが重要であると考えたのである。

結果的に、意外なことかもしれないが、正統教会における用語の確立はアタナシオスによって為されたのではなく、彼とはかなり異なる神学的興味を抱いていた、カパドキアの三教父というグループによって為されたのであった。彼らは、「一つのヒュポスタシス」というフレーズを、複雑なかたちの様態論を教えたアンキュラのマルケロスと結びつけた。彼らの見解によれば、三位すべての永続的で独自の実在を主張することは極めて重要だったのである。この問題を解決するにあたり、彼らが辿りついた答えは、ウーシアの意味を種に制限することであった。そして、個々の存在は「ヒュポスタシス」によって表されるのである。つまり、父・子・聖霊は同じ本質を持つ、あるいは同じ種に属する三つの個になぞらえられるようになり、等しく神であるとされたのである。この定式は、それだけでは神性の統一をあまり表現しきれていないのであるが、カパドキアの教父たちはこの統一性を他の方法で表そうとしたのである。彼らは、神の本質とは必然的に単一であると論じた。それゆえに、三つの位格はその地位においても力においても異なる点はないが、「発生の仕方」においてのみ違っているのである。父は生まれないものであり、子は生まれ、霊は何らかのかたちで父から発出している、あるいは「(息のように)吐き出されて」いるのである。そして、三つが一つとなって、ただ一つの神的行動や力を行使しているのである。

このカパドキア教父の論理は、元来のバランスを崩したかたちでフィオーレのヨアキムによって再び唱えられたが、彼の教えは一二一五年の第四ラテラノ公会議で、異端として断罪された。公会議は聖三位一体を三人の構成員を持つ種になぞらえて語ることを批判したのである。これは当然ニカイア信条を父・子・聖霊が一つである(una res)という意味で解釈する理由を提供し、その統一性とは一個体の統一性に比すべきものであった。しかし、それでもなお、三位格の違いは何らかのかたちで保持されなければならなかった。そして、それはたびたび、既に見たように、「位格」としては異なるけれど、三位は「本質の数的一致」によって結ばれているのだという説明によって為されてきたのである。

私見では、このフレーズはあまり役に立たないものである。これは、理論としては曖昧であり、「本質」をどう定義するかによって、その意味も変わってしまう。もし「本質」が「種」として理解されるならば、全く同じ種に属している限り、その種のすべての構成員が「本質の数的一致」を持っていることになる。しかし、このフレーズはそのようなことを指しているのではない。実際には、「本質」は「数的一致」によって示唆されるような意味を持っていた。そして、もし「アリストテレス的」教えに固執して、選択肢は二つのみであると考えるならば、三位は単純に同じ個体であると結論付けざるを得ないのである。もしかすると、神的存在の独特さを考慮した、より適切な解釈が存在するのかもしれないが、もしそうだとしても、そのような解釈にはまだ出会ったことがない。

もう一つの問題は、カパドキア教父たちによるウーシアとヒュポスタシスの区別が、とにかくも規範として受け容れられてしまったことから生じる。それは、個体に対して用いられる語が、たびたび「ヒュポスタシスという意味で」用いられるほどであった。そして、もしそれがより一般的な意味で用いられる場合は、「ウーシアという意味で」使われていたのである。しかし、このような解釈は、上述の、ニカイアのウーシアを「個物」あるいは「個々の現実」と理解する伝統的な解釈と矛盾する。もし後者の解釈が正しいとすれば、ウーシアは「ヒュポスタシス」とどう違うのであろうか。この問いは、特にG・L・プリスティージの著作に見られるような、いくつかの特筆すべき憶測を呼んだのである。つまり、彼にとって、神格は「本質的には、自らにおいて一つのものであり、実在的には、自身に対して三つのものである」(*GPT* p. 273; 拙論 'significance of the Homoousios', p. 399 参照)。

プリスティージの議論は一貫性があるとは思えないものである。しかし、そのような説明をつけないならば、我々は袋小路に入り込んでしまったように思われるだろう。しかし、問題を両方から攻めれば、逃げ道を見つけることは可能であろう。正確で明瞭な説明のために必要なのは、実際これらの言葉がどのように用いられていたのかに関する、より詳細な歴史的説明と、それらの意味したであろうことのより明確な分析なのである。

そこで、まず始めにウーシアという語の歴史を見てみたい。アリストテレス的な第一実体（primary ousia）と第二実体（secondary ousia）との区別が、ニカイア以前のキリスト教教父たちには影響を及ぼしていないであろうことは、拙著 *Divine Substance* (pp. 113-18) において論じたところである。アリストテレスの議論への言及はヒッポリュトスの『全異端反駁』七・一六―一八の一箇所しか見つけることができなかった。もちろん、キリスト教著作家たちも、さまざまな用語が一般的にでも、個体を指してでも使われることを知っていた。しかし、彼らはその区別を特にウーシアにおいてつけることはせず、ましてウーシアをそのような区別が起こる特に重要な語とは捉えていないのである。別の言い方をすれば、我々からすると個体が意図されているに違いない、ウーシアの複数形のウーシアイ (ousiai) への言及も存在するのだが、古代の著作家たち自身が個体について語りたい場合、‘(prōtai) ousiai’ ではなく、‘ta kata merous’ などのフレーズを用いたのである。事実、キリスト教著作家たちが ‘ousia’ の異なった意味を論じる場合、彼らは通常、非物質的ウーシアが第一であるのか（プラトン主義者の思想における ‘noēta’、あるいはイデアのように）、それともストア派が考えたように思考や思想がそこから生まれ出る、物質が第一の現実であるのかという問いに関心を示していたのである。オリゲネスの『祈りについて』八は、まさにこの対照を念頭に置いているが、これはフィロンや中期プラトン主義の著作家にもよく見られるものである。特筆すべきことは、このウーシアの議論においては、通常のどのような意味もそれに適用されていなかったことである。ウーシアは「質量名詞」として用いられていたのである。一方で理性的な現実がその全体として想定されており、他方で物質的な現実も全体として意図されていたのである。しかし、これにより二つ目の問題が生じる。教父たちがウーシアという語を曖昧に、そして混乱させて用いていたとして、それでも教父の著作を批判的に読む助けとなるように、ウーシアの語義のさまざまな可能性を、より良く分析をすることはできるのであろうか。

この問題に関しては、上述の拙著において論じているので、充分な議論はそちらを参照していただきたい。ウーシアの意味の区別としては、単に一つだけではなく、交差分類へとつながる二つの独立した区分が必要であろう。まず簡単な最初の段階として、動詞的名詞であるウーシアは、その動詞の不定詞形である ‘to einai’ あるいは、分詞形の ‘to on’ と同義になり得ることを挙げることができる。不定詞形と同義の場合は、主語に関する事実、あるいはその状態を示すことになる。‘To on’ を意味する場合は、当然、主語そのものを直接指すことになる（「存在するもの、あるいは、～は～である」）[that which exists, or is so-and-so]。しかし、ウーシアとは不定詞の ‘to einai’ でも、主語と思われる分詞（to on, that which is）でもなく、‘einai’ と共に用いられる述語を指すこともできるのである。つまり、「あるもの」（that which is . . . ）ではなく、「～が何であるか」（*what* something is）を指し、その性質、種、素材や、何であれその属性を指すことができるのである。（ここではしばし、‘is’ が、‘Ilium is Troy’ のように、主語と述部を同じものとして結び、ただ同一性を表す場合を無視することとする。）

それゆえに、拙著においては四つの語法（modes of reference）を次のように提示した。

（1）事実を示す不定詞
（2）述詞
（3）一般的な主語
（4）特定の主語

（3）と（4）の違いは、必ずしも種と個の違いではない。なぜなら、（3）は種や属などを含むのみならず、「火」なども含まれるからである。「火」の場合、個々の火がその構成員となって一つの種を形作るわけではない。しかし、これ以上この図式を複雑にすることは避けたいと思う。

ここで、例を用いることが有益であろう。例えば、ウーシアの中心的なニュアンスが単純に「存在」であるとしよう。これには次の解釈が可能である。（1）主張することも否定することもできる、Xに関するただの事実として。（2）Xが持っている存在の種類を名付けるものとして。ただし、私自身はこのような「存在」の用い方は避けたいものである。（3）（4）一般的に（that which exists）あるいは特定的に（some particular existing thing）、直接Xそのものを指して。

しかし、もちろんウーシアの「中心的なニュアンス」が単純に存在である必要はない。私見では、少なくとも七つの可能性が認められなければならないと考えられる。

A　存在

B　カテゴリーあるいは形而上学的な状態

C　特に、本質のカテゴリー

D　物質

E　イデア

F　定義

G　真理

これらの意味のほとんどは、アリストテレスの読者には馴染み深いはずである。ただ、聞き慣れたCに対して、Bについて戸惑いを覚える初学者は、拙著 *Divine Substance* の一三六―一三八頁を参照していただきたい。つまり、上述のように、オリゲネスは『祈りについて』において、ストア派的なウーシアの意味、Dと、Eとして分類することが最も相応しいプラトン主義的な意味とを対比させているのである。つまり、彼は非常に一般的に、全体としてのある種の現実を指しているので、D3とE3を対比させていると言えるであろう。

この分析には、厳密に制限された意図があることを再び注意しておく。これは、ただ批判だけを目的としているのである。それゆえに、ウーシアという語を用いた教父たち自身が、このような意味の多様性を認識していたということを言おうとしているのではない。実際、教父たちがどのような区別を認識していたのかということは、別の問題であり、既に簡単に触れたことでもある。アタナシオスのような著作家は、気づかないままある意味から別の意味へと移行する。実際、彼もオリゲネスに似た区別を認識し、「被造物のウーシア」と「神的ウーシア」とを対比させてはいる（『アレイオス派反駁』一・五七―五九）。しかし、我々はより正確な区別を認識することができ、それによって時には、この聖人が一貫性をもって議論しているのか、話を曖昧にしているのかを判断することができるのである。

このような分析を用いると、ウーシアという語を含むニカイア信条のフレーズもより的確に吟味することができる。ニカイア信条では、子は「父のウーシアから」出ており（他の何からも出ておらず）、父とホモウシオスであるとされている。ここで、我々の見解は、ニカイア公会議への教会政治的影響に関してどのようなスタンスを取るかによって変わってくる。かつては、ニカイアにおいてはコンスタンティヌス帝とその教会的相談役であったコルドバのホシウスから出た西方の意見が支配的であったと考えられていた。具体的には、ホモウシオスという用語は既に西方では流通しており、テルトゥリアヌスの'una substantia'と同じ意味として受け容れられていたのだと主張されてきた（そして、近年ではW・A・ビエネルトがそのように論じている）[1]。このような見解は、オリゲネスが三つのヒュポスタシスにこだわったことに批判的であった教皇カリストゥスや教皇ディオニュシウスに見られるローマの伝統の色彩を、ホモウシオスが帯びていた可能性を示すことになる。

しかし、現在ではこの「西方的」ホモウシオス解釈は棄てられなければならないことで大方の同意が得られている。そうすると今度は、ギリシア語著作家（ギリシア語を話す西方の著作家も含む）におけるホモウシオスという語の歴史をできる限り遡り、さらにそこにある、論争を巻き起こしたさまざまな意味の可能性に目を向けることが求められてくる。なぜなら、ホモウシオスは、アレイオスがそれを既に棄却していたということが重大な要因となって受理された可能性が無きにしも非ずだからである。

ホモウシオスの早期の用法を調べてみるならば、その語義の稀に見る柔軟さに驚かされることであろう。この語は、グノーシス主義の著作家たちと、彼らに反対したキリスト教著作家たちに見られるのが最初であり、その文脈は通常、以下の二つのうちどちらかである。次の通りである。（1）神が本当にその神性を他の存在に伝えることができるのかという疑問を起こさせる、流出の理論。そして、（2）霊・魂・物質によってそれぞれ支配される、理性的存在のグノーシス主義的な三段階である。これらの三段階は、もちろん倫理的な違いは示唆されてはいるが、どれも一見、物質的な「質量名詞」によって捉えられているので、このような文脈においてはホモウシオスは比喩的に用いられているように思わされる。しかし、基本的な意味は「同じ類のもので作られている」だと考えるのが妥当であろう。

さて、ここでの目的から、三位一体論におけるホモウシオスの用法、特に子と父の関係を表す場合における用いられ方を吟味する必要がある。「ホモウシオス」とほぼ同様の表現を用いるアレクサンドリアのクレメンスは、ホモウシオスを父と子の関係を表すために用いた可能性がわずかにある。オリゲネスにはその可能性がより強いが、非常に著名な学者にはこれを否定する人々がいる。その評価はルフィノスによるある箇所の翻訳に拠るところが大きいのであるが、彼の著作は、彼自身の時代の基準に照らしてオリゲネスを正統主義として提示しようとしているために、時に不正確なのである。しかも、このルフィノスの著作は、それ以前のパンフィルスがオリゲネスを擁護した著作を資料としている。オリゲネスは、「神の力の息吹、全能者の栄光から発する純粋な輝き」として知恵を描き出す知恵の書七章二五節について語っているとして引用されている。そこでのオリゲネスによると、この箇所の説明は、物質の変化になぞらえて、流出したものが（その起源と）ホモウシオスと思われるために、子が父と本質を共有していることを示しているのである。この主張の文脈からして、ルフィノスがオリゲネスの原文を「改善」した可能性も窺える。しかし、逆にこの箇所はそのような主張がなされる唯一の箇所ではないのである。オリゲネスは、ギリシア語で残されたある文書（『ヨハネ福音書註解』二・二・一六）において、「子の神格を否定し、その個性とウーシアを父とははっきりと分かれたものとする」人々を非難している。[2] このテキストからすると、彼が「同じ本質」にこだわったことが理解できる。しかし、このような語法はオリゲネスにおいて一般的なわけではなかった。そうでなければ、エウセビオスのような後のオリゲネス主義者がこの用語をそう嫌うことはなかったであろう。しかし、この時点で、ホモウシオスの意味は未だに流動的であった。『諸原理について』四・四・九で、オリゲネスはすべての理性的な本質は、他のすべての理性的な本質と同質であると述べているのである（！）。彼の知恵の書に関する註釈は、存在の連続性を示唆してはいる。しかし、流出とは一方的な行為であるために、それらの同一性や厳密な平等性を意味していないことは明らかである。グノーシス主義とその批判者である正統主義の両方が、ホモウシオスを「源」と「流出するもの」の共通性として用いているのである。

ホモウシオスが確実に三位一体論との関連で見られるのは、アレクサンドリア司教のディオニュシオスとローマ教皇ディオニュシウスを巻き込んだ論争が最初である（二五五頃―二六〇年）。まずリビアで様態論的教えのサベリオス主義が出現した。それに対する司教ディオニュシオスの批判は厳しいものであった。しかし、そこで逆に彼に対する苦情、とりわけ彼が子は父とホモウシオスであると教えていないということが、ローマに報告されてしまった。アレクサンドリア学派は、三つの異なるヒュポスタシスというオリゲネス的な教えを信じていたのであるが、ローマに苦情を届けた人々は、あたかもホモウシオスを用いてその教えを非難しているかのように見える。恐らく彼らは神が一つのヒュポスタシスであると教えており、ローマからの好意的な返事を期待していたのであろう。司教ディオニュシオスは、弁明を迫られた時、自身はホモウシオスと同等の表現、例えば人間の生誕の喩えなどを用いたのだと論じた。しかし、彼は実際にホモウシオスという用語を受け容れているわけではなく、教皇ディオニュシウスもそれを強いてはいないようである。教皇はサベリオス主義と三つの別々なヒュポスタシスを想定する誤ちの両方を批判するが、「三つのヒュポスタシス」を完全に否定するには及ばなかったようである。

少し後には、ホモウシオスという用語に対するより明確な批判を見ることができる。この語はサモサタのパウロスの教えを断罪した二六八年のアンティオキア会議によって拒絶された。パウロスの批判者は確実にオリゲネス主義者であったのだが、パウロスがホモウシオスという語をどのように扱ったのかを知るための、彼の教えに関する充分な情報はない。

ニカイア公会議の直前には、ホモウシオスはアレイオスによって拒否され、彼のより注意深い同調者であるカイサリアのエウセビオスによって批判されているのを見ることができる。アレイオスは二つの理由によりホモウシオスに反対する。まず、ホモウシオスは子を父と等しくさせ、物質まがいの生誕の過程を示唆し、それは父に変化と分離とをもたらしてしまう（アタナシオス『アルミニとセレウキアにおける教会会議に関する手紙』より、『タレイア』九、一六行目）。エウセビオスも同様の懸念を抱いており、子は究極であるはずの父と等しくなることはできないとしているが（『福音の準備』一一・二一）、彼は子が父に完全に類似することはできると考えており（『福音の証明』四・二・七）、それは無論アレイオスには受け容れられないものであった。また、エウセビオスは子が父から派生することを物質化するような言葉で説明してはならないとしたが、『福音の証明』五・一においては、やむを得ず日光と香りについての喩えを許容している。これらは、源を減少させることのない放出の一般的な喩えであり、エウセビオスが『福音の準備』一一・一七・三—六において引用しているプロティノスにも用いられている（『エンネアデス』五・一・六）。そこで重要なことは、プロティノスは放出されたものは源よりも劣っていると述べていることである。

ニカイア公会議に関しては、もちろん終わりなき議論がなされているところである。正式な議事録が残されていないために、事実を確かめるのは困難である。なぜホモウシオスが信条に組み込まれ、それは何を意味していたのか。現時点では、確かな答えを出すことはできない。かつては、コンスタンティヌスあるいはホシウスが、位格の独自性ではなく神の統一性を強調するため、「西方化」する用語として導入したのだと考えられていた（二〇七頁参照）。しかし、この語が実際に西方で用いられていたという証拠は乏しい。また、この理論に対する重要な反論は、モナルキア主義的な神学を好んだ、後のサルディカ会議（三四二—三四三年）において、ホモウシオスへの言及がなく、かえって「一つのヒュポスタシス」について語られているという事実である。恐らく、ニカイアにおいてはいくつかの異なる動機がうごめいていたと考えることが妥当であろう。ホモウシオスが提示された一つの理由は、アレイオス自身がそれを拒否していたということである（N・H・ベインズ［Baynes］はアンブロシウスの『信仰の解説』三・一五に基づいてそのように論じている）。そして、コンスタンティヌス帝自身は、その用語の意味をあまり厳密に定義しないことを望んでいたのかもしれない（E・シュヴァルツ［Schwartz］）。彼の目的は犠牲者を出すことではなく、アレイオスを彼の支持者から引き離して、一人でも多くの人を勝者側に付けることだったのである。短期的には、この政策はカイサリアのエウセビオスが他のアレイオスに同調する者たちと共に、ニカイア信条を承諾したことによって確かにされた。しかし、彼らは渋々会議の決定に従ったのであって、論争はすぐに再び勃発した。エウセビオスは、なぜ自身が他のニカイア信条の文章と共に、不評な用語を受け容れたのかを説明する手紙を、自らの教区に宛てて記している。この手紙は、ニカイア公会議が保守的なオリゲネス主義の神学者たちによってどのように受け止められていたのかを示している。しかしその手紙からは同時に、会議においては信条を受け容れることのみが求められていたのであって、その正式な解釈までは示されていなかったことが分かるのである。結果的に、ニカイア信条はキリストが完全に神であり、父と共に永遠であることを宣言したけれども、神的統一を特に強調することはなかったのであった。

アタナシオスによるホモウシオスの弁明は、一般的に権威あるものとして受け容れられている。しかし、この語は彼の神学の基礎にあるものではない。彼がこの語を強く主張し始めたのは、ニカイア公会議の二五年ほど後からのことであったし、それもニカイア信条そのものの文脈においてしか語られることはないのである。アタナシオスはホモウシオスを最重要事項と考えるようになったが、基本的に、中心的な信念に関しては強固に主張したにもかかわらず、その定式に関しては比較的柔軟であった。彼は哲学的響きのあるフレーズを用いはするが、それらの一貫性や論理性よりも、彼の教会の伝統と合致するかどうかを気にしていたようである。

アタナシオスのアレイオスに対する反発は最初から確固たるものであった。（私見では、アタナシオスが司教アレクサンドロスの『回章書簡』［*Henos Somatos*. 三一八年頃］の草稿を執筆したと思われる。メーラー［J. Möhler］

Athanasius, p. 174 参照)。彼は、子はいかなる意味においても父よりも劣ってはおらず、永遠より父と共に存在するのだと信じていた。しかし、子はどのようなかたちで永遠から存在したのであろうか。アタナシオスは、子を父の内にある知恵、また同時に父と親密で「父のふところにいる」(ヨハネによる福音書一・一八)子として捉えていた。この子は、「わたしと父とは一つである」と言うことができるのであるが、この場合の主語は「子」と「知恵」の二通りなのである(ヨハネによる福音書一〇・三〇。『アレイオス派反駁』三・四)。また、このような比較は、ただ神の知恵と神の子の間のみならず、知恵に関する二つの異なる考え方に見ることもできる。時に知恵は人格化され、フィロンの伝統においては子、ロゴス、知恵は、同じ存在に付される交換可能な称号なのであった。それゆえに、箴言八章二二節を解説して、アタナシオスは神が知恵を「造り」、「その道の初め」としての特別な地位を与えたのであるが、それは受肉の出来事に他ならないと教えるのである(『アレイオス派反駁』二・四五、五一—五三)。しかしアタナシオスは、創造について語る際には、知恵を単に神が命令を下すことのできる補助役や従属する存在ではなく、神自身に本質的に独自な力であると主張している(前掲書、二・二八、三・六四)。ここでは、アタナシオスは知恵の独自な位格を否定する寸前なのであるが、マルケロスのように神とロゴスが一つのペルソナ(prosōpon)であるとも、そうなるとも論じてはいない。それよりも、子は永遠の霊的流出により、分裂も減少ももたらさない日の光のように、父から永遠に生まれているのである。子は「父の本質に固有」であるが(idios tēs ousias)、その独自な表れなのである。なぜなら、子は「父のふところ」にありながら、同時に宇宙に浸透し、さらには十字架の上で苦しんだ人間の体にも宿ることができたからである(『言の受肉』一七)。神秘を完全に理解することは無理である。とするなら、どうしたら、人間とは大きく異なる命の中で、人格的な同一性と独自性を構成するものを理解することができるのであろうか? ただ、いずれにせよ、アタナシオスにとっては、父が永遠に知恵を享受していることと子を永遠に生誕させていることは、一つの説明しがたい事実の同等な表現であったようである。

このような固い信念に基づき、アタナシオスは長年、子が父の「本質から」のものであり、「本質において類似している」(homoios kat' ousian)と述べることで満足していた。それゆえ、彼が「同一性」(sameness)について語っていることは、この文脈において理解されなければならないのである。実際、「同一性」とは、部分的には霊的世界に特徴的な不変の恒久性を示しているのである。アタナシオス自身は(彼の真正な著作において)三位一体を「三つのヒュポスタシス」と呼ぶことはない。(3) しかし、恐らく彼は、彼の司教であったアレクサンドロスがほぼ同じ表現を用いていたことを思い起こし、自身の教区においてそのような表現を用いる人々を批判する気はなかったのであろう。もしかすると彼は、ホモウシオスがそのような神学を妨げる役割を果たすと考えていたのかもしれない。しかし、暫くすると、アタナシオス自身が用いた表現、特にホモイオス(homoios)や「本質において類似している」(homoios kat' ousian)などは、より穏健なアレイオス派に妥協しようとする人々によって好まれるようになってきたのである。そして、この時にこそ、アタナシオスはニカイア信条とそのキーワードであるホモウシオスを擁護するために断固とした態度で語り始めたのである。彼が好んで用いた太陽とその光の喩えは、彼の心の内に何があったかを示している。つまり、父の全存在と力は子と共有されており、子を通して世界へと伝えられている。しかし、子が父より劣っているとか、父とは別であると述べることはできない。ただし、子と父とは交換可能ではなく、さらに位格としても同一性が薄いのである。父自身は究極の源として留まり、そこから栄光が流れ出て、そこへと感謝が捧げられるのである。

三位一体の教理は、充分な聖霊の神学によって完成されなければならない。アレイオス論争の早期においては、議論はロゴスの地位に集中しており、聖霊についてはほとんど触れられず、ただ特に保守派のグループは三位すべての独自な現実を主張していた。しかし、ロゴスの完全な神性は認めても、聖霊の神性を認められない小さなグループ(プネウマトマコイとマケドニオス派)によって論争が起こされたのである。このことはアタナシオスとバシレイオスからの反論を呼び、三八一年の公会議に帰されているニカイア信条の改訂版においては、完全に聖霊の神性が認められている。しかしこの論争は哲学的議論の果たした役割が小さいため、本著の範疇には含まれないものである。この議論はほぼ聖書によって、また確立されていた教会の伝統によって解決されたのである。多くの反アレイオス主義的議論がただこの新しい文脈において繰り返され、事実、論争はあまりにも早く終結しすぎたと指摘されるほどである。もしこの論争がもう少し長引いていたならば、神的経綸における聖霊の役割についてより冒険的で建設的な思想が促されていたかもしれない。

原註

（1） *ZGK* 90, pp. 151-175.

（2） この箇所に関する私の見解（*Divine Substance*, pp. 211-14）は J. Hammerstaedt, *Jahrbuch für Antike und Christentum* 34 (1991), pp. 14-20 において批判されており、改訂が必要であるかもしれない。

（3） *In Illud, Omnia* の最後の部分（六）は、確実に偽作である。また、『復活祭書簡』三六に付されて L. T. Lefort, *CSCO* 150 p. 70, 9-10 = 151 p. 27, 12-13 に印刷されている箇所も真正ではない。T. D. Barnes, *Athanasius and Constantius*（参考文献20参照）, p. 184 n. 20 および A. Camplani, *Le Lettere Festali*（参考文献20参照）, pp. 101-3 参照。

第15章　本質と位格

前章において、ウーシアとヒュポスタシスという用語の理解不足から生じた問題について少し触れた。西方においては、テルトゥリアヌスの定式である'una substantia,' 'tres personae'が、明らかに彼とは違う神学的関心を抱いていた思想家たちによって受け容れられていた。テルトゥリアヌス自身は三位の独自の存在を主張することに気をもんでいたのであるが、彼と同時期のローマの神学者やその後継者たちは、神的統一の方に重きを置いたのである。また、東方においては統一された定式がなく、状況はより切迫していた。多くの東方神学者は様態論的教えに激しく反対した。オリゲネスは三つのヒュポスタシスについて語ったが、これは部分的には子と聖霊の実質的な実体を保持するためであった。しかし、彼の言葉は、三つの位格を力と尊厳の優劣によって順序付ける、彼独自の三一論を示唆するようになった。東方神学者の中には、このような含みを避けるためか、それとも西方を真似てか、「一つのヒュポスタシス」について語る者もあった。しかし、これも父のみが実体を持ち、他はただ父の力か働きであるかのように聞こえかねない。しかし、神学論争の只中にあっては、用いられていた用語に関しての思索はあまりなされなかったのである。神学者たちは、多少のニュアンスの違いはあっても、ヒュポスタシスとウーシアをはっきりとは区別しなかった。オリゲネスによるウーシアの用い方もはっきりしないものである。それゆえに、後のオリゲネス主義者たちは、厭うべき「一つのヒュポスタシス」にあまりにも近い「ホモウシオス」という語を好まなかったのである。ただし、彼らは絶対的にこれに反対したわけでもなく、強硬に三つのウーシアを主張した者は少数に留まった。

周知の通り、解決策はウーシアとヒュポスタシスの間に明確な線を引いたカパドキアの教父たちによって見出された。しかし、このような発展の重要性は、それが起こる以前にはウーシアとヒュポスタシスは互換的な語として用いられ（これは全く不正確であるが）、それぞれが後にカパドキア教父によって区別される二つの意味を既に内包していたかのような印象を与えてしまった。しかし、そのような推測は真実から程遠く、既に示したようにウーシアは一連の複雑でさまざまな意味を持っていたのである（二〇〇―二〇六頁）。ヒュポスタシスは、次に見るように、非常に異なる歴史と哲学的結びつきにもかかわらず、ウーシアの意味をかなり近いかたちで反映するような複雑な意味を発展させたのである。もちろん、さまざまな著作家は、神学的文脈に応じて一方を他方よりも好んでいたが、それ以外でのウーシアとヒュポスタシスの違いは基本的に頻度の違いであり、ある特定の意味に関しては一方が他方よりもずっと一般的だったのである。

ヒュポスタシスは動詞的名詞であり、その動詞は通常現在形で'huphistēmi'と記される。しかし、その語根は語幹の sta-（ラテン語の sta-re と比較せよ）を含み、'substantia'という複合名詞を生み出すのである。このギリシア語の動詞は他動詞としては「下に置く」ことを意味し、中間態の自動詞としては「下に立つ」を意味する。そして、この二つの意味のどちらが「ヒュポスタシス」という語の基礎となっているのかについては、意見が一致していないのである。G・L・プリスティィージは、ヒュポスタシスが用いられるとき、少なからずの場合においてそれは能動態の動詞に由来すると論じ、その見解は *Patristic Greek Lexicon* に反映されている。しかし、H・デュリー（H. Dörrie）は、早期の文書で名詞形と関連してその語が用いられる場合、それはほぼ常に中間態の'huphistasthai'であることを証明したのである。それゆえに、この語の発展の形成段階について論じる際には、プリスティィージの見解は退けられなければならない。確かに、より後期の著作家たちは、ヒュポスタシスを能動態の'hupostesai'「産出する」と結び合わせて議論しているが、これは、学者たちの創意工夫の結果だと言えるであろう。

'Huphistēmi' という動詞は古代の著作家たちの間では一般的な語であるが、その名詞形であるヒュポスタシスは詩歌や洗練された散文などには珍しく、科学的あるいは医学的な著作により頻繁に見られるものである。その意味を三つに分けてみよう。

（1）底に溜まる物。時に尿を意味するが、大体においては固形の沈殿物や排泄物。

（2）下に隠されているもの。待ち伏せ（ソポクレスはこの意味で一度用いている。この場合、他動詞的に「待ち伏せを配置する」と自動詞的に「待ち伏せをする」の両方の意味で用いられる）。より一般的には、軍陣（サムエル記上一三・二三、一四・四）あるいは、これも「隠すこと」から、避け所（七十人訳詩編三八・八。エレミヤ書二三・二二）。

（3）支えとして下に立っているもの。最も明白なのは、字義的に、土手道や固い地面（七十人訳詩編六八・三）。建物の土台。動物の肢体。

そして、この「支える」という概念から、驚くほどに多様な意味が派生するのである。

（a）抵抗。

（b）資産、所有物。

（c）約束（動詞形には「約束する」――つまり、資産を与えるという意味もある）。それゆえに、賃貸契約（つまり、奉仕の約束の代償として保有条件を保証する書類）。

（d）事業――つまり、引き受けることを約束されたこと。

（e）希望、期待と、それを基にした確信（七十人訳ルツ記一・一二）。

（f）有形（例えば神殿）あるいはそうでない（例えば本）物の設計図。（神殿の基礎がその設計図を示すので、前者が元来の意味である可能性が高い。）

（g）占星術学者の文書では、人生の成り行きを決定すると考えられていた、人が生まれた時の星の配置。

これらの意味を区別することはしばしば困難である。それゆえに、ヘブライ人への手紙三章一四節と一一章一節では、著者が第一次的に「確信」を念頭に置いているのか、それとも確信の基となる実在を思い浮かべているのかは判断しづらいところである。H・デュリーは、それがコリントの信徒への手紙（二）九章四節のように、不満足で不安げな場合であっても、「ヒュポスタシス」が単に「状況」を意味することができると論じた。[1] そこでは、確信という意味が（たとえおかしな形であっても）ごく自然なのである。

しかし、神学的に最も重要な語意はストア派の哲学を媒介にして、（3）ではなく（1）から派生している。クリュシッポスは動詞形をこの意味で用いており、名詞形はポセイドニオスに見られるものが最初である。ストア派は、何であれ物質に具現化されていなければ、実在ではないと教えた（七一、七二頁参照）。そして、その最も明確な例は、固体の物質であった。それゆえに、元来「固める、沈殿させる、凝固させる」を意味した動詞が、「確固たる実在性を得る」ことを示唆するようになったのである。また、名詞形は既に液体や気体に対する「固体」を意味したのであるが、これも「実際に存在するもの」を意味するようになったのである。このような意味は、ポセイドニオスによって付けられた'hupostasis'と'emphasis'の区別によく表れている。つまり、稲光は固体でないにもかかわらず、「ヒュポスタシス」として存在するが、虹は誰にでも見えるにもかかわらず現象であり、ただ'emphasis'なのである。

しかし、ストア派の歴史においては混乱が生じている。固体化させるという比喩は、宇宙的なプロセスに適用するには充分に適切であった。そのプロセスとは、世界の素となるもの、つまり火あるいはプネウマがより重い要素を作り出し、今ある世界を形作る半永久的な様式や構造を得たというものである（六九頁参照）。しかし、同じ比喩がこれとはかなり異なる、純粋な基体が性質や関係を取得して、普段から馴染み深い物体を形成するとされるプロセスに再度、適用されたのである。しかし、このようなプロセスは実際に起こったわけでも、起こり得るわけでもない。なぜなら、「純粋な基体」とは人が頭の中で認識する実在の一面に過ぎないからである。人は

「純粋な基体」を「理論的に先である」と考え、それが独立して存在するとし、ただ前段階の思考プロセスを逆転させることでそれに性質を「加える」のである。ポセイドニオスは、純粋な基体自体は何の形も性質も有していないが、常に何らかの形や性質において存在していると説明した。つまり「ヒュポスタシスにおいて」存在するものと（純粋な）基体との違いは、思想上だけのものなのである（diapherein de tēn ousian tēs hulēs tēn ousan kata tēn hupostasin epinoiāi monon, アレイオス・ディデュモス『断片』二〇／Diels *DG* p. 458）。この最後の文節は、何であれ一方が他方の例である場合、反対に後者が前者の例でもあることを示唆している。純粋な基体は事物の必要不可欠な構成要素であるが、それが孤立した状態で見つかることはないのである。

このいくらか紛らわしいような理論において、この動詞は二重の意味で用いられている。時には「根底にある」と想定されているもの、あるいは理論上、先にあるものを意味し、また時には実際の現実として「現れる」ことを意味したのである。そして、「ヒュポスタシス」も「根底にある現実」を意味し、これはあたかも捏造硬貨の卑金属のように思い描かれたが、「実際に存在するもの」を意味することもできたのである。また、時には動詞的意味の「存在」を保持しており、「存在するという現実」を意味することもできたし、「存在たらしめる行為」'Realizierung' を意味することもできたのである。アレイオス・ディデュモスは、「体を生み出すには」基体と形が結合しなければならないと記しており（pros tēn tou somatos hupostasin, 前掲書『断片』二、*DG* p. 448）、ここには自動詞的な意味が見受けられると言えるであろう。ここでは、「結合」とは純粋に理論上のプロセスを指しているが、その語そのものは実際に存在してくるものとしても用いられている。ディオドルスは「ヒュポスタシス」を計画の実行として用いており、キリスト教著作家たちはこの意味を神的位格の発生に適用している。例えばアレクサンドリアのアレクサンドロスは、イザヤ書五三章八節を解釈し、子のヒュポスタシス、つまり生誕は説明しがたいことであり、父の「神的起源」あるいは生誕のプロセスの神秘と同様であると述べている（テオドレトス『教会史』一・四・四六）。アレクサンドロスは間違いなくこれを現実の行為として理解しており、「神秘」とはただその本質を知ることができないことを意味しているのである。

これまでの説明に従えば、「ヒュポスタシス」という語が驚くほど多様な意味を、物質を実在の前提とするストア哲学において発展させたことになる。しかし、しばらくするとこの語は哲学的背景を抜け出し、大なり小なりこれらの意味を変えることなく保ちながら、日常的用法でも、またプラトン主義者の間でも用いられたのであった。プラトン主義者たちは、ストア派に対抗して、知解可能な原理は「実在性を有している」(hypostasis)あるいは「実在である」(hypostases)と主張し、非物質的な魂についても同様の弁明をした。精神と魂はもちろん本質として、変化を経てもその個別性を保つ独立した要素であると理解されていた。それゆえに、アルビノスは魂のことを「ヒュポスタシスにおいては変化することのない知解可能な実在」(*Did.* 14. 3 ousia noētē ametablētos tēn hupostasin)と呼んでおり、最後の二語(tēn hupostasin)は「本質」あるいは「本性」を示しており、'tēn ousian' や 'tēn phusin' に置き換えることもできるのである。このプロセスが頂点に達したのは、ポリュピュリオスがプロティノスにおける一者、精神、魂という三つの第一次的な存在の形態を「ヒュポスタシス」と名づけた時であった。ただし、これらはプロティノスにとっては、物質から最も離れたものであった。

プラトン主義者たちは、可視的なものに対して、知解可能な世界の恒久性と実在性を主張した。しかしそれとは逆に、可視的な複製が多数であるのに対してイデアが統一であるとし、それぞれのイデアを「多の上にある一」として提示することにはあまり関心がなかったようである。実際、プロティノスは個体のイデアが存在すると教えていたのである。いずれにしても、彼らはウーシアとヒュポスタシスの違いを強調するようなことはなかった。そのような理論上の明確な区別は、恐らくポリュピュリオスからの示唆を得て、カパドキア教父たちによって初めて広く説明されるようになったのである。それゆえに、カパドキア教父以前の文書においては、ウーシアとヒュポスタシスの大きな違いは、ただその使用頻度なのであった。ウーシアの持つ七つの意味は既に記したところである。(A)存在。(B)カテゴリーあるいは形而上学的な状態。(C)特に、本質のカテゴリー。(D)物質。

ウーシアとヒュポスタシスはほぼ同義語である。

のみ「ヒュポスタシス」によって表現されるものであるが、（G）の意味におけるフレーズのいくつかにおいてはウーシアと全く同意義になるように思われ、（B）と（E）にも近くなるように思われる。（C）と（F）はごく稀に（E）イデア。（F）定義。そして（G）真理である。「ヒュポスタシス」も（A）と（D）の意味においてはウー

ここでいくつか例を見てみよう。オリゲネスは、ケルソスにムネモシュネやテミスなどのギリシア神話の神々の「存在と実在」（hupostasin kai ousian）を証明してみせるよう要求している（『ケルソス反駁』一・二三）。ここでは、これら二つの語は理論上は異なる意味を持っているかもしれないが、その差を見ることはできない。また、これらの言葉が共にニカイア信条に現れる時、今日ではほとんどの学者はそれらが同義語であると考えている。アタナシオスもこれらを対として用いており（『異教徒反駁』六）、ギリシア人の一部は悪がそれ自体において「存在と実在」を有していると誤解していると述べている。ここでも、二語は同等であると思われるが、意味は多少異なっている。アタナシオスが、悪というものの存在を否定しているのではないことは明らかである（前掲書、二）。彼はそれが肯定的な存在を有しないと述べているのである。悪とは、肯定的な善の欠如なのである（『言の受肉』四）。「ヒュポスタシス」がただ「存在」を意味する良い例としては、クレメンスの『ストロマティス』二・三五・一を見ることができる。「律法によって示されたのは罪の知識であった。それは律法によって存在を得ることはなかったのである」。これは、その前の文章と対応している。「律法は罪を作ったのではなく、明らかにしたのである」。これに関連した「ヒュポスタシス」の用法で、より分類が難しいのは、実在を思考や説明と対比させるものである。それゆえ、オリゲネスはヨハネによる福音書三章五節の「水」は「霊」と同じではないかと示唆している。つまり、そこには概念（epinoia）の違いはあっても、ヒュポスタシスの違いはないと言うのである（『ヨハネ福音書註解』断片三六）。

（B）のカテゴリーにおいては、私はウーシアを最も一般的な性質を表す語として捉えた。それゆえにクリュシ

ッポスが魂のウーシアについて、つまり魂がどのようなものであるかを議論したと言うことができるのである（*SVF* 2. 885, p. 239 l. 19; ここでは、既に魂の定義は提示されているので、ウーシアは「定義」を意味することはできないことに注意。*ibid.* p. 238. l. 32. しかし、「議論」は本の半分以上にわたって続くのである）。エルサレムのキュリロスもほぼ同様の考えを教会の三位一体への信仰に関して述べている（『教理講話』一六・二四）。「我々にとってはこれらのことを知るのみで十分である。それらの本質（physis）やヒュポスタシスについて詮索すべきではない」。

第三に、「ヒュポスタシス」は「カテゴリー」というだけでなく、厳密に「本質のカテゴリー」を意味することができたのであろうか。その可能性は低いであろう。その意味で通常用いられるのはアリストテレス自身のウーシアという語なのである。しかし、H・デュリーが示している箇所によれば、「ヒュポスタシス」も時にはウーシアの代わりに用いられることもあったようである（'Hypostasis' 一〇一頁の原註1を見よ）。テアイテトスの註解書は個々の物体は実在、つまりヒュポスタシスを有していないと述べている。これはもちろん、知解可能な現実との対比が為されているのである。しかし、これは第一の項目、つまり本質が抜けているアリストテレス的なカテゴリーのリストと関係しているのである。ここではまるで、ヒュポスタシス＝本質（substance）であるかのように見える。テルトゥリアヌスは、'substantia' を物質的な実在を指して用いているが、非本質的な性質とも結び付けており、これはストア派とアリストテレス的な思想の混合であるように思われる。

ヒュポスタシスが「物」を意味することは周知のことで、例もそう多くは要しない。この場合は、またヒュポスタシスがウーシアと同義であることは明確である。『ディオグネトゥスへの手紙』（二・一）は「ヒュポスタシス」を、異教の神々の素材となる物質、石、青銅あるいは木材を指して用いている。対照的に、「非物質的なもの」という意味はオリゲネスの『祈りについて』二七・八に現れる。そこではウーシアの意味が論じられ、オリゲネスは「無形なもののヒュポスタシスが第一次的であると考える人々」について語っている。これら両方の場合において、「ヒュポスタシス」は一般化された意味で用いられており、一連の偶像に共通しているもの、あるいは無形なものに共通しているものを指しているのである。しかしこれは、「個々の物質」を意味する場合も見受けられ、エルサレムのキュリロス（『教理講話』九・五）は神が「空をドームのように持ち上げ、原初の水の流動的な性質から安定した天のヒュポスタシスを形作った」と記している。

ウーシアは一般的には属や種という意味においても用いられており、より専門性に欠けた同様の語としては‘physis’が用いられた。「ヒュポスタシス」がこの意味において用いられることはあまり一般的ではなかった。しかし、一例としてはタティアヌスの『ギリシア人への言説』一五・四を挙げることができる。「悪魔のヒュポスタシスは悔い改めの機会を全く得ないのである」。ここでは、「類」や「種」といった翻訳が自然であろう。しかし、普通に考えればウーシアが種における個（アリストテレスの第一質料）を意味するとき、ヒュポスタシスも同様の意味を持つと思われる。しかし、それが種における個を指すのか、あるいはあるものの個々の部分の像を用いているのかはたびたび判断が難しいところである（D4あるいはE4の語意）。この難しさは、オリゲネスの著作（『諸原理について』三・一・二二）で、二つの思想が結合しているところに見ることができる。「すべての理性的被造物（ヒュポスタシス）の本性は同じであって、一つの土くれ（字義的には塊／phurama）から、［種々の器を造る］陶工のように、この同じ本性から……」[1]。そして、オリゲネスは父と子が二つのヒュポスタシス、つまり別個の存在（pragmata）であると論じるとき、父と子の統一性は共通するものや共通の神性に基づくのではなく、双方の「意志の一致、調和、同一性」に由来するのであると論じている。

ウーシアに帰される、残された二つの意味は（F）定義と（G）真理である。「ヒュポスタシス」が「定義」を意味することができるという主張の信憑性は疑わしい。しかし、ニュッサのグレゴリオスの『雅歌講話』の二においてはそのような解釈が可能なのである。「善きものからの分離ということでなければ、悪に実体（ヒュポスタシス）はない」[2]。ここでグレゴリオスは、悪の存在について論じているのではなく、それにいくらかの本質的な実在を付しているわけでもない。これは、彼によって提示された悪の定義なのである。「真理」に関しては、「ヒュポスタシス」は超感覚的な実在を指す、説明抜きに単独でプラトンに独特な「ウーシア」の用法を再現することはないように思われる。しかし、これは一般的な意味で、「理性的なヒュポスタシス」などとして表現されている。また、さらに具体的な例としては、ニュッサのグレゴリオスの『エウノミオス反駁』三・五・六三を参照していただきたい。そこでは、魂の定義は、「すべての理性的ヒュポスタシス」（peri pasēs noeras hupostaseōs）に同様に当てはまるとされている。そしてさらに、「実際に」や「実在において」を意味する副詞的な「ウーシアイ」（与格単数）には、‘hupostasei’ や ‘kath’ hupostasin’ というフレーズが平行して存在する。しかし、後者は物質的実在を指すことが多かった。

ここまでで、「ヒュポスタシス」が「ウーシア」の「主要なニュアンス」のすべてと重複することを示してきたが、ある用法が至極、一般的であるのに対して、他の用法はごく稀であることは念を押しておく。すると、これにより比較の基盤ができたことになる。これまでに挙げた例の数々から、「ヒュポスタシス」は「ウーシア」と同様に多様な語法（modes of reference）を有していることが明らかになったはずである。時に「ヒュポスタシス」はただ何かの存在を意味することもあったし、その所有者とは異なる性質を指すこともあった（悪の肯定的な実在、三位一体の本質）。また、ある時は何の区別も示されず、父と子は単純に二つのヒュポスタシス、あるいは二つの実在（pragmata）とされたし、「天の安定したヒュポスタシス」とは、属格が用いられているけれども、天そのものの一面が説明されているものに他ならないのである。

もちろん、ここではこれらの表現を用いた教父たちが、その複雑な使用パターンを認識していたと述べているわけではない。細かい観察と語法の分析は複雑な作業であり、辞書学者の仕事である。古代においては、そのような学問はまだ発展していなかった。また、私はここで示した体系を絶対のものとして主張しているわけでもない。ここで試みられたことは、論理の区分を明らかにすることであり、辞書を作成するような人々は、自らの考えに従ってこのような作業を省略し、それぞれの用語の用いられる文脈と神学的な適用法に従って資料を整理することができるのである。

周知の通り、カパドキアの教父たちはウーシアとヒュポスタシスの違いを、種と個の違いとして説明した。しかし、このような方法を用いたのは彼らが初めてではなかったようである。同様の区別は、三五八年頃にマリウス・ウィクトリアヌスによって引用されている無名のギリシアの文献においてもなされているのである（ただし、ニュッサのグレゴリオスの『アレイオス・サベリオス反駁』がこれよりも早く書かれていれば、グレゴリオスが最初ということになるが、この可能性は低いであろう）[2]。これ以前においては、正式な区別はなされていなかったようである。しかし、はっきりと定式化されていなくても、ある傾向は見て取ることができる。ヒュポスタシスとウーシアは（事実としての）「存在」あるいは「存在するもの」という一般的な意味では、同じくらいの頻度で用いられている。双方とも、頻繁に「物質性」「物質的なもの」「物質的なこと」を指して用いられている。しかし、カテゴリーとしての「本質」（substance）を指す場合は、ウーシアの方が一般的であった。そこでは、「種」やそこに属する個が意味されていた。これはつまりアリストテレスの「第一実体」に相当するのであるが、そのようなアリストテレス的区別に正式に言及されることはなかった。「知解可能な実在」については、その用法はさまざまで、プラトン主義者の多くは、プラトン自身の用法に倣って、それをウーシアと呼ぶことを好んだし、新プラトン主義者たちは「ヒュポスタシス」を専門用語として用い始めたのである。

それでも、「カパドキア的」な区別をさらに早期の資料まで辿ることはできるのであろうか。G・L・プリスティージとH・A・ウルフソンの両者は、それがオリゲネスに遡ると主張したが、充分な証拠は提示されていない（*GPT* pp. 188-189, *PCF* p. 337）。事実、オリゲネスによってつけられていた明確な区別が、三四〇年代から三五〇年代にかけてのウーシアとヒュポスタシスにまつわる不確かな論争において見過ごされていたとは考えられないように思う。しかし、このような見方にも多少の真実は含まれている。全般的には、オリゲネスによる「ヒュポスタシス」の用法はもちろん非常に柔軟なものである。それゆえに、『ヨハネ福音書註解』三二・一六・一九二

―一九三において、ヒュポスタシスはまずロゴスによってとられた人間の本質の「具体的な実在」を指し、そして次にロゴス自身の「存在」を指している。しかし、二〇・二二・一八二における「我々のより優れたヒュポスタシス」とは、「我々の霊的本質」を意味しているように思われ、それは「我々の優位なウーシア」という表現とも並行している。しかし、三位一体論の文脈においては、はっきりとした用法の区別がある。オリゲネスは通常、三つの神的ヒュポスタシスがあると主張するが、ウーシアに関しては一貫した用法を用いていない。それは時に神格の共通の「本性」を意味することもあったし（二〇八、二〇九頁参照）、より一般的には神の知恵あるいは聖霊という位格を意味したのである（*Exp. in Prov* 8: 22 と *Jo* fr. 37 参照）。オリゲネスは三位一体を「三つのウーシアイ」と呼ぶことは実際なかったようであるが、彼はウーシアという語を副詞的に用いて、父と子の区別を表しており（『祈りについて』一五。子はウーシアとhupokeimenon（実体）において父以外のものである）、それに反する意見を批判している（『ヨハネ福音書註解』二・二三・一四九）。また、前掲書、一〇・三七・二四六における不可解な文章において、オリゲネスは様態論者を攻撃している。彼らは子が数的に父と同じであり、父と子が「ウーシアだけでなく、'hupokeimenon' においても一つである」と教えたのである。ここでは、ウーシアとヒュポスタシスの区別が意図されている可能性がある。つまり「実体において一つ」とは明らかに間違いであるが、「ウーシアにおいて一つ」は必ずしも誤りではないということになる。これは、二〇八頁において提示した、「ウーシアにおいて一つ」が時には容認されていたことの証拠とも合致する。このような箇所に照らして、三五〇年代にニカイア派に合意すべきか考えていた保守的なオリゲネス主義者たちが、以前、見過ごされてきたオリゲネスの文書を、「一つのウーシア」を受け容れることが「三つのヒュポスタシス」を必ずしも否定するものではないことの証拠として見直していた可能性も高い。

この議論全体は、ウーシアの意味のアリストテレス的な二つの区別が四世紀のキリスト者にとってなじみのないものであったことを前提としているが、そのような前提には何の問題もないであろう。アリストテレスの論理学の一番の主唱者はポルピュリオスだったのであり、彼はキリスト教徒を批判したために、その著作をコンスタンティヌスにより焼き払われてしまったのである。たとえもし、シモネッティが論じたように、それらの著作が復元され、読まれていたとしても、論理学についてのポルピュリオスの著作がキリスト者の興味を引いた可能性は低いのである。バシレイオスは恐らく『カテゴリー論』を読んだことがあったようであるが（『エウノミオス反駁』一・一五）、その前半部分の章は無視している。さらに、バシレイオスはウーシアをストア派的に考える傾向があり（前掲書、二・一、二・一九）、ストア派の理論によれば種と個の間の明らかな違いは（ウーシアにおいてではなく「質」においてではあるにせよ）解決されることができたのである。ニュッサのグレゴリオスを解釈することは、より難しい。彼はアリストテレスの論理学にだいたい通じていたようであるが、恐らくそれらの知識は教科書から得たものであった。彼はさまざまな用語を用いて種・種差・個について慣例的に論じているが、ウーシアは種を指してのみ使われるべきだと強く主張している。‘merikē’ あるいは ‘idikē ousia’（「部分的」あるいは「個々の本質［実体］」）といったフレーズが、個を指して用いられているのは誤りであり、グレゴリオスにおいてはアリストテレスの「第一実体」は無視されているように思われる。しかしおかしなことに、グレゴリオスは「人」というような一般的な語までも種に限定されるべきであると主張するのである。「多くの人」や「ある人」について語ることは、聖書がそのような不適切な表現を用いることに甘んじているにしても、誤りなのである。この議論においては、アリストテレスへの言及はない。(3) いずれにせよ、アリストテレス的論理学への依存とは、アレイオス主義者に向けられた非難であった。さらには、「第一実体」というアリストテレス的用語に頼ることは、神的位格を三つのウーシアとして説明することを支持するという奇妙な結果を生み出していたことであろう。

この章を終える前に、カパドキア神学の三位一体論について簡単に述べる必要がある。カパドキア教父たちはしばしば純粋なニカイア主義を棄て、「新ニカイア」正統主義と呼ばれるものを導入し、完全な神的統一ではなく、神的位格の相似性を認めることで満足していたと言われてきた。私見では、これはニカイアが三位における本質の「数的統一」を宣言したという誤った見解から生じた思い違いである。ニカイアを現実的に評価すれば、カパドキア教父はその意図には忠実であったが、方法と用語において充分独創的であるために、独自のグループとして捉えられるのである。彼らが神的統一を主張することに真摯に取り組んでいたことは既に述べたとおりである（二〇一、二〇二頁参照）。

しかし、彼らの神学において簡単には解決できない問題が他にある。キリスト教の伝統における重要性を考えると、この点についてあまりにも簡潔にしか触れることができないことは残念である。

最初に、三位一体と一つの種における三人の構成員の比較を指摘することができよう。これはどれほど真剣に考えられていたのであろうか。カパドキア教父たちは多少の躊躇を感じていたようである。彼らはたびたび、不可分である神の本質は、人類の統一と比較されることはできないと主張している。なぜなら、人々は時間と空間、そして倫理的相違によって分かたれることができるからである。[4] しかし、ニュッサのグレゴリオスは、頻繁に引用される『三神が存在するのではないこと』において、三人の人は何らかの意味で実際に「一人の人」であるので、この類比は有効であると述べている。（アリストテレスならばこれを「種において一つ」と呼んだことであろう。）このような試みは、失敗に終わったと言わざるを得ない。たとえもし、人々が普段は認識されていないあり方において「お互いの構成員」であったとしても、人と人との身体的・倫理的な相違が存在しないなどという議論は成り立たないのである。グレゴリオスはペトロ、ヤコブ、そしてヨハネを例に挙げているが、これは特別なケースである。グレゴリオスの議論は至極、大雑把なものであり、もしこれがすべてに対して適応できると言うならば、それは最もありそうもない場合においても真実でなければならない。つまりグレゴリオスは、例えばモーセとエウノミオスとクレオパトラが皆「一人の人」であることを証明しなければならないのである！

第二に、カパドキアの三位一体論は、その発展の元である「ホモイウシオス派」に固有な問題を抱えている。カパドキアの教父たちは、子と聖霊は、従属的で劣っているので父とは「異なる」（unlike）というアレイオス派の教えに対抗して、三位がすべての面において似通っている（alike）のだと宣言したのである。するとしかし、三つの位格を区別するための何かが必要になってくる。そして、それは「存在の様態」（tropos huparxeos）に見出されるのである。父は生誕せざる起源であり、子は父によって生まれ、聖霊は何らかの仕方で父から発出している、あるいは「（息のように）吹き出されている」のである（無論、これは後のラテン教会が主張したように、「父と子から」ではない）。それゆえ、それぞれの位格は、既に見た三人の人間との類比によって描き出されるように、共通の本質と個別の性質の結合なのである。しかし、これは論理学者による人間理解である。人は、ある個人の本当の姿を、その人をただ個別な性質が加えられた、人類という種の一例として見るだけでは捉えることができない。それでは、どうしてこのような不十分な定式が神の本質に関して妥当であると言い得るであろうか[5]。

それで、これが不完全な類比であることが認められるであろう。三位一体においては、位格の区別は単なる独自の外見的な印ではない。それぞれの位格が自身の存在の様態（tropos huparxeos）を有しており、これは始まりの時だけの話ではなく、永久の事実であり、それぞれの存在に欠かせないものなのである。しかしこの場合、共通の本質を単に最小限の違いを保ちつつ繰り返されるものと考えることはもはや無理である。その本質は子の生誕と聖霊が「吹き出された」ことによって再構成されているのである。しかし、もし本質がお互いから区別され得、さらに子と聖霊という独自の存在を生み出すとすれば、どうすればこのようなプロセスが、変化のない共通の本質を生み出すことなどできるのであろうか。

では、この類比は位格の起源を人間的に説明しているのであり、実際には一つの神的本質が、自らの内になぜ自らを三つのかたちで現さなければならないかという理由を保持しているのだと考えるとどうなるであろうか。これは、動的で自己分化しているという意味で、ヘーゲルの「具体的普遍性」の理論を髣髴とさせる。しかし、この議論が成り立つかどうかは別にして、そこには本質が自らを「父として」「子として」そして「聖霊として」現す必要があることになる。そうすると、本質は自らを分化させることになり、それは神の本質の完全な単一性への主張を崩すことになる。簡単に言えば、子は自らが父から生まれたことを知っていなければならず、そのような特権に対して愛をもって応じなければならない。それゆえに、子の父への愛は、特別な子としての愛ということになる。そして、愛とは神格において本質的な要素であるために、神の本質において統一性と共に区別が起こることになるのである。

第三の批判は、三位の行いが分かたれず一つであるという主張に対してである。このジレンマは、かなり大雑把に言えば、三位の行いはそれぞれの位格が貢献して成り立つのか、それぞれが別々に完成させるものなのかということである。前者の場合、それぞれの位格の貢献は他の位格のそれなしには不完全であるように見えてしまう。そして後者の場合は、一位格で済むものに三位が取り組んでいるように見える。できれば、カパドキア神学がこのような粗野な批判を覆す証拠であってほしいものだが、私はカパドキア神学がそのような役割を果たせるという確信を得てはいない。

一見すれば、上述の両方の可能性を示唆するものを見出すこともできる。例えば、ニュッサのグレゴリオスは「父と子と聖霊の、いかなる場合にも何ら異なることのない一つの行い」について語り（バシレイオス『書簡』一八九・六）、そこでは「一つ」とは三度、繰り返される行い、あるいはむしろ同時に三重に為される行いの類を指しているのである。しかし、彼は「父から泉のように出、子によって実現され、聖霊によってその恵みを完成させられる」力についても語っている（『三神が存在するのではないこと』四一頁 J., *LCC* 3, p. 263）。実際、彼はここでは「繰り返し」や「貢献」という思想の両方をまさに否定して、次のように続けている。「いかなる行いも、それがあたかも個々に、あるいは統率を欠いたまま別々に完成されたかのように、位格の間で分かたれることはない」。しかし、後者はさほど深刻な可能性ではない。誰も神的位格がお互いの行動に関して無知であるとは考えないからである。それゆえ、グレゴリオスの否定的な主張にはあまり力がないし、このジレンマを避けるための肯定的な提案は何もなされていないのである。

カパドキア神学的な三位一体論を取るとすれば、私見としては「貢献」型を適用することが好ましいと思われる。この見解の明らかな欠点を避けるには、そもそもカパドキアの教父たちが主張したように、神的位格は完全に意志と知識において一つであると唱えればよいのである。もしそれぞれの位格の働きが、個々において不完全であると思われるのであれば、（例えば）子を通して行われる父の行いは、父自身の位格においてなされた行いと変わらず、真に父自身の行いであると答えることができる。必要なことは、神的「三位」「一体」からあらゆる排他性の概念、そして誤解や内的摩擦をも取り除くことなのである。ただし、これは明らかに最低限の必要条件であり、神秘の余地を残さないことを目指すものではない。

より一般的な評価としては、カパドキアの三位一体論は、少なくとも、そこからいくつもの発展が可能になるような明確な教理を提示したということにおいて優れている。また、これはアレイオス主義や新プラトン主義者たちにおいて唱えられた従属説的神学の根本的な誤りを完全に退けた点において大きな貢献を果たした。その誤りとは、神の力が劣った霊や物質世界に接触することによって必然的に弱まり、曖昧にされるという考えである。そこには、すべての賜物はそれを受け取る側の程度に適合されなければならないという誤解があったのである。しかし、正統派の神学者たちはこれを人格的に、神の自己制限と被造物の必要に応じた謙りとしてより適切に説明することができたのである。

原註

（1） 'Upostasij, Wort und Bedeutungsgeschichte', *Nachr. Akad. Göttingen* 3 (1955) pp. 35-92 = *Platonica minora* 12-69; p. 39 (16).

（2） ディンゼン（F. Dinsen）*Homoousios*（参考文献14）, pp. 347-348 参照。M・シモネッティはポルピュリオスの資料を 'All' origine' としている（参考文献20）, pp. 173-175. しかし、ウィクトリアヌスが唯一の伝達手段である必要はないのである。

（3） *Ad Graecos Ex Communibus Notionibus, Opera* 3. 1, pp. 28ff. ed. Jaeger 参照。

（4） Dinsen, *Homoousios*, pp. 156-160, 特に p. 157 n. 4 参照。

（5） これらのコメントは拙論 “Individual personality in Origen and the Cappadocian Fathers”（参考文献20参照）において展開した。より詳細な批判は拙論 “Why Not Three Gods?”（参考文献20）を参照。

訳註

〔1〕 オリゲネス『諸原理について』小高毅訳、創文社、一九七八年、二二八頁。

〔2〕 ニュッサのグレゴリオス『雅歌講話』大森正樹ほか訳、新世社、一九九七年、五六頁。

第16章　キリスト——神であり人

キリスト論とは「キリストの人格と特にキリストにおける神性と人性の結合に関する学問」と定義づけることができる。この定義は、四五一年のカルケドン公会議に至る、キリストに関する議論において用いられた哲学的概念に依拠するものである。新約聖書の「キリスト論」はおよそ形の整ったものでも、統一されたものでもない。本性の統合については何も語られていないし、キーワードである'prosōpon'は通常「顔」あるいは「姿」、また時には「威厳」（マタイによる福音書二二・一六など）を意味したが、コリントの信徒への手紙（二）二章一〇節を除けば、「人格・位格」（person）を意味することは決してなかったのである。ここで為すべきことは、この哲学的概念がどのように導入され、何を意味し、そしてその用法が妥当であったかを説明することである。この目的のために、まずはキリストに関する教理の実際の発展の歴史を多少語る必要がある。しかし、ここでは簡単な概略を示すに留めるので、標準的な教科書によって穴は埋めていただきたい。

新約聖書はキリストに関して二つの対照的な描写を提示している。共観福音書においては、キリストは疑いの余地なくひとりの人である。彼は、権威をもって語ったこと、奇跡の力を持っていたこと、預言を成就したこと、聖霊を遣わしたこと、父との交わりを宣言したこと、処女降誕、そして何より死から甦ったことによって、他の人々とは区別される。しかし、彼はユダヤ教の教師、大工職人、他の兄弟姉妹と共にマリアの子でもあったのである。それに比べて、第四福音書は彼を「世界が造られる前に、彼が父と共に持っていたあの栄光」（ヨハネによる福音書一七・五）について語ることのできる天的存在として提示している。キリストの地上での生涯において、その栄光は、信じない者には隠されてはいたけれど、放棄されることはなかったのである。キリストの「受肉」は世界への介入として捉えられており、神から人への変容や新しい始まりとは考えられていない。しかし、このような見解が、周知のキリストの誕生そして人間を親としている事実といかにして合致するのかは説明されていない。同様のコメントは、聖パウロとヘブライ人への手紙に描かれている先在のキリストに関しても述べることができる（例えばコロサイの信徒への手紙一・一五―一七、ヘブライ人への手紙一・一―六）。

これらの文書の最初の読者たちは、キリストに関する二つの異なる印象を統合するという問題に直面してはいなかった。彼らは、これらの文書が一つの権威ある集成としてまとめられているものと見たわけではないのである。そして、多くのどちらかと言えば単純な二世紀のキリスト教徒たちは、容易にマタイによる福音書をキリストの生涯に関する一番の権威として据え、パウロ書簡を主に教会生活の実践的なガイドとして受け容れ、第四福音書にはあまり関心を示さなかったか、あるいはそれを問うてはならない神秘を解説するものとして尊んだのであった。しかし、教会内の勢力が最終的に異邦人的キリスト教に傾いたときに問題が生じた。パレスチナ周辺はまだ、天の父を人の姿で描き、天と地の差を光と栄光に対する暗闇と尊厳のなさとして捉えることが可能であった。しかしユダヤ人でさえも、ヘレニズム化を経た結果、神を擬人化して見ることを異教の証と考えるようになり（フィロン『世界の創造』六九、『カインの末裔と追放について』一―四など）、全能者と神的ロゴスを中期プラトン主義者たちが提示したかたちで理解するようになったのである。神は無形で不可視、不変の統一として捉えられるようになり、人間はどれほど神の霊感を受けていても、滅びいく体に縛られ、感覚的な性質に囚われていると考えられた。

そうすると、教会が受け継いできたイエスへの信仰は、どうしてこのような神学と和解することができたのであろうか。必然的に、多くのキリスト教徒はそれぞれの伝統に従って、どちらか一方を強調するようになった。

ある人々は、福音書の中のイエスの人間的要素を強く主張することが自然であると考え、イエスの父なる神との関係を、選び、予め定められた運命、特別な聖霊の賜物、処女降誕によって確かにされた養子としての神的「息子の身分」（詩編二・七）として理解した。また他の人々は、キリストの、地上での生涯を通しても変わることのない、先在の神性への信仰に固く立っていた。それゆえ、キリストはすべて外見にかかわらず、不可変（不受苦）であり続けたのである。つまり、彼は十字架の上でも苦しんでいるかのように見えただけなのである（あるいは、キリストの立場は天的キリストとは異なる人間イエスが身代わりしたという説も唱えられた）。アレクサンドリアのクレメンスは、このような議論の説得性を計るには有益な例である。彼の意図は充分に正統的であったので、彼は「今やロゴス自身が人々に現れ（epephanē）、彼のみが唯一神であり人なのである」（『ギリシア人への勧め』七・一）と記している。しかし彼は、キリストが何の身体的欲求をも持っておらず、自らがただの幻ではないことを示すためだけに飲み食いし（『ストロマティス』六・一七）、食べ物も消化することがなかったと教えたのである（前掲書、三・五九）。また、しばらく後の、キリストが神的力を示しながら人間的仕方で行動したと唱えた正統主義的著作家たちは、彼がそのようにしたのは、人間の自然な必要を満たすためではなく、何らかの信念を確認あるいは打ち破るためであったとする傾向があった（例えばアタナシオス『言の受肉』一八参照）。

このような逸脱を詳細に述べる必要はないであろう。最初のグループはエビオン派、キリスト凡夫論、養子論などの名で知られ、テオドトス、アルテモン、サモサタのパウロスなどの教師によって支持されていた。二つ目のグループは、仮現論や様態論と呼ばれる。現代の学者は時々これら両方を、それ自体第二のグループに含まれる「モナルキア主義」の中にまとめてしまっているが、それは誤りである。モナルキア主義の教師たちは、父と子の位格的区別を曖昧にし、仮現論者（子は実際には苦しまなかった）として、あるいは父神受苦説（父が受難した）を唱える者として非難されたのである。さまざまな様態論的教えは、プラクセアス、ノエトス、そしてあまり知られていないサベリウスによって代表される。仮現論と養子論の両方の傾向は、二世紀のグノーシス主義者の間に見ることができる。前者はごく一般的であり、いくつかの体系は不受苦の神的キリストと人間イエスの間にはっきりと区別を付けたのであるが、別の体系はバシレイデスやヒッポリュトス（『全異端反駁』七・二六・八）のように、主を、特別に霊を与えられたただの人間として描いたのであった。

最終的には、「共観」的なキリストの描写は、もう一方の見解を締め出すかたちでは受け容れられないことが明らかになった。教会はキリストの先在を肯定するようになり、そこに「共観」的な視点もできるだけ組み込もうとしたのである。簡単な解決策は、プラトン主義によって既に提示されていた受肉のモデルであった。プラトン主義者にとっては、もちろんすべての人間は受胎か誕生、あるいはその間において人体に宿る先在の魂を有していた。ポルピュリオスの *Ad Gaurum* は、このプロセスの仕組みを説明している。(1) 一時期は、キリスト者もこのプラトン主義的思想を人類一般のこととして受け容れることに異存はなかった（特にオリゲネス）。しかし、この思想への反対意見が現れたとき（魂は両親の魂から生まれ、最終的にはアダムまで遡る。あるいは、個々の魂はそのつど創造されている）、その思想自体は馴染み深いものとして残ったが、実践的にはロゴスという特別なケースにのみ適応されたのである。（かなり洗練された著作家でさえも、被造魂と体の結合を、被造物ではないロゴスの受肉の良い喩えであると考えたのである。）異教のプラトン主義者たちは、時に天から地へ下るということは、恥ずべき感覚的な動機によってのみ促されるものだと批判したが、プラトン主義の伝統自体は他の可能性も示唆している。(2)

このような説明が、単純化されすぎていることは認めざるを得ない。オリゲネスの思想は複雑であり、時を経るにつれ変化した可能性もある。しかし、ある有名な箇所は、キリストの魂を世界の始まり以前に他の理性的存在とともに造られた先在の存在としながらも、彼は強い愛によって他とは区別されると説く。そしてその愛が、まるで鉄が火と一体になるように、キリストにロゴスと結合して「一つの霊」を作り出すようにさせたのだとしている（『諸原理について』二・六・三―六。コリントの信徒への手紙（一）六・一七。*SVF* 2. 471）。つまり、ロゴスの受肉は特別な魂によるが、しかし普通の受肉によって成ったということである。しかし、オリゲネスの見解はこの魂の神化を、そして結果的にロゴスの受肉を、神の主導によるのではなく魂自体の決断に依拠させているとして批判の対象となりうる。事実、オリゲネスはキリストとイエスを区別したグノーシス主義者のように、二人のキリストを教えているようにも見えるのである。いずれにせよ、続く世紀におけるオリゲネスの信奉者たちは、ロゴスをイエスの内で人間的魂に取って代わり、「魂のように」（エウセビオス『マルケロス反駁』二・四・二四）あるいはイエスの「内なる人」として彼の体に宿るものとして考えるようになった。このような考え方はアタナシオスによって効果的に論駁されることもなく、アポリナリオスがキリストが人間の魂を持っていなかったと明確に論じるまで、断罪されることはなかったのである。しかし、これに対する有効な議論は既にオリゲネスによって記されていたのである。つまり、人間の魂は人間の体と同じく贖いを必要としているのであり、「引き受けられなかったものは、癒されることはなかった(3)」のである。

アレイオスは、エウセビオスと同じ見解を支持していたようである。彼は、ロゴス自身が受難において悲しみと恐怖を感じたのであり、それゆえに穏やかで無感情（不受苦）な父よりも劣る者となったのであると論じた。アレイオスは、ロゴスが特別の地位を有し、神の業の最初のものではあったけれど、何らかの意味で被造物であると教えた。それに対し、正統主義者たちは、アレイオスの付した条件を無視して、彼がロゴスをただ「被造物のうちの一つ」としたとして断罪したのである。そして、アレイオスの教えを最悪のものとして提示しようとするあまり、彼らは被造世界すべてのはかなさと不完全性を強調するようになったのである(4)。ロゴスの受肉は、有限と無限という対照的な二つの本質が一つの存在の内に結合している点で、どうしても問題を生じさせるのであるが、被造世界をより低く評価することで、その差異はより広げられたのである。

四世紀以降においては、この問題は二つの相反した神学に直面した。アレクサンドリア学派は、大体においてアタナシオスによって展開された見解に従っていた。確かに、彼らはアポリナリオスの正統性を否定し、ロゴスが「理性的魂を吹き込まれた」人間の身体を担ったのだと信じていた。これは、アタナシオスの思想をさらに発展させたものであった。アタナシオスは、「身体」を広義に、欲求や恐れを負わざるを得ないことも含む「人間の本質」と理解して主イエス・キリストの人間的心理を扱った。キュリロスは、最初はキリストの魂を形式として認識しているに過ぎなかったが、次第に苦しみの自然な中心としてより具体的に捉えるようになった。しかし、そこでは聖化されたロゴスの「身体」も、その理性的な魂も、受肉の生涯における指導的な位置を占めていない。アタナシオス同様に、キュリロスも、すべての決断はロゴス自身にかかっていると考えたのである。そして、ロゴスは時々人間的な感情が現れることも許すのであるが、それは彼を定められた模範とする人類に、彼の支配と彼らとの連帯を示すためだったのである。これにより、人々も自らの激しい感情を抑制することで、最終的に「神化」されることができるのである。さらに、ここではロゴスによって引き受けられた人間の本質は、理想的な人間性であったと考えられており、それゆえに非人格的であると考えられていた。ロゴスは人間性そのものを担ったのであり、ひとりの人を自らのものとするなどということはあり得なかったのである。

それとは対照的に、アンティオキアを中心とする学派は、アレイオス派がキリストの魂を認識し損ねたことに注目した。アンティオキア学派によれば、アレイオス派は、本来、人間の本質に属する感情や制限を付すことで神的ロゴスを貶めたのである。アンティオキア学派自体は、人間の本質を具体的かつ人格的に捉えていた。つまり、キリストの務めはただ人間的環境に神性を及ぼすことだけでなく、神への絶対的な服従により、神のロゴスを通して完成された人間の本性を示すことだったのである。それゆえ、キリストは「新しいアダム」という贖われた新たな人々の模範と励ましとなったのである。この体系においては、ロゴスの神的本質とキリストの完全にされた人間的本質とには、無限と有限という存在論的な違いがある。しかし、アンティオキアの神学者たちは、二人のキリストを教えているのではないかという批判を否定したのである。彼らによれば、二つの存在は必然だったのである。なぜなら、キリストが神であり人であったため、必然的に二つの'prosōpa'もしくは二つのヒュポスタシスがなければならなかったからである。しかし、これらのフレーズは既に正統派と異端の両方の文脈において現れていたにもかかわらず、統一された決まりは何も定められていなかったのである。それゆえ、エイレナイオスは、神の言と人間イエスの協力という、二つの本質を示唆するグノーシス主義的な理論を論駁している一方で（ex altera et altera substantia dicentes eum factum,『異端反駁』三・一六・五）、テルトゥリアヌスはキリストの内にある二つの本質について論じているのである（『プラクセアス反駁』二七）。しかし、アンティオキア学派にとっては、二つの要素の溝は神が彼を選んだことに対する応答として、完全な人が完全に神に従ったことによって塞がれているのである。事実、'eudokia' という同じ語が、イエスが自らの従順によって勝ち取った神の恩寵と、神をこの世界に関わらしめた「御旨」の両方を意味したのであった。

学派間の軋轢は、四二〇年代にコンスタンティノプルの新主教のネストリオスとアレクサンドリアのキュリロスの間に激しい論争が生じたときに頂点に達した。ネストリオスは真摯ではあったが経験が浅く、攻撃的で柔軟性に欠けていた。それに対してキュリロスは、熱心ではあったが、ずる賢く、横柄で良心的ではなかった。キュリロスは四三一年のエフェソ公会議でネストリオスの破門を確かなものとした。その際キュリロスは汚い手段を用いたし、ローマが果した役割も決定的で嘆かわしいものであった。教皇ケレスティヌスは、ネストリオスが養子論者であるというキュリロスの説明を鵜呑みにし、（仕方のないことではあるが）ネストリオスが「新しいローマ」の主教としての尊厳を引き受けたことに気を悪くしたのである。実際には、ネストリオスはただアンティオキアの神学者の間で受け容れられていた教えを定式化し直しただけなのであった。キュリロスは、キリストの統一性に関するより明確な言明を主張することは正しかったにしても、一貫した思想家としては劣っていた。彼は、アレクサンドリア学派の立場を、キリストの神性と人性の区別を意図的に曖昧に表現することで、ネストリオスがそれを否定せざるを得ない状況に追い込んだのである。このことは教会に混乱を招き、結果的にキュリロスの言明は教会を困惑させ、分裂をもたらしたのである。

この論争は新たな定式を登場させることになった。特にキュリロスは、「肉となった神的ロゴスの一つの本性」

というフレーズを支持していた。彼はこの定式がアタナシオスに由来すると信じていたが、実はこれはアポリナリオスによって作り出されたものであった。他方、アンティオキア学派は神性と人性という「二つの本性」を主張した。そこで最終的に編み出された妥協的定式は、二つの本性の統合が起きたというものであった。アレクサンドリア学派は、キリストが「二つの本性から」成っていることに同意する意向はあったものの、「統合の後の一つの本性」を強く主張した。しかし、四五一年のカルケドン公会議では、アレクサンドリアの極端な主張をする人々に対する部分的な反撃があり、それがキリストが「二つの本性において」礼拝されるべきであるというアンティオキア学派にとってより親和的な定式を生み出し、ローマにも認められたのであった。その定式によると、この「二つの本性」は完全な統一へと統合されているのであるが、他方それらは「混同されない」とも言われた。つまり本性の区別が撤廃されているわけではないのである。アレクサンドリア学派は、渋々この定式を受け容れたが、「二つの本性」という定式を好んでいたことには変わりなく、この緊張は間もなく、帝国を支持する親ローマのカルケドン派と敬虔で民族主義的なキリスト単性論者の間の不幸な分裂をもたらしたのであった。

この話は頻繁に語られてきたものであるが、もしかすると私は、ネストリオスを擁護する現代の傾向を、多くの学者が許容する以上に推し進めているかもしれない。さて、ここで関連する哲学的問題を考慮しなければならないであろう。私自身は、カルケドン信条はかなり制限された功績であると考えている。それは、ある思考の範囲内で、納得できるキリスト論を生み出すための素地を備えるための言明だったのであり、積極的解決を提示したわけではなかったのである。私はここで、その思考の範囲内ではこの問題が解決不可能であったと論じるつもりはない。しかし、その逆に、解決策が既に見つかり、それを今、生み出すことができるとも思わない。私が論じたいのは、その問題は当時あまりにも多くの課題が同時に問題となっていたために解決されなかったということである。しかもその一部は公に論じられていたが、他の部分は看破されない前提や矛盾であったのである。そこで、次にこの複雑さの一部に光を当ててみたい。

まず、関連する専門用語をいくつか吟味することから始めよう。最も重要なのは既に三位一体論と関連して述べた「ヒュポスタシス」である。また、通常「位格」（person）と訳される‘prosōpon’、そして「本性」と訳される‘phusis’も吟味したい。これらの語の使用法は、しばしば非専門的な言葉の内に表れる早期の言明によって示されている。それゆえに、例えばキリストが二つの‘phuseis’を合わせた統一であるということは、エイレナイオスによって示唆されているのである（『異端反駁』三・一六・二）。「ヨハネは一つにして同一の神の言を知っている。その方が独り子なのであり、その方が我々の救いのために受肉したのである」。

次に「ヒュポスタシス」について論じると、この語は既に説明したように、頻度の差はあれウーシアという語に含まれる代表的な意味をすべて表すものであった。「ヒュポスタシス」はしばしば事実や状態という意味での「存在」を意味したが、存在する事物の全体性や、ある漠然とした量を指す方が一般的であった。最もよく知られている用法は、個の存在、あるいはただの行為に対する個の本質を意味するものであった。オリゲネスは、この意味で三位一体における三つのヒュポスタシスを主張しているのである。また、ヒュポスタシスはウーシアと同様に、神格の霊的な存在や本質を意味することもでき、この意味で、二つの用語はニカイアにおいて同等に扱われたのである。

「ヒュポスタシス」が、構成員を集合的に捉えて、あるいはそれらに共通する性質を指して「種」を意味することができることには留意しなければならない。このような語法は、‘substantia’を真似たラテン的なものであるとしばしば議論されるが、そのような主張では説明できない文書も存在する。例えば、オリゲネスは『ヨハネ福音書註解』の二〇・二二・一八二で、神の似像に従った「我々のより優れたヒュポスタシス」と地から取られて形作られた物質に宿る「我々の不埒な（もの）」を比較している。また、オリゲネスは「キリストのより優れたヒュポスタシス」（前掲書、二・三五・二一五）についても語っており、それは宇宙すべてに浸透すると言われているので、神格そのものではなく神的ロゴスを個別に指しているのだと思われる。つまり、ただの「神性」ではなく、

「彼の」神性が彼の人性よりも優れたものとして比較されているのである（Kelly, *ECD* (1977) p. 155参照）。私自身は、オリゲネスがそれらを「二つのヒュポスタシス」と呼んでいるとは断言できない。

四世紀におけるこれらの語の用法は、もちろん三位一体論やニカイア信条の言葉遣いからの影響を受けていた。特に、三位の「一つのヒュポスタシス」を告白していたアンティオキアの「古ニカイア派」は、アンキュラの司教マルケロスが提示した、神格が一つの'prosōpon'あるいは人格であるという、あまりにも明確な思想を曖昧にし、「ヒュポスタシス」の意味をニカイアの「一つのウーシア」に近づけようとしたのである。この点で、アタナシオスはパウリヌスに同意していたようである。しかし、カパドキアの教父たちは、既に見たように別の道を選び、三位一体の教理を「ヒュポスタシス」を「個別の位格」として説明することによって三位一体の教理を明らかにしようとしたのであるが、彼ら自身がこのような法則をたびたび無視していたのであった。[5] それゆえに、ニュッサのグレゴリオスは細心の注意を払って執筆を試みた『普遍的に承認されている理性の真理性にもとづいたギリシア人への反駁』（*ad Graecos*）において、最初は注意深くウーシアとヒュポスタシスを種と個として区別しながらも、いくつか下の段（GNO 3. 1, p. 31 l. 18）ではヒュポスタシスをその範囲内で個々を区別する共通の原理として扱っているのである。私見では、彼が言わんとすることは、例えば「パウロ」が特別な個人を示しているのに対して、「ヒュポスタシス」は個そのものを意味するということだと思われる。

このように、「ヒュポスタシス」は一般化された意味において広く用いられており、M・リシャールがその発展を研究した通り、徐々にキリスト論の文脈に取り込まれていったのである。[6] アポリナリオスはたびたび'phusis'について語り、ヒュポスタシスについては稀にしか言及していない（リシャールによれば四回）。アポリナリオスにとって「一つの'phusis'」は、他の言葉では言い表せない特別な意味を持っていたのである。キュリロスも一つの'phusis'を支持していたのであるが、（驚いたことに）彼は一時期、二つのヒュポスタシスを語ることも許容していたのである。当然、彼が受け容れていたのはヒュポスタシスの一般的な意味であり、彼が二つの個別の存在を想定していたはずはない。アンティオキア学派は二つのヒュポスタシスを告白したが、それが二つの個、二人のキリストを意味するのではないかという批判は退けていたのである。ネストリオス自身は、「ヒュポスタシス」を一般的な意味において用いることを好んだようである。彼は三位一体を三つの‘prosōpa’であるが、一つのヒュポスタシスであると述べている。しかし、ウーシアと‘phusis’とヒュポスタシスという三つのキーワードがすべて広い意味範囲を持っていたことを考慮し、この時代に抽象的な言語を操ることがいかに難しかったかを鑑みれば、ネストリオスを責めることはできないであろう。[7] しかも、それらの意味範囲はもちろん、個と包括的な意味の区別は重要だったにしても、それぞれにただ二つだけの意味があったというのではないのである。それゆえに、「ヒュポスタシスにおける統一」とは少なくとも三つのことを意味することができた。（1）観念的な統一に対する「現実の」統一（kat’ epinoian に対する kath’ hupostasin）。（2）本性の統一。これは、これから吟味すべき複雑な統一である。（3）二つの異なる本性が一人の個人の内に具現化されているというカルケドンに特有な概念。この思想は、フェニックスが鳥と無限の存在の両方として見られるように、恐らく常に何かしらの逆説的な要素を孕むことになるであろう。二つの本性が対照的な性質を有している場合、この矛盾は避けられないのである。

次に、ラテン語の‘persona’に当たり、ヒュポスタシスに代わって三位の位格を意味することのできた‘prosōpon’について論じよう。‘Prosōpon’は字義的には「顔」を意味するが、‘dramatis personae’と並行する‘ta tou dramatos prosōpa’という、演劇における役を意味するようになった。C・アンドレーゼンによる重要な論文によると、[8] この語の神学的用法は聖書研究から生まれ出たものである。つまり、聖書の中のいくつもの箇所において、読者は話者が誰なのかを判断しなければならなかった。例えば、詩編で著者が自らの言葉と主の言葉とを交互に表現している場合などがその例である。そして、同様の疑問は神的位格についても生じたのである。例えば、出エジプト記三章一四節を見てみると、そこで自らを「あるもの」と名付けているのは、父であるのか、それとも神の言が話しているのかという問題である。ただし、少なくとも何人かの著作家たちにとっては、話し手である「位格」（person）は、個人である必要はなかったことには留意せねばならない。それゆえ、オリゲネスは雅歌の註解において四つの「位格」を区別し、それを花嫁と花婿の二人の個人と、花婿の友人と花嫁の友人の二つのグループであるとしている（『雅歌註解』六一頁、『雅歌講話』一・一）。また、‘prosōpon’ は話し手ではなく、話しかけられている相手のグループを指すこともでき、エウセビオスは「アッシリアの ‘prosōpon’」に向けて語られた言葉について語っている（『福音の証明』七・一・六八）。さらに別の例は *PGL* の *VI. A* に見ることができるが、そこでの ‘individual self’ という見出しは明らかに紛らわしいものである。いずれにせよ、‘prosōpon’ が一つの個を指すという考えは支配的になり、マルケロスはこの意味で神とそのロゴスは一つの ‘prosōpon’ であると教えたのであり、そこでのロゴスとは人格的に独自の存在というよりも、神格の働きや力として理解されていたのである。

以前は、‘prosōpon’ という言葉は様態論に特徴的なように、唯一の神が一時的に担う役割を示すものとして、三位の位格を指すには非正統的な語であると考えられていた。しかし、G・L・プリスティージはそのような見解が成り立たないことを示したのである（*GPT* pp. 113, 160, 187）。確かに、四世紀にサベリウスや他の様態論者を批判した人々は、彼らが ‘prosōpon’ を前述した意味において用いていると時に非難した。しかし、残されたわずかな史料からは、様態論者たちが実際にそのような意味でこの言葉を用いたという確証を得ることはできない。また、‘tria prosōpa’ はカパドキアの教父たち、特にニュッサのグレゴリオスにおいては ‘treis hupostaseis’ と完全に同意義なものとして受け容れられたのである。このような見解は、ある程度、古ニカイア派に共鳴するものかもしれないが、明らかにマルケロスの語法とは異なるものである。古ニカイア派は「一つのヒュポスタシス」という告白に固執していたのであり、それにより西方からの支持も得ることができたのであるが、「三つの ‘prosōpa’」について語ることは、挑発的になりかねない「三つのヒュポスタシス」という表現を避ける巧妙な手段だったのである。

時に、「ギリシア人は本当の意味での人格という概念を持っていなかった」という理由から、現代の「人格」

(person) という語は、'prosōpon' の訳語としては不適切であると言われることがある。確かに、「人格」(personality) という抽象的な名詞は、本来 'prosōpon' とは無関係ないくつかのものを際立って連想させるようになった。例えば、「人格の力」(force of character)「権力」(dominance)「カリスマ性」(charisma) などである。しかし、これらの意味は、ただの「人格」(person) という言葉からは、直接には連想されにくいものであるので、先に述べた批判は的外れということになろう。

五世紀においては、'prosōpon' は「外見」と「人格」(person) の両方の意味を保持していた。これは、ネストリオスのキリスト論において重要な役割を果たしている。そして、現代の学者たちは、たとえこの不運な司教にいくらか同情的な人々であっても、彼がキリストの内における神的要素と人間的要素の統一性を真面目に主張しようとしていたことは認めるが、彼がこの統一を外見上のものとして捉え、人格という概念を持っていなかったという意見には反対するのである。もしそうであったなら、彼の「一つの 'prosōpon'」という教理が実体的に捉えられてしまうからである。このような学者の見解の例として、Kelly, *ECD* (1977) p. 315 を参照していただきたい。

ネストリオスの神学は確かに扱いの困難な限界を孕んでいた。彼は、聖書がロゴスについて語るとき、それは神の言を指すのであり、イエスについて語る際にはその人間を指していると考える一方で、「キリスト」「子」「主」は両方の本質の統一を指すとしたのである。また彼は、ウーシア、'phusis'、ヒュポスタシスと 'prosōpon' を交互に用いて神性と人性の二元性を示すアンティオキア学派の二元論的伝統に固く立っていたのである。ただし、キリストにおける統一を指すことができるのは 'prosōpon' だけであった。ネストリオスは、神性と人性はそれぞれに 'prosōpon' を有しているが、神人統一の 'prosōpon' とは、交換によって創り出されるのだと考えるようになった。つまり、ロゴスがキリストの降誕あるいは受難において人間の 'prosōpon' を取り、人間の 'prosōpon' が高挙によって栄化されることによって、共通の 'prosōpon' が生み出されるということである。

私自身の研究は、「外見」(appearance) という語が、それが「現実」と対照的である必要はないことが認識されない限り、誤解を招きやすいことを示している。もし私が偽善者であるならば、私の公での振舞いは真実の意図を隠していることになる。もし私が真摯な人であるならば、行いと意図は一致しているはずである。そうすると、いかなる意味においてもネストリオスを仮現論者と呼ぶことはできない。キリストは真に苦しみを受けたのであり、それはただ外見上のことではなかったのである。しかし、彼の批判者たちは、ネストリオスの解釈では、実際に苦しんだのは人間イエスであり、神の言はそこに外的「結合」（sunapheia）によりつながっているだけだったことになってしまうと非難したのである。彼らに言わせれば、ネストリオスのいわゆる「統一の'prosōpon'」は、ただ橋渡しのできない分裂をごまかしたに過ぎなかったのである。

私見では、ネストリオスにおける'prosōpon'は曖昧なものであり、「個人」と「個々の性質」の両方を意味することができる英語の'individual character'というフレーズに似ている。そこで前提とされているのはプラトン主義的な形而上学であり、普遍的あるいは理想的な本性が優先されている。何か物や人が存在してくるとき、プラトン主義者は先在するイデアが一時的な「像」（representation）を得るのだと考えたのであるが、これは個人その人を指すこともできたし、その人の個々の性質を指すこともできたのである。ネストリオスが「一つの'prosōpon'と一人の子」（キュリロス『テオドレトスを反駁する弁証』三に引用されている）と述べるときは、「個人」という意味が最も強く出ている。しかし他方、「神なる言でありながら、私はあなたがたのために貧しき者の'prosōpon'をまとった」（キュリロス『ネストリオス反駁』五・二に引用されている）という言葉は、必ずしも「貧しき者の姿をとる」ことを意味せず、まして「貧しき者に変装する」という意味でもなく、「貧しき者の役割を担う」ということであり、そこでは不変な言の本性が許す限りで、真の卑下が経験されているのである。プラトン主義的形而上学においては、既に述べたように、すべての物質的存在は何らかの意味においてイデアあるいは魂、この場合は言といったより永続的な実体によって担われた役割なのである。「本性」と「例証」の違いは常に前提とされているが（「すべての'phusis/hupostasis'はその'hupostasis/prosōpon'を持たなければならない」という諺。ローフス［Loofs］*Nestorius*

ある。

pp. 71, 72, 78参照)、普遍性と個との差は控え目に捉えられる。従って、言とは、ある意味で普遍的なイデアと個のイデアの両方に当てはまるのである。言は、その範囲と力においては普遍的であるが、ただ一度、具体的な人の生に受肉したのである。これらすべてのことが充分なキリスト論につながるかは、考えなければならない課題である。

代わって'Phusis'は、アレクサンドリアの伝統において重要な位置を占めていた。この語はアリストテレス以降、大いに論じられてきたのである(『形而上学』デルタ四・一〇一四b 一六以下)。この問題に関する入門的説明は*Kleine Pauly*におけるH・デュリーの記述を参照していただきたい。アリストテレスは、'phusis'の「育つ」(phuein/to grow)という語との関係を研究し、何であれ成長や発展の原理を意味させることとした。'He phusis'は、ウーシア(he ousia)と同様に、宇宙そのものを指すこともできたが、ただ「あるもの」(things that are there)というよりは、「物事のあり方」(the way things go)を指す要素を保ってもいた(現代での'nature'[自然・本性]という語と比較すると分かり易い)。クレメンスの『断片』三七は'phusis'とウーシアをこのような意味で区別している。つまり、ウーシアが種あるいはイデアを指すことができるように、'phusis'はあるものの本性あるいはそれが取る行動を指すことができるのである。また'Phusis'は、ウーシアの「第一実体」としての意味に対応して、ある特定のものそのものを意味することもできた。このような用法は古典文学においては珍しく、少なくともその具体例を探すことは難しい。なぜなら、複数形の'phuseis'が用いられる際、それが「ものの種類」(kinds of things)を意味する可能性はなかなか否定できないからである。私の知る限りでは、アリストテレスがウーシアの場合においてするように、個としての'phusis'と共通の本性としての'phusis'を区別する古代の著作家は見当たらないのである。

しかし、'phusis'を個として捉える語法は、プラトンの『国家』九・五八八cにおいては必要なものである。そこでは、古代の寓話において語られる'phusis'が、「キメラ、スキュラ、ケルベロス」であると指摘されている。そして、それらはそれぞれ独自で、その類の中では唯一の事例である。しかし、プラトンがこの語の別々の意味を認識していたとは考えにくい。また、他の例と言われるものは説得力に欠けている（例えば『ポリティコス』二七二c、三〇六e）。フィロンは‘phusis’という用語を「天の国」つまり理想の世界、魂のロゴス（logoi）の起源（『モーセ五書の寓意』三・一六二）を指して用いており、「一本の木における一つの統一された‘phusis’」を生み出す接木の作業について語っている（『劣ったものは優れたものを陥れがちであること』一〇八）。しかし、このように比較的明確なケースは例外と言えよう。

キリスト教の著作においては、‘phusis’の個としての意味はオリゲネス（『ヨハネ福音書註解』二〇・二二・一八四）と外典使徒言行録に見ることができる。しかし、その一方でヘラクレイオンは‘phusis’をサマリアの女の個人的な本性や倫理的性質を指して用いたようである（前掲書、一三・一五・九二）。「個」としての‘phusis’という考え方はアレクサンドリアのアレクサンドロスがロゴスを「独自の仲保的‘phusis’」（mesiteuousa phusis monogenes）、また父と子を「二つの実体的に現実的な‘phusis’」（*Ep. Alex.* 9, 11）として語る時に再びはっきりと現れてくる。さらに、ピエリウスも父と子を「二つの‘phusis’」と「二つのウーシア」として語ったとされるが、このような語法は例外的であり、通常‘phusis’はウーシアと同様に神格の実体（substance）あるいは本性（nature）を指して用いられていたのである。

つまり、アポリナリオスがキリストを一つの‘phusis’であると主張したことは、ほぼ同時期のエウドクシオスの信条にも同様の主張がなされているにせよ、ある意味、斬新だったのである。アポリナリオスは二つの‘phuseis’という教えをサモサタのパウロスの学派と結びつけ、正統派と呼ばれる人々の中には、この学派の教えに陥っている者がいると主張し、次のように語っている。「なぜなら、聞くところでは、これらの人々も、ヨハネが『言は肉となった』と述べることによって主が一つであることを明らかに示したにもかかわらず、二つの‘phusis’を主張しているそうである。また、パウロも『唯一の主、イエス・キリスト……万物はこの主によって存在する』と述べている。もし聖処女の子が〈唯一〉と呼ばれているならば……彼は一つの‘phusis’のはずである。なぜなら、彼の体も分離した'phusis'ではないし、受肉の（kata ten sarkosin）神格もそうではないのだから、彼は二つに分かたれることのない一つの'prosōpon'なのである」（*Epi. Dion. 2*）。このような記述から、アポリナリオスがphusisに与えようとした比較的新しい意味をその後の「一つのphusis」についての論争が取り違えたことによって生じたと考えることはあまりにも安易であろう。それよりも、私はアポリナリオスが彼以前そして彼以後の多くの哲学者たちと同様に、二つの命題を一見、一つの命題であるかのように提示しているのではないかと思う。一つは、多少、変わった仕方で展開されている、反駁のしようがない「キリストは一つの'prosōpon'、一つの個であるために、一つの'phusis'である」という主張である。そして二つ目は、議論の余地を残した、「キリストの肉はもはや普通の人間の肉ではないにもかかわらず、彼は一つの'phusis'であり、キリストの肉体は完全にロゴスに同化していたのである。それゆえに、キリストにおいてはひとつの'phusis'、一つの行動原理、つまりロゴスしか存在しない」という、一般的な用語に依存した主張である。

「受肉のロゴスの一つの'phusis'」というフレーズへの固執は、アレクサンドリア学派の特徴として保たれた。そこでは、'phusis'を「抽象的に」あるいは「本性」を指して用いることから（プラトン主義者にとっては、普遍的な本性が個々の事象よりも現実的で内容が豊かであると考えられていた）、具体的にそれぞれの事象を指す場合までの、広い範囲の意味において用いることを一般的に認めることも共に継続した。またそこにおいて'Phusis'は、有限の'phusis'、人間の'phusis'、個々の'phusis'など、あらゆる次元での一般性をも含むようになり、たびたび行動パターンや活動の原理をも示しているのであった。それゆえ、個の'phusis'とは有機体であり、進行形の事柄なのである。キリスト単性論者が「統合以前の二つのphuseis」に同意する際には、一般化された意味でのphusisが常に用いられていた。つまり、そこでの低きphusisとは、一人の人を指しているはずはないし、ましてや天の国において予め形作られていた主の人性があるとすれば、それは「統合の後」も存在し続けるので、それを指すこともできない。そうすると、最も可能性が高いのは、phusisはただ「一般的な人性」を指しているということである。

次の章においては、ここで集められた情報を用いてカルケドンの評価を行いたいと思う。

原註

（1） フランス語訳 A. J. Festugière, *La Révélation d'Hermès Trismégiste* 3（参考文献20）, pp. 265ff.

（2） *Ibid.*, pp. 219-222.

（3） Origen, *Dial. Heracl.* 7; この古典的な言い回しはナジアンゾスのグレゴリオス『書簡』一〇一・七にも現れる（A・E・マクグラス編『キリスト教神学資料集 上』古屋安雄監訳、キリスト新聞社、二〇〇七年、六二三―六二四頁）。

（4） 例えば、アタナシオス『言の受肉』一一。『異教徒反駁』二と比較せよ。

（5） 拙著 *Substance and Illusion* (p. 239 n. 5), no. IX, pp. 117-119 参照。

（6） 'L'introduction du mot "hypostase"', *MSR* 2 (1945), pp. 5-32, 243-70.

（7） 'Prosōpon' は、次に見るように、いくらか簡単な言葉であった。この言葉には、意味の多様性がないわけではなかったが、それでも一般的には個人を意味していたので、「制御」として用いられることができたのである。

（8） 'Zur Entstehung und Geschichte des trinitarischen Personbegriffes', *Zeitschr. für die Neutest. Wissensch.* 52 (1961), pp. 1-39.

第17章　統合された二つの本性

カルケドン信条はキリストを神性と人性という二つの別々の本性の統一として提示している。ここでは、批判的な議論へと入り、考慮すべき三つの問題を示したいと思う。まず、それらの二つの本性はそれ自体において共存可能であるのか、それともそれらは対極的であり、その統一は自己矛盾しているとして論理的に排除されなければならないのかという問題。そして二つ目に、それらの本性の統一の概念において用いられる用語や類比の価値。さらに三つ目には、主の人性が「ヒュポスタシス的でない」(anhypostatic) あるいは非人格的であるという主張は何を意味しているのかという問題である。これらの問題を順番に論じていくが、三つを厳密に区別することは不可能である。

1　まず、本性についてそれぞれ吟味することにする。神的本性については、プラトン主義的神学に促されて、大体においての同意が存在していた。神は非物質的であるとか、善であり知恵深いということに反対する者はいなかったのである。ニュッサのグレゴリオスは、神が無限であるということを論じ、確かに新しい要素を提示したが、これは、被造世界に対する神の完全な超越性という一般的な信仰の延長線上に自然と出てくる議論である。ここで問題としたいことは、神が全く無感情（不受苦）であり、不可変であるという教えである（一六一―一六三頁参照）。もしこれが本当であるならば、神は一体どうして時間の内にある出来事に関わることができるのであろうか。創造の業に関しては、それが時間の始まりと考えれば、問題は回避できるのかもしれないが、受肉は神が歴史におけるある時点で行動したことを示唆しており、これは二つの問題を生じさせる。まず、一般的な問題としては、神はどうして新しい、すなわち変えられた考えや関係を持つことなくこの世界に働きかけることができるのかということ。そして二つ目は、具体的な問題として、どうして神的存在が自ら変化することなく人間の生へと入り込むことができるのかということである。

これら二つの問題はすぐに結び付けられ、受肉は一般的にキリストの神的要素は変化を被ることはなかったということを示唆する比喩によって説明された。テルトゥリアヌスは、言が肉になったということは、ロゴスが肉に変えられたということではなく、ロゴスが自らに肉をまとったということだと論じた（『プラクセアス反駁』二七—二八。また、例えば Athanasius *Epict.* 4 やモプスエスティアのテオドロス『詩編註解』四四・九も参照）。さらに、言は人が役職を担うかのように人性を担い、家か神殿に宿るように人の体に宿ったのだと言われたのである。これは、魂が体に入るというプラトン主義的なモデルにごく近いものである。

これらすべての類比は、神がある時点で何かをするということを前提としており、これが絶対的な形而上学的な用語によって解釈される限り、神の不可変性を擁護することはできない。そのような状況は、すべての神の行動を神以外の存在が変化することによって生まれる新しい関係として解釈しない限り、あり得ないものなのである。つまり、プラトンの説明を用いれば（『テアイテトス』一五五c）、ソクラテス自身は変わることがなくても、テアイテトスが成長することによって、彼はこの若者よりも背が低くなることが可能である。この論法は、キリスト教著作家も時々用いており、オリゲネスは、神の厳格さと優しさを、太陽の熱が地を固める一方で蠟を溶かすように、受け取る側によって効果が変わる一つの行動として見ている（『諸原理について』三・一・一一）。しかし、このような喩えは、神の業からいかなる人格的な性質をも削ぎ取ってしまう。それゆえに、神が「変わらない」ということは、より広義に、そして倫理的に捉えた方が理解しやすく、明らかにより聖書的でもある。その意味で、人は自ら変わることなく、家や服を変えることができるのである。ただ実際には、私が思うに、すべての学派はフィリピの信徒への手紙二章七節に従って、受肉をへりくだりの行為であると考えていたのである。例として、オリゲネス『ケルソス反駁』四・一四、アタナシオス『アレイオス派反駁』一・七八、また*PGL*の'sunkatabainō, sunkatabasis' の項にあるほかの例も参照していただきたい(1)。

キリストの人性に関しては、いくつかの問題が存在していた。まず、説明の仕方という問題がある。人間の要素を指して用いられる用語の多くは曖昧なものであり、一般的な意味と個を指す意味とがあやふやであった。それゆえに、'anthropos' の訳として、「人間性」(manhood)「人」(man)「個人」(a man)という選択肢が可能なのである。「人間性」という訳は、受肉の普遍的な重要性を強調したい場合には魅力的で、キリストが神性を我々の種に統合させたということになる。「個人」という選択肢は、マリアから生まれた救い主の独自性を示すに相応しいが、ギリシア語では付いていない不定冠詞を加えることになってしまう。ただ「人」と訳すことは、収まりの良い妥協策となるであろう。しかし、「彼は人になった」(He became man)は普通の英語ではない。唯一の地位として「彼は王になった」(He became King)と言うことはできるが、「彼は祭司になった」(he became priest)や「彼は戦士になった」(he became soldier)などと言うことはできないのである。

さて、一般化する説明においては、ロゴスが既に存在した何か、つまり人間の本性、あるいは人間性、または肉と自らを統合させたことが示唆されている。それらは具体的に「人類」と理解されていたか、あるいは先在するプラトン的人類のイデアと考えられていた。しかし、このような観点からすると、特定の人物について語ることは、ロゴスがただ自らを既に存在する個人に結合させているだけのように聞こえてしまう。このこと故に、キュリロスは彼の論敵を養子論者として非難したのである。「なぜなら、普通の人間が聖処女から生まれ、それからロゴスがその人の上に降ったわけではないからである」(『ネストリオスへの手紙』二)。キュリロスは、ただ 'homo assumptus' という論争の的となるフレーズに関して唱えられていた異議をより明確に述べただけであり、それらの問題は 'homo' という語の曖昧さが大きな原因だったのである。

これは、明らかに避けることのできない誤解であった。もしキリストの人間的要素の説明が特殊化する意味で解釈されたならば、それは時の中で始まり、ロゴスの業によるものだとしなければならない。しかし、このようなことは可能だったのであり、事実それが為されたのである。つまり、救い主は自らのための肉を、身にまとう衣のように、処女の胎の内に造り出したと書かれているのである。これなら、家や神殿の比喩も同様に擁護することができる。なぜなら、人は当然、既に建てられている家に住むよりは、自らのために家を建てるからである。そして、この点は。「知恵は家を建て」という箴言九章一節のキリスト論的用法によって論じられている。例えば、レオ一世大教皇の『トムス』五一（*PL* 54. 763）や、より早いものではアタナシオスの『アレイオス派反駁』二・四四を参照していただきたい。しかし、この比喩も「家」が倫理的進歩を遂げていることを読んだときに無理が生じるのは確かである。

しかし、より深刻な問題は純粋な比喩の領域を超えて、人間的要素を'anthropos'として説明しようとするときに生じるのである。なぜなら、ただ「他人の補助あるいは表現として引き受けられている人格的存在」を表す適切な哲学的モデルが見当たらないからである。二つの本性がパートナーとして共に働いているという考えは、周知の難点を招く。つまり、神と人ほどに異なる存在がどうしてパートナーとなることができるのかという問題である。また同時に、どれほど完全な協力体制があったとしても、キリストの内にあるとされる統一を表すことはできないという問題もある。もしかすると、古代の人々は、主人と僕の比喩を用いることができたかもしれない。僕はある意味では人格的な存在であるけれども、自らの身分に厳密に従っている限り、自分で決めて行動する力は持っていないからである。しかし、僕の主人は、僕を信頼して自由に振舞わせることもできるのである。また預言者も、断続的にではあっても、主の名による言動が可能である。しかし、これらの議論が実を結ぶことはなく、特に預言者の類比は不十分であると非難されたのである。より一般的であったのは、体と魂の比喩であった。しかし、これも簡単には適用することができない。通常の人間においては、魂は活動的原理として体に宿るのだと考えられていた。すると、受肉の場合は、ロゴスが活動的原理として人間イエスに宿ることになる。しかし、イエスとは体であり魂であるはずなので、イエスの人間性が不完全になることはできない。同時に、彼の魂も不活発であることはできず、それは肉を動かし、倫理的判断を下すために働かなければならないのである。しかしそうなると、この魂が、既にロゴスに与えられている役割を果たすことになってしまう。つまり、支配的な原理が一つではなく二つあることになり、少なくともそれらの統一は説明されないことになる。

この問題には、大まかに三つの答えを見つけることができる。アポリナリオスは、大胆にもキリストの人間魂の存在を否定し、ロゴスが彼を動かし支配する原理であったと主張した。キュリロスはこのような立場から距離を置いた。しかし、もともと彼のキリストの魂の認識は形式的なものであり（二四二頁参照）、後にはより現実的な見解を持つようになったものの、キリストの魂をその受難と従順において受動的に参与したもの以上に考えることはなかった可能性がある。[2] アンティオキア学派は、イエスが人間の魂と行動する人間的自由を有していたとは認めたが、彼は自らの意志を、宿りしロゴスに完全に明け渡したために、実際に彼の魂と体を共に支配していたのはロゴスであったと考えた。しかし、このような見解は、アレクサンドリア学派の意にそぐわない制限をロゴスに課すことになってしまう。そこでは、ロゴスが特定の体において特定の時と場所で働くということになり、これにはアタナシオスも、またアポリナリオスさえも同意できたのであるが、それによりロゴスが特定のメンタリティーや文化の縛りの中で働くことになってしまうことが問題であった。しかし、教父たちはこの問題にほとんど気づくことはなかったのである。彼らは、キリストの人間的制限の問題を、彼の幼少期とその後のいくつかの事柄に関する無知との関連で扱った。[3] そして、キリスト教弁証家たちは、キリストを正式な教育なくして哲学者を論破する人物として描いた。しかし、アレクサンドリア学派はそのキリスト論において、キリストがユダヤ人としてではなく、一人の人として語っていると捉えることを好み、ある特定のユダヤ人としてのキリストについては何も語らなかったのである。

人間の本性に関する三つ目の問題は、他に比べればあまり複雑でない原理上の点から生じているが、それでも厄介な誤解を生み出した。それは、被造世界についての異なる見解と、教父たちがその違いを認識しそびれたこととの結果であった。一方で、被造世界は創造主の知恵を示すものとして讃えられることができる（一四六頁参照）。しかし、それは拝まれてはならないものであった。つまり神とその被造物の差は認識されなければならないのである。また、神の力でさえもその媒体に固有の限界によって制約されているという、古いプラトン主義の前提も生き残っていた。それゆえに、アタナシオスはたびたび、無から創造されたもの（genēta）は、本来的に弱く不安定であると述べている（例えば『言の受肉』四、一〇、一一）。そのうちに、この傾向は上述したアレイオス派への反発によって助長され、正統主義の教父たちはアレイオスがロゴスをただの被造物の地位に貶めたと論じ、被造世界そのものをさらに低く見ることで、そのアレイオスに対する批判を強調しようとしたのである。

このようにして、被造世界を指す言葉は侮蔑的な意味を孕むようになった。中でも「人」「肉」「体」は、それらのマイナス面や、神の完全性に対するそれらの弱さを強調するために用いられるようになったのである。それゆえに、オリゲネスは主を「人であると同時に人ではない」（『ヨハネ福音書註解』一〇・六・二三）。「死に服するという意味では人だが、人よりも神的であるので人ではない」と言うことができたし、アタナシオスもこの伝統に則って、主はただの人ではなかったとも、全く人ではなかったとも唱えることができたのである。（*PGL* はこの用法を無視しているように思われる。『言の受肉』一四・一八など参照。また、カンネンギーサー［Kannengiesser］*SC* 199, pp. 49-50 も参照。）他の例ももちろん見つけることができる。

また「肉」も、ヨハネによる福音書一章一四節の持続的な影響にもかかわらず、しばしば人は罪を犯し堕落しているということを示すものとして用いられた。この曖昧さは、アタナシオスの救済論に見ることができる。一方で、ロゴスが肉を担うことによってそれを聖化し、人類あるいは教会との連帯によって人々の肉に健全な完全性を共に分け与えると言われているが（例えば『アレイオス派反駁』三・三四）、他方では逆に、たとえロゴスにとっても、肉は弱さと恐れが宿る場所であり、それゆえにロゴスが苦しみ自らを犠牲として捧げるための手段であると考えられたのである。アポリナリオスは前者の考え方を受け容れ、後者はほとんど無視している。それどころか、彼はキリストが普通の人間の肉を担ったのだということすら認めがたいと考え、遠まわしにではあるが主の肉は天において備えられたのだという見解を示している（*Anaceph.* 12）。ただし、熟慮の結果この思想は後に退けられている（『皇帝ヨウィアヌスに宛てた手紙』三など）。周知のように、アポリナリオスは精神（ヌース）に関しては否定的な見解を示していた。人間の精神は元来、罪深いものであり、救い主によって引き受けられることはできなかったのである。アタナシオスでさえも、救いの業においてキリストの精神にはほとんど役割を与えておらず、『セラピオンへの手紙』一・九でコリントの信徒への手紙（一）二章一六節に簡単に触れている箇所を除けば、イエスにおいて人間の精神がロゴスの臨在によって貫かれ、変えられたということが示唆されているところはない。ただし、『異教徒反駁』における精神の扱いにおいては、肯定的な見解が示されているようにも思われる。

もし「人」「体」「肉」「精神」が、人間の本性の有限で滅びいく側面を表しているのだとすれば、神学者の一部が、そのような創造された要素が、キリストにおいてはただロゴスの臨在に取り入れられてしまったのだと考えたことも不思議ではない。ニュッサのグレゴリオスはその極端な例を示している。グレゴリオスによれば、（キリストの）肉は、あたかも一滴のワインが海に飲み込まれるように（七〇、二五九頁参照）、完全に神性と同化し、自然から来る性質はすべて失ってしまったのである。「重さも、形も、色も、固さも、柔らかさも、または空間的な広がりも、その他その時、可視的であったいかなる性質もなかった。なぜなら、神性と混ざり合うことで、貧しき肉の本性は神的性質へと同化されるからである」（『アポリナリオス反駁』GNO 3. 1, p. 201; *ibid.* p. 126 参照）。もちろん、グレゴリオスは、受肉の生において「その時、可視的であった」ものに対して、高挙の後のキリストの状態を念頭に置いているのであるが、それでも彼の言葉には無理があるように思われる。

しかし、広く浸透していた傾向においては、キリストの人間的要素は神性と共に存在しているのだと考えられていた。人間的要素の存在は、それらが神的ロゴスとの共存によって聖化されるために必要だったのである。そして、この二つの本性の共存あるいは統一は、ただ人間性を悲観的に見ることからのみによるのではない問題を生じさせたのである。この時点ではすべての学派は、不死と必滅、純粋と堕落、無限と有限などの、神性と人性の明らかな違いを認めていた。アンティオキア学派は、キリストの人性を肯定的に評価していたのだから、神性と人性の差をそれほど大きく感じていなかったと思われるかもしれないが、例えばテオドロスは、神と人との間には何の本性的な類似点もないと述べているのである（『受肉』二、Swete 2. 291ff.）。

2　以上のことを踏まえ、ここでは神性と人性の二つが平等に、あるいは逆に、片方がもう片方を支配し、飲み込む形のいずれかで合わさっている統一を理解するための、さまざまな方法を吟味しなければならない。信条そのものは「混合されることのない統一」（asunchutos henōsis）という言葉を遣っているが、これはニュッサのグレゴリオスの、『アポリナリオス反駁』における 'henosis' に関する記述から察するに、あまり一般的な言い回しではなかったようである（*GNO* 3. 1, p. 184）。このフレーズの一つの起源は、確かに新プラトン主義的な著作に見出すこともできるが[4]、その思想自体はさらに古いものである。すなわち、'krasis' という用語は信条では退けられているにしても、重要なことはすべてストア派における混合物に関する教えに見出すことができるのである。このストア派的文脈については、すでに六八、六九頁において略述してある。

この仮説を支持する証拠の多くは三つの文書から来ている（*SVF* 2. 471-3）。それらの文書は皆、混合物に関して三つの可能性を同じように認めている。第一は、実と豆が積まれて混ざり合っているような状態の、単なる並列（parathesis）である。第二は、二つの実体が合わさっているが、それぞれ特有な性質を保ち、分離可能でもある状態の正式な 'krasis' である。例えば、炎が鉄に浸透しても、鉄は鉄であり続け、冷めてもなお鉄のままなのである。水に混ぜられたワインも、油をつけたスポンジを用いて分離させることができる[5]。原子論者は、すべての混合物を 'parathesis' として説明することができたが、物質が継続的であり、原子的ではないというストア派の理論によれば、完全な浸透（krasis di' holou）が必然的となるのである。第三は、合わせられる実体が融合してそれぞれ特有の性質を失う状態の'sunchusis'である。ここまでに関しては、三つの文書は同じ見解を示しているが、第四の'mixis'という語の取り扱いに関しては違いが生じてくる。アレイオス・ディデュモスは、これを'krasis'と同様であるが固体についての特別なケース（例えば鉄と火）として、四つ目の分類としている。フィロンはこれを、'parathesis'の同義語として用いているようである。そして、アレクサンドロスは他の三つを含む一般的な用語として扱っているのである。

ストア派の物理学に関しては、さらに二つのことを思い起こしてみたい。始めに、先に示した説明では、ある程度、同量のものが混ぜられることが前提とされているが、例えば大量の水に垂らされた一滴のワインのように、両者の量が著しく異なる場合はどうなるのであろうか。ストア派は、この場合アリストテレスが示したように（『生成消滅論』一・一〇・三二八ａ二七以下）、ワインはその性質を完全に失うことはないと考えた。それは段々と弱まり、遂には感知できないほどになるが、それでも自らを全体に行き渡らせるのである。それが物理学的に正しい理論であったとしても、実践的な重要性はほとんどない。一滴のワインは、エーゲ海に感知可能な影響を及ぼすことはないのである。しかし、この譬えは広く知られており、神性による人性の完全な吸収を示唆する際に神学者たちによって用いられたのであった。

ストア派においては、別の種類の吸収も論じられていた。彼らが火を他の三つの基本要素の源であると考えていたことは既に見たが（六九頁）、それらの基本要素は、最後の大火においては逆に火へと解消されるのである。この教えはフィロンにも知られていたようで、彼は'anastoicheioun'という、字義通りには「元の要素に戻る」という意味の専門用語を用いており、それに霊的な意味を加えて次のように述べている。モーセの生涯の終わりにおいて、「神は彼を体と魂の二元性から統一の本性（monad）へと解消し、彼は完全に精神へと造り変えられ、太陽のような姿になった」（『モーセの生涯』二・二八八）。オリゲネスもまたこの用語を、「緩やかな純化」あるいは、ロゴスの受肉の状態から父と共にあった本来の存在への復帰(『ヨハネ福音書註解』一・三七・二七六)、また、悔い改めの後の人間の魂の変化を指して用いている(『諸原理について』三・一・一三)。さらに、ニュッサのグレゴリオスは'metastoicheioun'という似たような語を、直接キリスト論的に用いて、神的力が処女を通して生まれた僕の姿を、神的で非複合的な本性へと解消したと述べている(『アポリナリオス反駁』一七〇頁 Jeager)。また、救い主は人間の本性を彼の神的力へと解消し、染みのない完全なものとして自身のうちに保っているとも書かれている(『手紙』三)。最後の例は、「解消されたもの」は変化を遂げてはいるけれども、失われたわけではないことを示唆している。

ここでは新しい点も見て取ることができる。ストア派にとっては、火そのものが他の要素を解消する作業を始めるが、グレゴリオスの最後の例においても救い主自身が他に変化をもたらすものとなっている。しかし、他の例に対応するストア派の議論では、統合するためには外的な助けを必要とする二つの不活性な要素が対称的に描かれている。そして、同様の必要性は「本性の統一」(henosis ton phuseon)というフレーズあるいは、これから論じる'henosis'そのものにも当てはまるのである。この語は、それ自体においては一つの要素が活発的である場合の結合を意味しない。そして、この語はさらに二つの欠点を含んでおり、誤解を避けるために、ここで注意して扱う必要がある。まず、「本性の統一」というフレーズは、両方の性質が失われるような、ただ一つの本性と合体すること、つまり'sunchusis'をあまりにも容易に思い起こさせてしまう。アンティオキア学派はキュリロスの「本性の統一」(henosis phusike)や「実体の統一」(henosis kath hupostasin)というフレーズを明らかに嫌っていた。なぜなら、これらのフレーズは彼らにとって神格の聖さが、堕落すべき肉との融合によって汚されるような合体を意味するように思われたからであった。しかし、キュリロス自身はロゴスが人格的な主体と支配的な原理であり続けると考えていたので、このような批判にも反論することができた。統一後、キリストの魂はほとんどその本性的な力を保持していないのである(二五五頁参照)。肉に関してそれはなおさらのことで、キュリロスのキリストは真に受身であるという意味では苦しむことをせず、かえって自らの目的を達成するために苦しみを「受け容れた」あるいは「適応させた」と言われるほどである。

'Henosis' の二つ目の欠点は、このフレーズが本性の統一そのものを思い描かせることである。これは明らかにキリスト教教理の求めるところではない。受肉するのは神的本性そのものではなく、一位格である言なのであり、神性との統一を果たすのも、人間性そのものではなくてイエスという一人の人間だけなのである。例えば、鉄と火の統合について語るとき、それは宇宙全体の鉄がすべて熱くなることを意味しないし、すべての火が熱した鉄に流れ込むわけでもないのである。教父たちは、決して人々の普遍的な人間的本性がキリストとの統一によって「神化」されるとは教えていない。しかし彼らは、その統一の特異な働きと成果を強く主張しているので、簡単に「本性の統一」について論じてしまえば、この部分は曖昧になってしまうのである。

これら二つの欠点のうち、より重要なのは一つ目だと思われる。アポリナリオスはかつて、灰色が白と黒との中間であるように、「キリストのうちに、神と人との仲介者があり、彼は全くの人（anthropos holos）でも、神でもなく、神と人との混合物である」（*Syll.* fr. 113）と論じた。ここにある「全くの人ではない」というフレーズは、奇妙で曖昧なものである。これは「ただの人ではない」（これは正しい！）を意味することもできたし、残念なことにアポリナリオスが信じるようになった「完全な人ではない」を意味することもできたのである。灰色についての喩えはさらにひどいものであり、これはアレイオスですら拒否したであろう半神半人を示唆してしまう。ただし、このような見解についてはアポリナリオス自身も捨て去ったようであり、その代わりに彼は明らかに神性が主導権を持つ、不均等な統一という描写を受け容れるようになったのである。「我々は同等の二つのものとして、一方が他方に入るように体に宿られたお方ではなく、僕の姿をとった主人を礼拝するのである」（*Kata meros pistis* 29）。しかし、これでもまだ問題は残されたままである。二つの要素が非常に対照的である限り、それらが統合されるときに、本当にそれぞれが自身の性質をすべて保つなどと言えるのであろうか。もしかすると、始めに論じたストア派の類比にもここに限界があるのかもしれない。熱い鉄のうちでは、確かに火は熱という特異な性質を保っているが、光や上昇する傾向などを失うのであるし、鉄も当然ながらその固さを多少、失うのである。

以上の段落は、キュリロスの神学に対するアンティオキア学派の反論を表している。この議論は、ある程度、誤解に基づいており、キュリロスはアポリナリオスのように神性と人性の融合を思い浮かべていたわけではなかった。彼は、穏健であったときにはキリストの内にある二つの要素を認め、それらを「事実」(pragmata) と「実体」(hupostasis)、そしてそれらの「統合」(sunodos) と呼んでいた。しかし、彼は「一つの‘phusis’」というフレーズにはこだわりを見せており、二つの要素の完全な合成から生じる、一つの「動的原理」(operative principle) がなければならないと主張したのである。しかし、後のカルケドンへとつながる諸議論は、キリストの「二つの本性」(ek duo phuseon) というフレーズに固執した人々にとっては、さらなる困難を生じさせた。このフレーズはもともとの文脈においては特に際立って問題を起こすものではなかった。キリストは、硬貨が「金でできている」(of gold) ように、「二つの本性でできている」(of two natures) と思われていたのである。(6) しかし、キリスト単性論者たちは、このフレーズを用い、さらにその意味を変えてしまったのである。そしてエウテュケスが「私は主が統一以前には「二つの本性」であったことを認めるが、統一以後においては一つの本性であったと考える」(*Acta Conciliorum Oecumenicorum* ed. E. Schwartz, 2. 1. 1, 143. 10-11) と抗議したために、「二つの本性で」(of two natures) というフレーズは、キリストが以前に二つの本性において存在し、その後、統合されたかのように、「二つの本性から」(*from* two natures) という意味を持つようになったのである。そもそもこの「本性」‘phusis’ という語は非常にややこしく、それが何を意味するのかを理解することはかなり困難である。キリストが受肉する以前は人間的制限を有することなどなかったことは明らかであるし、個人的人間性というものもなかったはずである。受肉以前の個人的人間性ということは、人間イエスが受胎以前に存在していたことになり、アポリナリオスが考えた、天に備えられた神的肉の思想と似通ってしまうのである(二五六、二五七頁参照)。ただ、ここで言われていることは、プラトン主義的な、理想の人間性ということなのかもしれない。

エウテュケスに対する応答としては「キリストは受肉後も（なお）二つの本性であった」や「二つの本性において認識された」などということが述べられた。しかし、これでは受肉以前に二つの本性があったという、カルケドン信条そのものにまで影響している厄介な考えを排除することにはならない。そしてそのことは、カルケドン信条の、二つの本性が「一つの‘prosōpon’と一つのヒュポスタシスにおいて」統合されたという明確な言明が確立されるためには、マイナスに作用するのである。

3 最後に、主の人性は非人格的であり、ロゴスによらずしては人格を持たず、ロゴスが主の人性のヒュポスタシスとなったのであるなどの教えについて語る必要がある。まず、三つの予備的な点から始めよう。

（1）この論争を研究する現代の註解者は、「ヒュポスタシス」という語を「人格」（person）と訳さざるを得ず、それゆえに古代文書を、現代の自分たちの人格に関する理論に基づいて解釈することになる。この二つ目の段階は時代錯誤的な解釈である。また、上述の「ヒュポスタシス」の意味に関する概説から、「人格」という訳がたび不適切であることは既に述べたので、第一の段階も誤っている可能性がある。

（2）この議論はすべて、「本性」や「実体」はいかなる個人にも先立つと考えることが普通であると思わせるプラトン主義的な伝統のうちになされている。そして、このような考え方は、思想的な選択肢をあまり明確に理解していない神学者の間に存続しているのである。しかし、我々は少なくとも五つの選択肢を指摘することができる。（a）本性そのものは精神の内にのみ存在するという思想。これはストア派の見解であり（*SVF* 1. 65, 2. 360 etc.）、ネストリオスもキュリロスがこの意見に立っていると考えていた（*Bazaar* p. 284 Nau）。（b）本性は存在するが、この世界にではなく、超越的なプラトン的イデアとして存在するという思想。（c）本性は形成的な原理として、生き物の内に、あるいは職人の精神の内に存在するという思想（アリストテレスの見解）。（d）あまり一般的でない、「観念論」的見解。本性、つまりさまざまな性質の適切な集合はそれ自体で実際の存在を構成するに充分であるという考え。(7)(e)本性(phusis)という語は、個人的な意味で理解される場合、ただ現実の存在を指すという思想。もちろんこの最後の見解は、「本性」が個人に先立つという可能性を排除するが、他の見解はそれをさまざまな異なった仕方で解釈している。

(3)'Phusis' は普遍性とその多数の可能性の対比を明らかにすることなく、「ヒュポスタシス」や 'prosōpon' と対比されている。もし「すべての 'phusis' はそのヒュポスタシス(あるいは 'prosōpon')を有しなければならない」という言葉があるとすれば、ヒュポスタシスや 'prosōpon' が複数形であるべきだという批判は当然のものである。なぜなら、例えば人間の本性は、数知れぬほどの人数において現実化されているからである。そして、'Phusis' が個々の種を意味したり、'prosōpon' が複数性を示すということは、例外的なことなのである。

さて、ここで本題に戻ろう。

1　一般的には、キュリロスや続く他のアレクサンドリア学派の神学者たちは、キリストの「非人格的人性」を教えていたと言われている。しかし、「非人格的」という言葉は、*PGL* が正しいとすれば、この文脈においてはビザンティンのレオンティウス以前に遡ることのできない用語を示しているのである。レオンティウスは、主の人間性が「ヒュポスタシスを持たなかった」という見解に直面した。'Anhupostatos' とは、「非存在」あるいは「個として区別されない」ことを意味できる。これに対してレオンティウスは、主の人間性は 'ENhupostatos' であったと応え、それは人間性はロゴスにおいてヒュポスタシスを獲得した、あるいはそこでそのヒュポスタシスは現実となったということを意味していたようである。ラテン語の 'impersonal' という語はこの点を分かりづらくする。なぜなら、'im' は否定的意味を示すこともできるし(異常/'insane' のように)、前置詞の 'in' を意味することもできるからである(先天的/'innate')。しかし、'impersonal' は通常「人格的でない」ことを意味したのであり、'anhupostatos' に対応するものであった。さらに、'enhupostatos' は本来ただ「ヒュポスタシス的」(hypostatic)、つまり「現実的」あるいは「存在的」を意味したのであり、それはちょうど 'enousios' が「実質的」(substantial)を、そして'entimos'が「名誉な」（honorable）を意味するのと同じであった。つまり、'enhupostatos'という語に、何か違う存在において得られた現実を意味させることにしたのは、ただの語呂合わせとも言えるものだったのである。しかし、上述の選択肢（a）を前提とすると、本性は実体（instance）があって初めて現実的だということになるが、「ヒュポスタシス」は「現実」と「実体」（instance）の両方を意味するので、その移行は簡単になる。

2　そこで、次にこのキリスト論論争が実際どれほど個人化された人性の思想に関わっていたのかを吟味する必要がある。これは、キリストの人間性はロゴスによらずしては何の存在をも持つことがなかったという単刀直入な意見に対抗するものである。キリストは、ただ既に存在した人を適用したわけではないのである。キリスト単性論者は、二つの可能性を混乱させているように思われる。その点、エルサレムのレオンティウスの方がより明確であろう。「我々は主の人間性が現実性に欠けていた（anhupostaton）とは示したくない。しかし、それはロゴスとは別の独自の現実性（idiohupostaton）ではなかったのである」（『ネストリオス派反駁』二・一〇）。そして、彼の「一般的としての実体的と個別的としての enhypostically」（enousios te kata to koinon, kai enhupostatos kata to idikon）というフレーズには、明らかに個人性への言及が見受けられるのである（前掲書、七・一）。また、ダマスコのヨアンネスは神的ロゴスの肉は、ロゴスのヒュポスタシスにおいて存在しているということで'enhupostatos'であったと明言している（『正統信仰』三・九／Ou gar idiosustatos hupeste he tou theou logou sarx, oude hetera hupostasis gegone para ten tou theou logou hupostasin, all' en autei hupostasa, enhupostatos mallon）。

　キュリロスはこれらの専門用語を用いなかった。彼は、主の人性は現実的であり、受肉のロゴスにおいてのみ存在したのだと正しく教えたのであるが、彼の著作の中には、「非人格的な人性」というフレーズによって特徴付けられるものがある。例えば、受肉においてロゴスは人間の本性を引き受けるが、ロゴス自身は変わることがないというような見解である。一体キュリロスと、今日における彼の支持者たちは、本当に主の人間性が「個人化されていない」という意味で「非人格的」であったということを擁護しているのであろうか。もしそうであるならば、キリストはいかなる特定の種類の人間でもない人間であったことになる。このような思想は優れているように思われるかもしれない。キリストが純粋に一般化された人性というものをまとっていたならば、すべての人間と等しく関わることができるからである。しかし、このような状況が実現不可能であることは明らかである。一般化された人性という考えは、イエスが女性ではなく男性であったという事実により即、退けられてしまう。そうすれば当然、男性として、特定の身長や体重はもちろん、特定の心理的構造も持っていたはずである。実際、新約聖書は、彼が自らを他の男性と比べている姿を描き出しているのである（マタイによる福音書一一・一八―一九＝ルカによる福音書七・三三―三四）。それゆえに、キリストの普遍的な関連性は、愛と想像力豊かな同情から出る神的摂理と人間的業績の調和にかかっているのではないかと思うところである。

3　さらに熟考された理論は、キリストにおいてはロゴスが主体的人格であるという言い回しを展開させたもので、人間の人格は「究極的な形而上学的主体」を必要とするという思想と結びついている。[8] しかし、この思想に対しては神学的な反論が存在する。もしそのような主体がすべての普通の人間に必要な部分であり、ロゴスがこの部分の役割を果たすというのであれば、それはただ洗練された形のアポリナリオス神学になってしまう。主の人間性が全体的に見て完全ではないことになってしまうからである。しかし、なぜ神学者たち自身がこのような人格についての理論を支持したのであろうか。その理由としては二つの点が挙げられるであろう。まず、人格というものを特別な種類の性質であると考えることができる。そしてそれは、すべての普通の人間のうちに見られるものなのである。しかし、それを人間の構成部分と考えることは、分類の仕方を誤っていることになる。それは例えば、庭園の設計や美などを、そこにある木や芝生や生垣などと同じ意味で、庭園の構成部分であると捉えることが、分類的誤りであるのと同様である。次に、人格というものを、ただ行動の特徴的なパターンとしてではなく、その主導的原理として、ちょうど古代人が魂を理解したように捉えることもできる。しかし、人格そのものが他の「究極的形而上学的主体」というさらなる主導的な原理によって統制されていると仮定する必要はないのである。もちろんこの場合、キリストのロゴスが人間的な主体をその支配的立場から押しのけていると考えざるを得ない。しかし、もし私がそうしたいと思っているように、自我というものを君主制ではなく民主制、つまり互いに支え合う性質の複合体に近いと考えるとどうであろうか。そうすれば、キリストにおいてはそれらがロゴスによって支配されることを、一般的に人が自らの外からの促しに対して応答し続けるということの特別なケースとして見ることができるのである。人間の友人は、計画や価値観に一定の同意があることを前提として、助言の選択によって人に影響を与えることも、時に支配することもできるのである。そして、もしロゴスがこのような仕方で働くことができるという教父たちの前提を受け容れるとすれば、キリストにおいて人間の精神が、神からのものとして受け容れられている影響に完全に調和するものであり、それゆえに神が人間的精神の主導的原理であるという見解には、何の理論的困難も生じないのである。

4　人間の人格は、これまで前提としてきたような成熟した状態に達するまでには時間と経験を要する。まず、「知恵は自らの家を建てる」ことを仮定して、知恵が自己啓示のために選んだ歴史上の特定の時と文化的環境の中に人間を生じさせ、人間的営みに関して神が行使する先見を用いて行動していると理解することができる。(9) そして人間的人格という面では、イエスは年月を経て成長し、選択する自由を得たことが認められる。しかし、もしそれを適切であると考えるならば、我々も教父たちと共に、神的知恵はイエスが常に彼に与えられた役割を果たし、選択の自由を得ながらも、罪を知らない自由を行使することで、何の制限もなく正しいことを選び取ることを予見していたと信じることもできるのである。

このような仕方で、アレクサンドリア学派とアンティオキア学派の洞察の統合への希望を持つことができる。つまり、ロゴスが主導権を持ち、それを保持しているが、人間的従順も我々の模範と励ましとして示されているということである。

原註

（1）Leo, *Tome* 4, §92, Silva-Tarouca, *PL* 54. 767: *Deus non mutatur miseratione* も参照のこと。

（2）キュリロスに対して同情的な見解は Kelly, *ECD* (1977), p. 323 参照。

（3）例えば、アタナシオス『言の受肉』四七や、より明確にはエウセビオス『福音の証明』三・六・二六―二七を参照。

（4）フォルタン（E. L. Fortin）'The Definitio Fidei', p. 493. *LGP* pp. 489, 357.

（5）Nemesius, *Nat. Hom.* 2. 19; 英訳は *LCC* 4, p. 294 にこの実験の成功についての註釈がある。

（6）グリルマイヤー（A. Grillmeier）*Christ in Christian Tradition*（参考文献16）, 1st edn p. 458 = 2nd edn p. 524-5.

（7）拙論 'Individual personality'（参考文献20）, pp. 292-294, n. 24; ソラブジ（R. Sorabji）*Time, Creation and the Continuum*（参考文献19）, pp. 292-294, n. 21.

（8）Kelly はネストリオスが「何がキリストの人格を造り上げたのかという、形而上学的主体の説明」ができていないことを批判している（*ECD* (1977), p. 317）。それに対してキュリロスは「神であり人である存在の人格が、ロゴスのそれと同一であった」と教えたのである（*ibid.*, p. 342）。「彼の人格は言によって成っていた」（*ibid.*, p. 311）。

（9）私自身は、完全な神的予知と人間的自由の調和を図ることはしない。

第三部　アウグスティヌス

第18章 哲学・信仰・知識

古代の哲学者において群を抜いているのはアウグスティヌスである。彼はまた古代においてその人物像が最もよく知られている存在でもあり、自らの内なる思いを膨大な著作の随所において明らかにしている。中でも、彼の若き日の歩みと回心の経験を綴った『告白』と、彼の最後の著作の一つであり、自身の著作を年代順に概観し、彼が修正したいと思っている箇所を記した『再考録』には、彼の内面が特に表れているのである。他の古代著作家たちに比べ、アウグスティヌスの思想は、職務とその時々の課題に応じた発展がより顕著に見られる。そして、このことは彼の思想を単純に理解することを難しくするのである。彼の著作においては、すべての言葉が興味深く、注目に値するからである。また、アウグスティヌスを哲学者として扱うには、特有の困難がある。彼に触発されて書かれた膨大な量の文献には、もちろん彼の哲学的思想を吟味するものも含まれるのであるが、それらは大体において、彼と同じ形而上学的前提を支持するアウグスティヌスの信奉者によって書かれているのである。しかし、現代の多くの哲学者は（少なくとも英米の伝統において）、そのような前提をすべて退けているか、私自身もそうであるように大部分において拒否しているのであり、それゆえに学問的・批判的であると同時にその価値を認めるような研究をすることが難しくなっているのである。

アウグスティヌスは三五四年にローマのおよそ七〇〇キロ南西、カルタゴの約二〇〇キロ西に位置する北アフリカのタガステに生まれた。父のパトリキウスは晩年まで異教徒であり、母のモニカはキリスト者であった。両親は才能に恵まれた息子を誇りに思い、カルタゴの大学に進学させるために多くの犠牲を払ったのであった。アウグスティヌスは大学で法律を勉強し、成功を収めると同時に、学生らしい遊びにもふけり、一五年間、愛人と暮らしたりもした。また、一九歳の時にキケロの『ホルテンシウス』を読み、決定的に哲学、つまり知恵の探究に傾倒するようになった。しかし同時に、アウグスティヌスはカトリック教徒のように信仰に頼るのではなく、霊的教えと理性的弁明とを備え持つように思われたマニ教のセクトにも加入したのであった。そして、法学から文学へと転換した後、二九歳になるまで主にカルタゴの大学で教え、その後にローマへと移り、そしてミラノでの教授職を得たのであった。

続く三年間は彼の人生を決定付けるものであった。彼は司教アンブロシウスの説教を聴き、その知的なキリスト教の提示に惹かれていったのである。逆に、マニ教への熱は冷め、プラトン哲学を読むことで一時期は懐疑主義に陥ったこともあったが、しばらくすると、それはプラトン哲学の肯定的な教えへの熱烈な敬服と哲学的生き方に自らを捧げたいという思いへと変わっていったのである。同時に、アウグスティヌスは聖書を読むことによって、段々とキリストによる啓示がプラトン哲学の穴を埋めるのに必要であると考えるようになった。また、卓越した新プラトン主義哲学者であるマリウス・ウィクトリヌスの回心について、その出来事の三〇年後にシンプリキアヌスから聞きおよび、大いに感銘を受けたのであった。これで、遂にすべての知的な障害は取り除かれたのであるが、キリスト教を忠実に支持するのであれば独身生活を送らなければならないという考えだけが、彼を妨げていたのであった。しかし、この抵抗も三八六年九月の回心までしか続かなかったのであった。

アウグスティヌスは三八七年のイースター前日に洗礼を受けた。彼は隠遁生活を送り、哲学の学びを追求すると決心したのだが、この時期の彼の著作はまだプラトン主義の影響が主となっている。しかし、段々と聖書の学びへの関心が増し、彼の周りに集っていた哲学の学徒たちの群れは、しばらくすると彼の故郷であるタガステの修道共同体へと姿を変えていた。三九一年にアウグスティヌスがヒッポを訪れると、彼は司祭として叙階を受けるよう促され、老齢の司教ヴァレリウスの頼もしい助け手となったのである。また、三九五年には補佐司教に任命され、ヴァレリウスの死の翌年、三八六年九月にはその座を引き継いでいる。

それからは、アウグスティヌスは哲学への関心を保ちながらも、彼の多大なる労力の大部分はキリスト教独自の学問や聖書の解釈、神学的問題の議論などに費やされたのであった。また、彼の関心の多くは、哲学、神学、そして実践的な教会政治の間を行き来するものであった。アウグスティヌスは、マニ教徒に対する著作の他、ドナティスト論争に関する著作も残し、さらにはペラギウスとの論争も起こした。アウグスティヌスからすると、ペラギウスの見解は罪から自由な人生に関して過度に楽観的であり、神の恵みを犠牲にして人間の努力を強調し過ぎていたのである。この論争はいくつかの重大な哲学的問題を明らかにしたが、注目すべきは、人間の自由意志と代々受け継がれる堕落による腐敗との関係、また神の恵みや神の予知、時間におけるすべての出来事の決定などとの関連である。

この他にも、それぞれが非常に興味深く重要であるが、加えて元来の哲学的な考察も盛り込まれている著作が三つほど存在する。

1 『告白』(三九七—四〇一年)。第一巻から第九巻において自らの人生の早期を振り返り、アウグスティヌスはそこから神の被造物の不思議について考察している。第一〇巻では人間の意識の神秘についての探究が、自らの体験に基づいて論じられている。そして、第一一巻では重要かつ独創的な時間の性質に関する議論がなされている。

2 『三位一体』(三九九—四一九年)。アウグスティヌスは一人の神、三位格の教理を受け容れ、それを、唯一不変な神の本質を第一に据えるという西方に典型的な仕方で解釈していた。そこでは神の統一が強調されるので、三位という部分に問題が生じてくるのであるが、アウグスティヌスはその問題を二つの独特な仕方で解決しようと試みた。一つは、三位とはお互いとの関係において定義されるのであって、いかなる本質的・非本質的な違いによって定められるのでもないと説明することである。これは時に「内在的関係」(subsistent relations)の教理と呼ばれるが、このフレーズは「関係」という言葉が多義的であることを覚えておかなければ、不要な困惑を招きかねない。「関係」とは、「友達と親戚」(relations)について語ることもできるように、それぞれ独自の存在を指すこともできるのである。しかし、アウグスティヌスは神が「〜の父である」というただの事実を本当の存在へと呼び起こそうとしているのではなく、神は「父性そのもの」つまりすべての父性の理想的な模範ということであると解釈している。そして、それは他の二位格に関しても同様なのである。アウグスティヌスのもう一つの手段は、神の存在はおぼろげにではあるがその被造物の内に反映されており、それが最もよく表れているのは人類においてであると論じることであった。それゆえに、神的三位格は人間の精神の内に三つのパターンとして再現されており、それは心理学が明らかにする「あること、知ること、意志すること」(being, knowing, willing)の三つに基づいているとされる。このような思想は、既に『告白』において見ることができる。そして、アウグスティヌスは精神の理解、知識、そして自己愛というものから、その記憶、知識、そして神の愛へと移行するのである。このような彼の自己意識に関する議論は、古代では類を見ないものである。

3　『神の国』(四一三—四二七年)。もともとの構想においては、この著作は四一〇年のアラリック一世によるローマ征服による衝撃に対応し、そのような災難が神の摂理を否定する証拠とはならないことを説明するという、ごく限られた目的だけを持つものであった。しかし、二〇年の歳月を経てこの著作は二〇巻にも及ぶ政治哲学の大著をなすものとなったのである。その主題は彼の時代にはローマ帝国によって象徴されていた地上の国(civitas terrena)と、あらゆる時代の義人が属する神の国という二つの「都市」あるいは国家の対比である。現世においてはこれらの二つの国家は互いに交わっているのであるが、原則的には分離可能であり、最後の審判においては区別されるのである。『神の国』は中世の西洋世界に政治哲学を準備し、教会が国家権力と同様の社会的・政治的な役割を果たす役目を持つことを正当化する根拠を提供したのであった。この著作は、著者自身が予期せず、また是認もしなかったであろうような影響をもたらしたのである。

アウグスティヌスの回心に関しては、論争が生じている。『告白』の読者のほとんどは、彼の自己像が正確であると考え、彼が抱いていた課題はこの世的な野心の放棄とカトリック教会の導きのもとでの霊的生活への献身だったのだと理解している。しかし、彼が回心の直後に記した著作には多少、異なる印象が表れているのである。それは、彼の友人との会話が編集されたものであり、自身がプラトン哲学の問題について語っている姿が描かれている。ここから、何人かの学者は、アウグスティヌスが実際に回心したのは哲学に向けてであったと論じるのである。そして、『告白』に記されている物語は、後の何年間かにわたって得た、より十全な聖書と教会生活の知識によって着色されているというのである。

しかし、このような議論は宗教と哲学がはっきりと区別できることを前提としている。恐らくアウグスティヌスはこの問題を別の視点で見ていたことであろう。プラトン主義の学びは、彼のキリスト教への途上の助けとなったのである。彼は間違いなくある程度キリスト教化されたプラトン主義に触れていたのであって、そこでは、例えばプロティノスが説いた第一原理の非人格的な性質などは強調されていなかった。しかし、逆に三つのヒュポスタシスという体系は歓迎され、受け容れられていたのであった。また、プラトン哲学は正統主義キリスト教と同様に信奉者に禁欲的生活を勧めた。また、彼らの弁証的修練を励ましたのは師の著作への崇敬の念だったのであり、それはキリスト者が聖書に対して抱いている崇敬の念とさほど変わらないものだったのである。それゆえに、アウグスティヌスがプラトン主義の学びをキリスト教信仰と服従の土台として行い続けることに何の矛盾も感じなかった可能性は大いにある。

何にせよ、アウグスティヌスがプラトン主義哲学の恩恵を受けていることは間違いないのである。彼は、プラトン主義から、神を単一で超越的、そしてすべての美の神聖な源、また知性の光として捉えることを学び、以前、抱いていたストア派的な、純粋であるが世界に浸透して広がる存在としての神という考えは棄てたのであった

(『告白』七・五・七)。彼は、神的ロゴスに関する思想も多少含む新プラトン主義の三位を真理に近いものとして認めたのであるが、そこでは聖霊は不正確に捉えられているか、除外されているのであった。また、当然、新プラトン主義者にとっては、第三のヒュポスタシスである魂だけが創造的な原理だったのであり、創造は必然的な流出の結果だったのであって、意志的な行為ではなかったのである。それでも、アウグスティヌスは宇宙をプラトン主義的な方法で捉え、神の精神に宿るイデアの体系の再現、種子的理性によって支配されているものと理解していた(六九、七八頁参照)。また、アウグスティヌスはすべて真の存在は善であるという考えも受け容れ、悪とはそれらが欠けることによって生じると考えたのである。さらに彼は、真の幸福は神を観想することと、永遠の真理を認識する知恵のうちにのみ見出せるとした。ただし、アウグスティヌスのプラトン主義的知性主義は、素朴な信者への牧会的配慮から大幅に修正されている。また興味深いことに、彼はプラトン主義者や教養あるキリスト教徒の間では一般的であった、魂の悪徳のすべては体からの影響にその原因を見出すことができるという思想を退けたのであった(『神の国』一四・五)。アウグスティヌスにとって罪の源とは驕りだったのであり、そこには自らの知性を誇るということも含まれていたのであった。

こうして、アウグスティヌスはキリスト教信仰を、哲学者たちの自らの功績に対する誇りとは対照的に、謙遜の修練として説明したのである。このような判断は特に目新しくはないが(コロサイの信徒への手紙二・八!)、アウグスティヌスにとっては個人的に魅力的なものであった。彼は、有能で雄弁なマリウス・ウィクトリヌスが、無学な回心者たちの群れと共に洗礼を受けたことを耳にしていた。それゆえ、彼自身もそれに応じて、その先の召しが何を意味するのかも完全に分からないまま、自らの名声と富への見込みを犠牲にしたのである。アウグスティヌスにとって信仰とは受け容れるべきものであった。つまりそれは、もちろんそのためには多少の理解は必要であるものの、完全な理性的洞察抜きに受け容れられなければならないものだったのである。そしてアウグスティヌスは、日常からの喩えを用いて、このような受容を正当化するために一般的であった議論を語り直している（一四〇―一四四頁参照。『ホノラトゥスに宛てた信の効用』一二・二六、『三位一体』一五・一二・二一など）。信仰とは原則としては劣った形の認識であるが、キリスト教信仰はその源が神の啓示であるために権威を持つのである。それゆえに、哲学の有用性は、イスラエルの民もエジプト人から金銀の装飾品を求めたというお馴染みの喩えによって正当化されたが、それでも聖書と教会の伝統が優先されなければならないとされた（出エジプト記一一・二、一二・三五―三六、オリゲネス『フィロカリア』一三／*SC* 148, p. 90 の註参照）。アウグスティヌスの独自性は、信仰が理解を助けるという主張によりはっきりと表れている。「誰も理解なしに神を信じることはできない。しかし、彼の信じるその信仰が癒しをもたらすのであり、それによって彼の理解はより深まるのである」（『詩編註解』一一八／*PL* 37, 1552）。[1]

アウグスティヌスが直面した最初の諸問題の一つは、プラトン主義的伝統の一派として既に記した（八八、八九頁）懐疑主義（実はこれは彼がマニ教から逃れる助けとなったのであるが）を論駁し、人間の一般的な知識の可能性を確立することであった。『アカデミア派論駁』（三八六―三八七年）には二つの議論がなされており、それらは後の著作にも繰り返し記されている。一つ目は、いくつかの命題は虚偽になり得ないというものである。例えば、二つの矛盾する言明のどちらか、あるいはいくつかの数学的または論理的な命題は虚偽ではあり得ないのである（三・一〇・二三、一一・二五と二九）。二つ目に、あるものは確かに知ることができるということである。ここではアウグスティヌスは人間の精神の認識に訴えている。つまり、たとえ何かを疑っているときにも、自らが疑っているということは知ることができるのであり、自らが存在することも知り得るのである。この主張は『神の国』に「私が欺かれるとすれば、私は存在している」（Si fallor, sum）と簡潔に記されている（一一・二六）。このフレーズはデカルトの「我思う。ゆえに我あり」（Je pense, donc je suis）の先駆けとなるものである。しかし、アウグスティヌスがそこから導き出すことは、デカルトとはかなり異なる。アウグスティヌスはこのフレーズをプラトン主義的理性主義の構造すべてを堅固にするものとして捉え、概念同士の関係は視覚に似た知的直感によって知られると論じているのである。さらに彼は、プラトン主義における「知解可能的世界」を神がそれにより世界を創造した「永遠で不変の理性」と同一視するのである（『再考録』一・三・二。七八頁参照）。これにより、彼は既に見た、大部分において独自の神の存在の証明の議論を形作ることができたのである（一四九、一五〇頁）。しかし、感覚によって得た情報を、記憶と概念の体系とによって整理することを可能にするために経験が果たす役割を認めるという、現代の思想に近い知識の理論は、後期の著作になるまでは見受けられない。

もちろんアウグスティヌスは人間の知識の多くが感覚によっていることを認識しており、新プラトン主義に倣って「感じること」（sentire）とは「体の機能ではなく、体を通した魂の機能である」であると理解している（『創世記逐語註解』三・五・七）。このような彼の考えは、感覚と知覚の違いに注意を払うことでより明確に言い表すことができよう。体と感覚器官はそれが接する対象からの影響を受けるのであって、その意味では受動的である。しかし知覚とは、精神が体を用いて行う能動的なプロセスであると言うこともできる（『魂の偉大』二四・四五、『創世記逐語註解』一二・一六・三三、プロティノス『エンネアデス』四・六・二など参照）。アウグスティヌスの思想にある穴を埋めるには、人の感覚器官を操る能力について考慮することができるであろう。特に目は、焦点を合わせ、重要なかたちを選択する能力があるので、知覚とは学んで身に付けるものであり、そこには精神が働いていることが分かる。

しかしアウグスティヌス自身の、感覚、特に視覚に関する言明は、感覚と知覚の違いを充分に認識していないのである。彼は、繰り返し感覚器官は受動的であると述べているが、それらが能動的に物理的プロセスを起こしているという理論もまだ支持しているのである。それゆえ、彼は目が対象物に反射する光とぶつかる「視覚の光線」を出すというプラトン主義の見解にも触れている（emisso visu per oculos video;『魂の偉大』二三・四三）。アウグスティヌスはまた、目がどのようにして遠くの物を見ることができるのかを、それは杖によって何かを探るようなものであると説明している。これは明らかに、一七七頁で既に述べた、目が周囲の空気を圧縮して、あたかも棒を使うかのようにして対象物を探るというストア派の理論を彷彿とさせるものである（*SVF* 2. 864-7）。

では、精神はどのようにして感覚を記憶するのであろうか。この問いに対してアウグスティヌスははっきりとした答えを出せていないのであるが、それには二つの理由があると思われる。まず、すべての議論が視覚に集中しているということが挙げられる。五感のすべてにはたびたび触れられてはいるが、重要な論点は視覚との関連においてのみ述べられているのである。さらに、アウグスティヌスは精神が純粋に形而上学的な意味で「見る」ことができると述べることで、通常の身体的視覚と、心に思い描くことを少なくとも含むような作用を混同しているのである。創世記の註解においては、彼は三種類の視覚を区別している。その議論の一つは、「隣人を自分のように愛しなさい」（『創世記逐語註解』一二・一一・二二）という聖句から始まっており、次のように書かれている。「（書かれた）文字が体によって見られ（seen）、隣人が霊によって思い起こされ、愛は知性によって見られる（observed!）」（corporaliter litterae videntur, spiritaliter proximus cogitator, intellectualiter dilectio conspicitur）。ここでの「霊」とは、コリントの信徒への手紙（一）一四章一五節に倣って、精神よりも劣るものとして理解されているので、これを「霊的な視覚」と関連付けるのは誤解である。アウグスティヌスの用法においては、これは既に見たものを思い起こすこと、（視覚心像の新たな組み合わせによって）見たことのないものを想像すること、そして夢という三つの可能性を含んでいるようである（前掲書、一二・六・一五、九・二〇）。また、それは人間が実際に見ているものを、想像ではないと認識する能力、あるいは想像しているものを、実際に見ているのではないと認識する能力をも指すことがあり、さらには夢を見ている最中に自らが夢を見ていることを認識するという面白いケースを指す場合もあるのである（前掲書、一二・二・三）。

しかし逆に、アウグスティヌスの精神に関する説明は視覚からは理解ができないように思われる。一体どのようにして愛が精神によって「見られ」ているのであろうか。もし誰かが、ある愛のある行動の例証を覚えているならば、その人は愛が何であるかを知っていると言われることができるであろう。しかし、これはアウグスティヌスにおける中間的機能である「霊」の役目であるように思われる。また、当然この場合、「愛」という名を相応しい例に適応させなければならない。しかし、そのようなこと自体、それが最高の精神的力に頼るほどのことであるとは思えないのである。もちろんアウグスティヌスは、プラトン主義的理想としての愛に訴えて、それを成し遂げることを考えている（前掲書、一二・三・六）。これは、神秘的経験によってのみ到達することのできる純粋なかたちの愛である。しかし、彼は幻や夢を解釈する力を知性に帰することによって（ヨセフによるファラオの夢の解釈。前掲書、一二・九・二〇）、議論を振り出しに戻してしまっているのである。

アウグスティヌスにおける精神の議論の問題点の二つ目は、彼が新プラトン主義に従って、より低い段階の現実に属する身体に、精神が影響されることはないと考えている点である。これはもちろん、激しい身体的感覚やそれに伴う激情によって判断力が失われることがあるという一般的な経験とは矛盾する。アウグスティヌス自身も、妄想という特別な場合においては、精神が圧倒されることがあることを認めており（前掲書、一二・一二・二五）、預言者的エクスタシーについて長く議論している。しかし彼は、それが魂の内に宿っているとして、身体全体に浸透していると議論することで精神の優越性を保とうとしているのである。そして、精神は感覚から得た情報を擬似視覚的なプロセスによって理解するのである（nuntiat enim aliquid lux incorporea, 前掲書、七・一九・二五）。

これらの理論の根底にあるのは、能動と受動とは正反対に分類されるものであり、その結合も中間の状態もあり得ないという前提である。それゆえに、精神とはすべての受動的要素が除外されるときにのみ能動的であると言われ得るのである。しかし、この大まかな前提自体が誤りであり、中間的な状態というものも確かに古代でも知られていたのである。例えば、もしある人が床屋や医者に自ら身体を運んだならば、それは一つの能動的な行動である。床屋や医者がその人にすることは、その人が彼らがそうするよう意図したことなのである。また、人間の知識を純粋に能動的な過程として説明することもできない。自分の創造的な考えや空想にふけっている場合を除けば、知識には常に自分自身のものではない情報が関わってくるからである。アウグスティヌスも、このことを充分に理解しているように見受けられる。それでも彼は、純粋に能動的な知性という幻想と、そこから出る不自然な理論を棄てきれずにいたのであった。

アウグスティヌスは、感覚による認識から、より高次の知識である記憶の思想へと移るもう一つ、そしてより特徴的な方法を持っていた。『告白』の第一〇巻において彼は、人間の、感覚的な性質を思い起こすことができる能力とそれらが織り成す複雑なパターンについて論じている。例えば、人や場所を思い出す際、人はまるで地下倉庫か洞窟から掘り出すようにして、それらの人々や場所のイメージを呼び起こすのである。記憶とは創造的な描写を作り上げる能力、そして、計画したり、望んだり、恐れたりするときのように、起こり得る出来事を描き出す能力をも含んでいる。この場合、人は感覚から引き出されたさまざまなイメージを自由に組み合わせているのである。しかし、アウグスティヌスはさらに二つのケースを提示している。まず、抽象的な問題や原理に関しては、人はイメージではなく事物そのものに対処しているのであり、それらの問題は感覚を通して伝えられたのでも教えられたのでもないということである。「私はそれらを心の内に見出し、真実であると認め、必要なときに生じさせるために記憶に留めたのである」（前掲書、一〇・一〇・七）。またもう一つのケースは、精神状態の記憶である。人は喜んでいないときにも、喜びを思い起こすことができるし、忘れるということがどういうことかを記憶することもできる。つまり、記憶とは明らかにただ過去の状態を思い起こすこと以上のものであり、何らかの直接的意識が働いているのである。例えば、ものを数えるときは、数のイメージではなくて、数そのものによって数えるのである。また、イメージについて語り、それが何であるかを知ることもできるが、それはイメージのイメージを抱いていることにはならないのである。最後に、もし何かをなくした場合、それを覚えていない限り、見つけた時にそれを認識することはできない。何かを忘れたときにも、それを何らかの意味で覚えていなければ、何を思い起こそうとしているのかを知ることはできない。同様に（前掲書、一〇・二〇・二九）、すべての人が幸福な人生を望んでいるのであるが、そのことは人が少なくとも幸福な人生というものに関する部分的な知識を持っているということになる。しかし、アウグスティヌスはその知識を神として認識するのである。

この非常に興味深い議論にこれ以上、場所を割くことはできないが、二つほどコメントしておきたい。まず、アウグスティヌスによる「記憶」という語のさまざまな用法は多くの読者を混乱させてきた。彼の議論は、狭義からより包括的な意味へと移っていくように思われる。狭義の意味では、記憶とはただイメージを用いて感覚(sensibilia)を呼び起こす力を指している。しかし、アウグスティヌスはそこを通り抜け、上述したようなさまざまな段階を経て、あらゆる形の知識を、必要なときに呼び起こすことができる限り「記憶」であるとする包括的な意味へと到達するのである。次に、彼の議論は未だにプラトン主義的な「想起」(anamnesis〔四三頁参照〕)の理論の影響下にあるということである。アウグスティヌスにおいては、感覚以外からの知識は前世で知った真理を部分的に段々と思い出すことによって得られるという見解が拒否されていることは事実である。しかし、人が知性的直感によって何かを知っていることは、それらが記憶の奥底に予めしまわれていたからであるという考えは保持されているのである(前掲書、一〇・一〇・一七)。「それらはどこにあったのか。そして私はそれらが示されたときにどのようにして認識したのか。もしそれらが既に記憶の内にあったのではなく、誰かの勧めによって掘り起こされなければ見つけ出されることのない遠く離れたところに隠されていたのであれば、私はそれらについて考えることはできなかったであろう」。最終的には、神に関する根本的な知識もこの筋道で説明されている。神の存在はその被造物である宇宙全体にある程度、反映されており、その知識は人間の精神の奥深いところに隠されているのである。

原註

(1) ポルタリ(E. Portalié) *A Guide*, pp. 114-118 には、いかにしてアウグスティヌスが信仰が理性に先立つということと理性が信仰に先立つということを同時に述べることができるのかに関する有用な議論がなされている。

第19章　自由と善

アウグスティヌスの『自由意志』の三巻本は、主にマニ教に対して論争的な目的で書かれたものである。中心的な主題は悪の問題であり、マニ教徒はこれを神自身に並ぶ力を持つ宇宙的な原理であると考えていたのである。これに対してアウグスティヌスは二つの答えを提示しており、それらは完全に独創的なわけではないが、共に説得力を備えた技法で展開されている。一つ目においては、主な関心は倫理的悪に絞られている。他の思想家と同様に、アウグスティヌスも罪と苦難という二つの悪の形態を区別しているが、彼が言うには苦難とはただ人が堕罪において、またその後に犯した罪に対する罰なのである。では、神にとって人が罪を犯すことのできる世界を創造することは正しいことだったのであろうか。アウグスティヌスは、罪とは自由意志の乱用であると答え、自由意志なしには道徳的な行動はありえないと論じている。それゆえに、神が人間を自由なものとして創造したことは正しいことだったのである。この議論には、罪とはより良いものを選ぶべき時により劣った善を選ぶこと（特に、霊的な善よりも身体的快楽を選ぶこと）によって成るという主張が組み込まれている（前掲書、二・四八—五四）。この類の悪は、神の被造物に相応しい、完全に善なる世界においても生じうる。そして、異なる程度の善が存在する世界を創造したからといって神を責めることはできないのである。かえって、そのような多様性は全体として世界の完全性を豊かにするのである。[1] 責めるべきはただ、劣った善を選んだ人間なのである（三・五・一二—三・六・一八。『神の国』一一・一六—一八、一二・四—五など）。

ここで二つの批判を加えることができよう。まず、この議論においては、まるで子供の見える場所に体に悪いお菓子を置きっぱなしにするように、人々の前に誘惑を据えたということで神が責められる可能性があるということである。そして次に、この議論はアウグスティヌスの自由意志に関する後の議論によって弱められてしまうということである。ここまでは、自由意志とはただ善か悪を選ぶ力（liberum arbitrium）として提示されているのであるが、アウグスティヌスは後に'libertas'を「罪を犯すことが不可能であること」（non posse peccare）と定義される独特の概念として展開するのである（例えば『ペラギウス派の二通の手紙反駁』一・五）。[2] この逆説的な定義では、優れた善人は選択の自由を失うことになってしまうので、人は自由に選択するけれど、その選択はすべて善であるという定式の方が優れているように思われる。[3] しかしもしそうであるならば、なぜ神はアダムにそのような自由を備えなかったのであろうか。[4] 実際、アウグスティヌスのアダム像には矛盾が生じている。アウグスティヌスは、キリスト教化されたユダヤ教的伝統に従って、アダムを知恵のある、道徳的で霊的な人物として描く一方で、彼が取り返しのつかない、大惨事を巻き起こす罪を犯したとするのである。この一つの行動によって世界に入り込んだとアウグスティヌスが考える不幸を説明するためには、堕罪以前と以後のアダムの状態のはっきりとした対比が必要だったのであろう。しかし、このような考えは信仰に緊張をもたらすだけではなく、最高に素晴らしい美徳であっても単純な誘惑に耐え得ないという警告をも示すものとなる。しかし実際には、その善が少なくとも比較して言えば信用に値する人々がいることは誰もが認めるところである。この点で、オリゲネスが彼自身は本当の善人は悲惨な罪を犯すことはなく、わずかな過ちもすぐに正すと述べたにもかかわらず、最終的な救いの確証は得られないと教えたとして非難されたことは、何とも皮肉なことである（『諸原理について』一・四・一）。

マニ教徒に対する二つ目の応答は、悪に関する別の概念を打ち立てることによってなされた。これは『自由意志』においてはあまり大きな役割を果たしていないが、たびたび他の著作に引用されており、信頼できる考えと広く称賛されている。それは、悪の否定的理論と呼ばれるものである。これは、後にアウグスティヌスにおける存在と善について述べる際に論じることがふさわしいので、ここでは自由意志の議論に戻りたいと思う。この自由意志の議論は、ペラギウスと彼の支持者に出会ったときに、より深刻な問題として浮上したのであった（二七三頁参照）。

アウグスティヌスは自身の経験から、人は神の助けなしには誘惑に対して何の良い結果も得ることはできないと確信していた。さらに言えば、神の恵みはペラギウスも認めたように人の良い決断を助けるだけではなく、善なる欲求を植えつけることでそのような決断を引き出す上にも必要なのである。つまり、「先行する」恵みが必要なのである。それゆえアウグスティヌスは自らのそのような確信を祈りに表している。「あなたが命ずるものを与えてください、そしてあなたの御心を命じてください」（『告白』一〇・二九・四〇）。しかし、人間の弱さを厳しく見つめたアウグスティヌスは、ペラギウス主義者たちの熱心な自己依存への激しい反発も相俟って、次第に神の恵みが人間の行動を決定する唯一の要素であるという立場を取るようになったのである。彼は、神が人間の善行の究極的な源であり感化でなければならないと当然ながら考えた。つまり、人間の倫理的自由を支持することに関心を寄せることがなければ、アウグスティヌスは神が人に、ある選択肢から自由に選ぶ力を与えたとは考えられなかったのである。なぜなら、そうすると人が自らの独立した努力により正しい方を選んだように思えてしまうからである。それゆえに、アウグスティヌスは神は恵みという手段を差し出しはするが、それを用いる力は与えることもあれば保留することもあると考えるようになったのである。このような考えの当然の結果として、選民の救いだけではなく、その他の人々の過ちと断罪も含むすべてが神の責任ということになってしまう。神はそれらの人々を救うこともできたが、彼らが恵みを用いる力を保留したということである。

長く知られてきたように、アウグスティヌスは神を無慈悲で残酷、不正な存在として描き出しているように見える。彼の答えは、そもそも誰も救われるに値しなかったということであり、これは確かにルカによる福音書一三章一―五節によって支持することができる。アウグスティヌスは人類をただ悪意ある性質だけでなく、アダムにまで遡って引き継がれてきた罪悪によって堕落していると考えたのである。そして彼はラテン語訳のローマの信徒への手紙五章一二節の、アダムの内に「すべての人が罪を犯した」ということをそのように解釈したのである。このように人は受け継がれてきた欠陥と罪深い環境により堕落していると認識することにはそれなりの利点もあるかもしれないが、新生児までもが神の目に厭うべき罪人として映っているとするこの理論を弁証することはできない。また、自らの誕生の何世紀も前にアダムが犯した罪に、我々も何らかの形で参与したとする考えを、論理的に擁護することもできないのである。

アウグスティヌスはこのような恐ろしい結論に辿り着いてしまったのであるが、それは神の恵みの必要性に固執し、そこから演繹した結果でもあり、また神の選民の数は予め決まっているという理論からの結果でもあった（ヨハネの黙示録七・四）。それゆえに、贖われた人の魂の数は、不服従により堕落した天使たちの数と全く同じでなければならなかったのである（つまり、我々はそれらの堕天使に心から感謝しなくてはならないことになる！）。そこでアウグスティヌスは、テモテへの手紙（一）二章四節の「神は、すべての人々が救われることを望んでおられます」という言葉に対する不自然な説明を加えなければならなかったのである（『霊と文字』三三・五八に対して『エンキリディオン』二七・一〇三、『ユリアヌス反駁』四・八・四四）。そして最終的にアウグスティヌスは、ほとんどの人間が永遠の苦しみへと運命づけられているとはっきり認識しながら人類を創造するような神を讃美することになってしまっているのである。

このような決定論的な枠組みの中で、アウグスティヌスは人間の自由意志を、それを究極的な決定要素とせずにして保とうと試みている。事実、アウグスティヌスは自由意志なくしては称賛も非難も受けることはできないという伝統的な見解を受け容れているのである。『神の国』五・九においては、神は未来の出来事をすべて知っているが、それは人間の自由意志と矛盾することではないと主張している。神は、人間の過去の行いを知っているのと同じように、ただ未来において何を自由に選択するのかも予知しているというのである。似たような理論は既にオリゲネスによって示されていた（『諸原理について』三・一、特に一二—一三）。しかし、アウグスティヌスは既に、神はただ予知するだけではなく、人が自由に何をするかを支配するという見解に移行していっていたのである。神は「すべての御心を命じるが、一部の人にはそれを成し遂げる力を与え、他の人々にはそれを与えずにいるのである」。この主張に関しては、非常に独創的で、大部分、独自な説明が加えられており、それは『霊と文字』三四・六〇にはっきりと記されている。アウグスティヌスによれば、人の決断はすべてほぼ無作為に訪れるさまざまな衝動との関連で理解されなければならない。例えば、ある時は讃美歌の歌声が耳に入ってくるし、またある時には艶かしい装いの娼婦に遭遇することもある。そのような時、自らが認識し思考をコントロールできる以前に、ストア派が'propatheia'と呼んだ即座で無意識の反応が起こるのである。アウグスティヌスは、神が、人が反応することを知った上で、どのような衝動がその時々にその人に訪れるのかを操作できると考えたのである。そうして、神は人の自由意志を妨げることなく、定められた行動へと人々を導くことができるのである。神は人間が自覚的にコントロールする意志に介入することはないが、ただ人には偶然と思われる出来事を支配しているのである。(5)

この理論はアウグスティヌスが、一部の哲学者が「両立論者」（compatibilist）と呼ぶ立場を取っていた点で哲学的に興味深いものである。つまりアウグスティヌスは、人間の自由意志は完全に決定されている出来事と何らかの意味で両立可能と信じていたのである。そして、この思想の神学的な帰結として、人々の個人的な運命をも含む未来は予知されているだけではなく、予定されていることになる。言葉でどのような条件を付けたとしても、本質的にこの思想はカルヴァンによって唱えられた「二重予定説」へとつながることになる。人は少なくとも部分的には外的制限から自由であるという意味で、自由に行動すると言えるのであり、一定の範囲内で好きなことをできるということである。しかし、それぞれの決断が、その決断が下される以前には未定であった未来を決定する役割を果たすと考えることは誤りなのである。

アウグスティヌスによる神の恵みの必要性の教えは、キリスト教神学への決定的な貢献として一般的に認められている（これには私自身も賛成する）。しかし、彼の選びの議論と予定説に関する評価はあまり一致していない。私自身は、予定説の体系は、神の愛と慈悲という教理と全く共存不可能であると信じている。それどころか、アウグスティヌスはそのような説を唱えることで、本来、避けることができたはずの過ちを犯しているように思われる。その過ちとは、神の恵みと人間の業とを人間の救いにおいて競り合う存在と捉えたことであり、一方を強調することで他方をないがしろにしなければならないと考えたことである。このような競り合いは『再考録』二・一の「私は自由の選択のために労したが、最後に勝ったのは神の恵みであった」という言葉に示されている。ただ、例えば何か限られた仕事があるとして（与えられた数の木を切るなど）、二人の人が働いているとすれば、片方がより多く働くことは、当然もう片方の仕事が減ることを意味する。しかし、教師と生徒の関係の方がより適切な喩えではないだろうか。そこでこの二人が、ある試験にその生徒が合格することを共に目指しているとすれば、生徒の学習能力が高いからといって、教師の仕事が減るわけではない。学習能力が高いからこそ、生徒は議論のためにより高度な問題を提示してくることであろう。またその逆も然りである。つまり、神の御心は人の自由意志を訓練することであるが、神抜きでそれをすることは望んでいないと言うことができる。神がすべての知恵の源であることを信じるならば、神が人に神抜きで自由意志を訓練することを求めるなどとうてい考えられないからである。それゆえに、倫理的に筋が通っている人が必ずしも恵みという助けを無視していると考える理由はなくなるのである。その人は、自らの倫理的業をまさに神の助けを絶えざる祈りによって求めることで発揮することができるのである。そして、神へと回心し、自らの弱さを告白する人が、より強固な堅忍と忠誠を与えられると考えることはごく自然なことであろう。ただし、その告白は真摯なものでなければならない。懺悔の祈りはたやすく自己満足に変わってしまうのであり、人は自らを「哀れな罪人」と呼ぶことで、他愛ない悪さを大げさに扱い、その役柄を楽しむようになるのである。しかし、このような過ちには賢明な指導により注意を払うことが可能であろう。

このように考えると、それぞれの人が異なる程度の賜物を授かっていることもしっかりと認めることができるのである。ある人々は生まれつきの「成功者」であり、その他の人々は他者の困難により同情的になれるように、自らの失敗から学ぶようにされているのである。アウグスティヌスの過ちの一つは、彼が自らの経験からの教訓を並べて、それらをすべての人に当てはまる原理として打ち立てる傾向があったことなのである。

このようにして、自由意志の議論は有限の存在と無限の存在の間にどのような関係があるのかという疑問を起こさせる。そして既に論じたように、基本的には神は創造の業の一環として、自らが全体を支配しつつも、本当の意味で人間に責任を課したのである。『告白』の第一一巻の時間に関するアウグスティヌスの議論はこれと似たような神学的背景を持っている。第一巻から第九巻において自らの人生と回心について語った後、アウグスティヌスは自らを、神を見つけることを望みながらも、未だに誘惑や日々の雑事によって心が乱れている存在として描き出している。そして、神の言であるキリストが唯一、真の仲保者であり、キリストによってすべてが創造されたのであるから（一〇・四三・六八、一一・二・四）、アウグスティヌスは、（既に見たように）神自身の存在の痕跡が見出される被造物を理解しようと努めるのである。

では、神はどのように天と地を無から創造したのであろうか。また、もし神の創造への意志が永遠であるならば、なぜ被造物は永遠ではないのであろう。（この問いは世界が永遠の昔から存在したというアリストテレス的な思想に触発されたものと思われる。それに従えば、被造物が神と永遠性を共有せずに始まりをもっているということは非論理的に思われるのである。）この関係で、二つの問題が生じてくる。まず異教徒は、神が世界を創造する前にいったい何をしていたのかと問うかもしれない（一一・一〇・一二、一一・一二・一四）。これは、創造論に関する古くからの反論であり、アウグスティヌスはこれをキケロから学んだ可能性がある（『神々の本性について』一・九・二一）。アウグスティヌスは、「神は創造以前には詮索好きな者たちのために地獄を用意されていたのだ」

という安易な答えを別にして、時間そのものが神の創造物であると答えている（一一・一四・一七）。そして、「その時」や「それ以前」について語ることができるのは、時間の経過の内のみだと論じるのである（一一・一三・一五）。本書では同様の説明を展開する試みも既にいくつか考察した（九一頁参照）。二つ目の問いは、聖書の六日間の創造の物語と、神の御心は瞬時に成就されるという伝統的な信仰をどのように和解させるかという、ユダヤ教とキリスト教に特有の問題である。アウグスティヌスは、神は実にすべてを「初めに」創造したと答えるが、被造物が時間をかけて発展する可能性を持っていたことを示すために、ストア派の「種子的原理」の教理を引き合いに出してもいるのである（六九頁参照）。

アウグスティヌスは次に、時間が非現実的であることを示唆する仕方で永遠と時間とを対比させている。人が長い時間や短い時間について述べるとき、それは過去か未来のどちらかを指していなければならない。しかし、今、存在しないものがどうして長くも短くもなれるであろうか。過去は過ぎ去っているし、未来はまだ来ていないのであり、現在についてはそれが何であるかを明確にすることは不可能であるように思われる。つまり、「今年」（the present year）と言う場合でも、そのすべてが今（present）なわけではないし、逆に完全な「今」を追い求めたとすれば、次々により短い時間というものを想像しなければならず（一一・一五・二〇）、最終的にはただ移り行く過去と未来との境界線という、それ自体には何の現実性もなく儚い瞬間へと引き戻されてしまうのである。少し後に、アウグスティヌスは「我々は過ぎ行く時間を自らの意識によって計っている（sentiendo）」という点を加えている。しかし、過去と未来はないものなので（あるいは存在しないので）、それらはどのようにして計ることができるのであろうか（一六・二一）。この問いは、最終的に完全に意識の問題として時間を定義する独特の理論へとつながっていったのであった。

ただ、その理論を論じる前に、これまで論じてきた事柄の背景と妥当性について少し述べたいと思う。まず、アウグスティヌスがなぜ時間の非現実性について論じようとしたかは明らかである。彼は、神の永遠に比べればすべての時間的存在は非現実的であると考えているのである。しかし、アウグスティヌスは既にアリストテレスによって触れられ（『自然学』四・一〇・二一七b 二九以下）、後に懐疑論者たちにも用いられた逆説にも魅了されていた。つまり、時間とは過去が既に過ぎており、未来が未だ来ていないために非現実的でなければならないという理論である。そして、現在に関しては、それはただの一瞬であり、時間の一部あるいは間ではないのである。それは、点が線の一部ではなく、その四分の一であるとか、それよりも小さい一片であるなどとは言えないのと同じである。クリュシッポスはこれに似た思想を形成したようであるが、彼に懐疑的な意図はなかったであろう。つまり彼は、過去と未来は現実（real, huphestanai）であるが、現在だけが事実（actual, huparchein）だと論じたようである（*SVF* 2. 509, 518）。しかし逆に後期のストア派であるアポロドロスは、現在（今）が瞬間として理解されなければならないという考え方に疑問を呈したのである。なぜなら「今年」について語ることが可能だからである（アレイオス・ディデュモス『断片』二六／Diels *DG* p. 461）。アポロドロスは、長い期間について語ることができるのであるから、その延長線上ですべての時を現在と呼ぶことができると結論づけたようである。ただし、これに対しては異議を唱えざるを得ないであろう。なぜならすべての時を現在と呼んでしまえば、「過去」と「未来」という言葉が果たす役割がなくなってしまうからである。

　以上の説明はもちろん単純化されたものであり、より優れた十全的な議論はRichard Sorabji の *Time, Creation & the Continuum* を参照していただきたい。しかし、ここでアウグスティヌスの議論に対して簡単な批判を加えたいと思う。まず初めに、アウグスティヌスは現在を「移動する瞬間」とする考えに縛られていたことが問題であったのであり、そこには二つの別々な問題があるように思われる。まず、「今」とはただの瞬間ではなく緩やかな縛りの時間の長さを指すことができることは既に指摘した。それを大雑把に空間に類比させたものは、「位置であり、大きさを持たない」点にA・N・ホワイトヘッドが改めて定めた定義に見出すことができる。ホワイトヘッドはこのフレーズを「大きいにせよ、小さいにせよ、ゼロであるにせよ、具体的な大きさを持たない」というふうに解釈したので、連続した同心球が彼の定義の条件を満たすことになる。その大きさは自由に大きくも小さくもなるのである。しかし次に、現在が何らかの目盛りの上を動いているというのはただの喩えであるという問題がある。一方で時とは連続する年月や期間として捉えられるが、他方で人はその中で起こる出来事を予期されるものとして、それが起こっている最中で、そして過去として認識することができるのである。そこでは変化するのは時と出来事との関係性であって、それは「移動」という名の下に「場所」の変化として提示される必要はないのである。このことはかつて私自身が犯した過ちによって簡単に説明することができる。幼かった頃、私は「明日」とは一週間の曜日の一つだと思っていた。何となくそれは水曜日と木曜日の間に来るものだと考えていたのである。しかし、「明日」とは曜日との関係において変化するものだということを後に学んだのである。しかし、この場合の変化は移動ではない。日にちが「移り行く」と言う場合、それはただの比喩的表現なのである。もちろん、人は天体の動きを観察することによって時を計っている。しかし、それらの関係は単純なものではない。それゆえに我々は毎日、正午から正午までで計られる「太陽時間」とは明らかに異なる人工的な「時計時間」を用いるのである。また、もしかすると我々は変化を意識することなしに時を認識することはできないのかもしれない。しかし、これは場所の変化である必要はないであろう。針が移動する代わりに、例えば光の色が変化する時計を用いることもできるはずである。以上のことを考慮すると、現在とは瞬間として捉えられなければならないわけではなく、それが動くと考えることは誤解を招く可能性があるのである。

第二に、アウグスティヌスの問題は部分的には「ある」(to be)という動詞に関する、ある前提から生じている。彼は「XはYである」(X is Y)と言った場合、それは「Xはある」(X is)ことを意味するとし、それゆえに「Xは現実である」(X is real)また「Xは永続的である」ことになると考えたのである。それゆえに、現在は日付の目盛りとの関係において何の永続性も有しないので、Xの位置を占めることはできないことになる。現在は常に我々と共にあるけれども、現在は常に火曜日ということはないのである。また、過去と未来もただそれが現存していないという理由からXには値しない。アウグスティヌスが「過去と未来は存在しないのであるから、どうしてそれを計ることができようか」（一六・二一）と言うとき、彼は哲学者の問題提起をしているのであり、実践的な話をしているのではない。普段の生活では、「どのくらいの間、友達を待っていたのですか」や「この天気はいつまで続くのだろうか」などという質問に答えるのは特に難しくはない。「この旅が火曜日に始まり（あるいは始まった）、次の金曜日に終わるとすれば、その長さはどれほどか」という質問も同様である。これらに関してアウグスティヌスは後半の点に関しての考察はしていたようであるが（二一・二七）、「時を計る」というようなフレーズが多義的であることは気がついていなかったようである。時が経過すると共にそれを計る、あるいは推測するということと、時の経過を思い出す、あるいは予測すること、また曜日などの既に確立されている目盛りで計算しようとすることは全く別の作業なのである。

アウグスティヌスは続けて時についての理論を展開するが、それは鋭さと素朴さの類稀な混合である。彼はまず、過去、現在、未来という三つの時があることは常識であると述べることから議論を始めている（一七・二二）。しかし、もしそれらの時が「ある」（are）あるいは存在するならば、それらはどこにあるのであろうか。それがどこにあるにせよ、それは今なくてはならない。そして、もしそれがただ未来にある（will be there）、あるいはあった（were there）だけで今はないのであれば、それらはどこにもないことになり、存在しないことになる（一八・二三）。

このことは、今、実際に存在するのは（そしてつまり本当に存在するもののすべては）、過去に関する自身の記憶と未来に関する予想であるという結論へとつながる。そしてアウグスティヌスは、この見解を巧みなフレーズにまとめている。「過去と現在と未来という三つの時があると述べることは正確ではない。しかし、過去に関する現在、現在に関する現在、そして未来に関する現在の三つの時があると述べることは正しいであろう」。そして、彼はそれらを「記憶、観察、予期」と呼んでいるのである（二〇・二六）。

ここで、私が理解する範囲内でこの理論に批判を加えたいと思う。

1　アウグスティヌスは事物が「どこかになければ」(are somewhere) 存在することができないと考えた点で誤っている。「ある」(being) や「存在する」(existing) には多くの意味があるのである。正多面体は五つ存在するが、そのことは場所に関して何も言明してはいない。これとは少し異なる意味で、アウグスティヌスは確かに神は存在すると信じているが、神が通常どこかに位置しているということもないのである。

2　未来が「今」どこかになければならないという概念は、それが何を否定しているのかが曖昧であるために、正確な議論が難しい。アウグスティヌスはこれを「未来はどこかになる」(will be somewhere) という概念と対比させている(一八・二三の初め)。しかし、人は未来全体に関する予測をすることはできない。「未来は過去になる」(the future will be past) と大まかに言うことはできるかもしれないが、この発言は未来そのものに当てはまるのではなく、定義しようとする未来の出来事に当てはまるのである。「未来が過去になる」と言うことは、ある時点から先に未来の出来事がなくなることを意味しているのではないのである。

3　時が純粋に意識との関連で理解され得るという概念は人目を引くもので、大体において独自のものであるが、当然の欠点も有している。アウグスティヌスはこれを説明する際、大体において自らの意識との関連で議論を進めているようであるが、この制限を訂正して全人類に枠を広げると、誰も覚えていない出来事が起こったことは確かであるし、誰も予期していない出来事が起こることもあるであろう。アウグスティヌスは記憶と予期と現在の現実をはっきりと区別しているが、人が始めようとしている作業がただ未来から現在へとやって来るわけでないことに思い至っていないようである。その作業は、その人が予期したものとはかなり異なるものになることもあるのである。

4　アウグスティヌスによる時の精神的な扱いは、永遠に対する時の非現実性という彼の主張を支持するには有益かもしれない(二九・三〇)。しかし、彼は神の創造の業を理解したいと思っているので、その本当の目的を果たすには、このような時の扱い方は妨げになるのである。アウグスティヌスは神の創造の業を、人は誰もそれを覚えていないにもかかわらず明らかに過去の出来事として提示しようとしている。もしかすると、彼は聖書の創造物語の記事や、他のすべての出来事の記事は、それらが起こったままに記録されているという、聖書の十全性という前提の影響を受けているのかもしれない。しかし、このような弁明は充分ではないのである。なぜなら、聖書は「神は星を創造された」（創世記一・一六）など、かなり大まかな説明しか加えていないことが多いからである。聖書には神が決まった数の星を創造したと書いてあるが（詩編一四七・四）、人はその数を知ることはできないし、聖書もそれを教えてはくれないのである。それゆえに、これらの業が人々の記憶の内にある故に、ある意味現実であると主張することは不可能なのである。

もしアウグスティヌスの理論に対する私の取り扱いが自信過剰で尊大に聞こえるとしたら、読者にはこの本の制限を思い起こしていただきたいと思う。本書は、難解な問題に対する初歩的かつ全般的な導入として書かれているのであり、さらなる議論への扉を閉ざすことは、私の意図するところでは全くないのである。

アウグスティヌスは、自らの概念を提示した後、時間を天体の動きによって定義する、広く受容されていたプラトン主義の見解を吟味し始める（二三・二九以下）。アウグスティヌスは、天体の動きが止まる可能性を指摘し、それでも人は陶工の回転台の回転数を数えることができるし、会話の中の長音節と短音節の数を数えることができるとも主張する。また、太陽の回転速度が遅くなることも速くなることも考えられるので、太陽の回転とそれにかかる時間とは区別することができると言うのである。アウグスティヌスは、この議論を聖書を用いて論証する。つまり、ヨシュアは太陽と月の動きを止めたが（ヨシュア記一〇・一二以下）、そのことは時を止めることにはならなかったし、戦いも続いたのである。このアウグスティヌスの批判は独創的であり、妥当であろう。

後期の著作においては、アウグスティヌスはこれまで見てきた時間に関する独特な理論を破棄したようである。未だに時と移動を同一視してはいたが（例えば『創世記逐語註解』五・五・一二）、より慎重に時は移動に依存しているとも述べているのである（『神の国』一一・六）。さらに、彼は時が被造物と共に始まったとも主張しており（前掲書）、「創造の日々」を無時間的に説明しながらも（『創世記逐語註解』五・五・一二、『神の国』一一・七）、最初の人間は最初の創造の後、時間のうちに造られたのだと論じている。そうすると、時間が人間の意識の産物であるはずはなくなるのであるが、アウグスティヌス自身はこれに関する見解の変化を記すことはなかった。彼は『告白』において記した理論から逸れはするが、正式にそれを撤回することはなかったのである。

アウグスティヌスによる時間の取り扱いは、存在と永続性、そして存在と場所の関係についての吟味へと我々を導いた。しかし、彼の哲学の要となるのはむしろ存在と価値の統合である。この問題には、二七六頁に記した悪を欠如として論じるという逆の理論を吟味することで間接的に扱うことができる。アウグスティヌスは、「あらゆる本性」はそれそのものにおいては善であると述べ、悪とはつまり欠けであり、善が欠如していることであると述べる（『自由意志』三・三六、『告白』七・一二・一八など）。この見解は、マニ教に対抗して、神の被造物の基本的な善性を保持したいアウグスティヌスにとっては当然、魅力的である。しかし、これは彼自身の案ではなく、オリゲネスやアタナシオスにも見られ、彼ら自身もキリスト教以前のストア派の影響を受けていたのであった。また、この思想における断固とした精神へのこだわりは、すべての価値が、事物がそれぞれの本来の存在を認識し、最高善でもある究極の現実へとできる限り近づくことから生まれるとする偉大なる思想の構築、すなわちプラトン主義の存在論との一貫性を基盤としていたのである。

ただし、このような素晴らしい結びつきを考慮しても、私自身は悪の否定的理論は成り立たないと考えており、三つの批判を挙げることができる。

まず、もし悪の否定的理論が成立したとしても、それは「本性」（nature）、つまり事物そのものとそれらの必然的性質にしか当てはまらないのである。（「私は「本性」（nature）を通常は本質（substance）と呼ばれる意味で用いている」『自由意志』三・一三・三六）。しかし、世に見られる悪の多くは、個々であれ種においてであれ、事物に本来的なものではない。悪はA・N・ホワイトヘッドが呼ぶところの「事物の相互妨害」から生じているのである。イザヤ書一一章六節で「豹は子山羊と共に伏す」と語った預言者は、人が守りたいと思う優しくて大人しい動物を豹が餌食とする現在の世界を暗に断罪しているのである。しかし、そこで豹そのものには非はないが、その生き方に問題があると論じることは非現実的であろう。なぜなら、豹の取柄である機敏さや自然の武器はまさに彼らの狩猟的性質のためのものなのであって、彼らが飼い慣らされていたとすれば意味のないものだからである。いずれにしても、人が豹に関して躊躇しつつも素晴らしいと思う性質は、狼やハイエナに関しては当てはまらない。このような議論を探究したい現実主義者は、さらに恐ろしい例をチャールズ・シェリントンの *Man on his Nature* に見ることができる。

第二に、アウグスティヌスの理論は明らかなケースにおいて崩壊している。例えば、悪意はただ善意の欠如として説明されることはできない。ただの善意の欠如は無関心であるが、悪意とは破壊的な傾向を持つ積極的な動機なのである。さまざまな善なる性質を合わせることも難しいかもしれないが（一五九、一六〇頁参照）、悪徳が互いに矛盾することはより明白である。無慈悲な独裁者は人を傷つけるためには精力的でなければならないのであり、残酷さに怠惰を加えれば、その独裁者の力は失われてしまうのである。このような議論は不可能ではないし、悪が善に寄生していることを示している。本当の悪の力は、あらゆる悪をすべて合わせることによってではなく（これは当然不可能である）、善である可能性のある性質を曲げて、善性が破壊されるような仕方でそれらを連ねることによって生じるのである。悪は否定であり、それゆえに自己崩壊するというアウグスティヌスの思想からは何の慰めも見出されない（『告白』七・一二・一八）。それよりも、悪とは火のようなもので、その内に餌食となる善が残っている限り破壊的な力も無制限に秘められているのである。

第三に、既に見たように、アウグスティヌスの悪の理論は、善と存在を同一視する理論と表裏一体であり（一五六、一六〇頁参照）、「ある」（being）という言葉の力に関する前提を基盤とするもので、このような前提は現代の論理学者には正しく拒否されているのである。この基本的な議論は方程式の形で表現することができる。「Xは～である」（X is）＝「Xはそのものである」（X is itself）＝「Xは真のそれである」（X is true self）＝「Xはそれがあるべきものである」（X is what it ought to be）＝「Xは善である」（X is good）。それゆえに、存在は善性を意味するのである。逆に、悪とはただ存在の欠如ということになる。この理論を支持する人々はもちろんこのような見方はしておらず、崇高で魅力的な宇宙大の価値についてのテーマを強調する昔ながらの議論を用いて、この体系すべてを危うくするような論理的妥当性を問う質問からは注意を逸らしているのである。これらの批判を説明するには、フレーゲによって開拓された論理学の発展を解説しなければならない。しかし、簡単に分かり易い点は、「ある」（to be）という動詞は論理的に異なるさまざまな働きを持っているということである（拙著 *Divine Substance*, pp. 7-29 に簡潔なまとめを記してある）。「Xはある」（X is）とはただ「Xは存在する」（X exists）を意味するだけかもしれない。もし何かをXと名付けるならば、それは独自の現象でなければならないし、もし何かがXの類に属する（an X）であるならば、それがそう分類されるための何らかの理由があることが前提とされている。しかし、ここで前提とされていることは、その何かが「X」の一つとされるに相応しい性質を持っているということであり、それはその語に関連づけられている標準的な性質を持っているということである。ただし、事物は病気や毒に相応しい性質を有することもできるのであり、それがそのようなものの定義にはっきり当てはまるという事実自体が、それが善であるということを否定するのである。

　以上のように、現代の論理的分析は今や真剣な議論からは排除されなければならないような議論を批判するために役立ったのである。このような古代の論理学がこれからも何か役に立つとは考えにくい。「存在」（existence）という語がさまざまな類のものに多様な意味で用いられることは既に見たが（一五八、一五九頁参照）、この言葉はただ存在記号に注意を払うだけでは解決されない問題を生じさせるのである。もちろん存在と価値の間に何の論理的つながりも存在しないと仮定される必要はないが、それでもここで挙げられた批判は驚きを生じさせるかもしれない。プラトン主義的存在論は長い間キリスト教哲学者にとって価値ある助けとして活躍してきたし、それをキリスト教徒たちは当たり前のように思ってきた。しかし、覚えておかなければならないことは、それらはキリストや彼の使徒たちの本来の教えには含まれていないものだったということである。それは幸運な巡り合わせによってか、それとも文字通り神の摂理によってか、教会に与えられた天からの賜物だったのである。そしてそれは、受け容れられ、用いられ、最終的にはキリスト教正統主義の構造全体へと組み込まれていったのである。ローマ帝国の構造もまた同じような仕方で、教会の特別な霊的働きが前進するため、神から定められた組織として捉えられるようになったのであるが、アウグスティヌスはこの秩序が崩壊の危機にさらされるのを目の当たりにしたのであった。そして、そこで彼が取った行動は、古い構造を強化することではなく、大胆にも神の国という、それ以後の一二世紀の間のキリスト教を特徴づけた新しい構造へと挑戦することだったのである。我々も、彼の知恵と想像力を真似るべきであろう。アウグスティヌスを敬愛する多くの人々は、プラトン主義から離れたキリスト教というものを想像できずにいる。しかし、我々はそのような可能性も視野に入れて、アブラハムのようにどのような国を与えられるのか分からずとも出発しなければならない。「神が建てて作り出す」国を確かにさせるのは、我々の信仰のみなのである。

原註

（1）ウォリス（R. T. Wallis）*Neoplatonism*（参考文献７）, p. 65.
（2）Plotinus, 6. 8. 21. 1-7.
（3）充分な議論は拙著 *Substance and Illusion*, no. XVI, pp. 248-253 参照。
（4）『創世記逐語註解』一一・四―一一。アウグスティヌスの弁明は妥当性に欠けている。彼の説明ではアダムが弱いと同時におこがましい存在になってしまい（五）、仮説上、存在する必要のなかった他の罪人の存在を前提としてしまうのである。アウグスティヌスは罪人の存在には多様性をもたらすという利点があるとするが（八）、それには多様な善の存在だけで充分だったはずである。一五九頁参照。

(5) オリゲネスも理性以前の衝動の理論を用いており（『諸原理について』三・一・二―四）、これにより神が人に、罪を犯すようにすると論じている（三・一・七―一三）。しかし、オリゲネスは二つの点でアウグスティヌスとは大きく異なる。(1) オリゲネスは神の御心が最終的にすべての人を救うとしている（三・六・六）。(2) オリゲネスは神が救いの業においてより大きな役割を果たしているのだと考えている（三・一・一九）。

訳者あとがき

本書は、Christopher Stead, *Philosophy in Christian Antiquity*, Cambridge University Press, 1994 の邦訳である。原著を直訳すると、『古代キリスト教における哲学』となるが、邦訳のタイトルは、一般読者に分かりやすいように、『古代キリスト教と哲学』とした。

著者クリストファー・スティッドは、一九一三年生まれのイギリスの教父学者である。スティッドは、G・E・ムーアやウィットゲンシュタインの時代に、ケンブリッジ大学で古典と哲学を学び、その後に神学研究に進んだ。一九三八年に英国教会の司祭に叙任され、ケンブリッジ大学のキングス・カレッジのフェローとして一九三八年から一九四八年まで研究に従事。さらに一九四九年から一九七一年までオックスフォード大学のキーブル・カレッジでフェローとチャプレンを務めた。その後、ケンブリッジに戻り、一九七一年から一九八〇年まで、ケンブリッジ大学のイーリー講座神学教授（Ely Professor of Divinity）をつとめる。同時に、イーリーの大聖堂付司祭としても働く。その後、同講座名誉教授および英国学士院正会員となる。

本書には、スティッドの学問経歴が色濃く反映している。とりわけ古代哲学の諸概念と古代教父が用いた哲学の諸概念そのものの分析に多くのページを割いているが、それは、彼がケンブリッジで接した言語哲学や分析哲学の手法によっているからであろう。このような学問的方法は、一九七七年に出版された『神性と本質』（*Divine and Substance*）にもみられる。彼の著作の特色は、古代哲学と教父の言語の有意味性の検討を含めて、古代におけるキリスト教と哲学の折衝の複雑な問題を言語と命題の分析から解明するところにある。

スティッドの著作は多くはないが、古代教父研究では優れた業績を残している。代表的な著作は、*Divine and Substance* (Oxford University Press, 1977), *Substance and Illusion in the Christian Fathers* (Variorum, 1985), *Philosophie und*

Theologie (Kohlhammer, 1990) などがある。これらの著作とは別に、数多くの学術誌に多分野にわたる教父研究を発表している。

訳者（関川）は、今から十年以上も前の国際教父学会で、スティッド教授が司会をする、アタナシオス研究のセミナーに出席したことがある。すらりと背の高い、紳士然とした風貌を記憶している。また名前の発音は、ステッドではなく、どちらかと言えば、スティードに近い発音であった。本書では、ステッドとスティードの中間あたりの表記ということで、スティッドを採用した。その後まもなくして、教授の訃報に接した。二〇〇八年のことである。

さて、本書『古代キリスト教と哲学』の全体の構想と目的は、「はじめに」に記されている。キリスト教が伝播した古代地中海世界には、古典古代の長い歴史の中で醸成されてきた哲学の多様な伝統がすでに存在していた。しかもそれらは、職業的な専門的哲学者たちによって担われていたのである。それでは、「新しい哲学」として自己展開していくキリスト教には、どのような影響が哲学の分野から与えられたのだろうか。このような問題設定に基づいて、第一部では、古代哲学の概要が、やや教科書風に叙述されている。著者自身も指摘しているように、すでに古代哲学に精通した読者には不要とも思える部分だが、日本の読者の多くは、やはり第一部を精読した上で、第二部に移ることが理解を深める着実な道となるであろう。

第二部は、古代教父の神学を主題ごとに論述して、そこに古代哲学の用語がどのように取り入れられているかを論じている。本書の中心部は、何といっても、この第二部ということになろう。

さらに第三部では、古代の最大の哲学者アウグスティヌスの哲学と神学を批判的に叙述している。スティッドは、かなり厳しい批判をアウグスティヌスの用いる哲学用語と概念に向けている。

スティッドは、哲学概念をかなり狭く限定して理解している。彼にとって、哲学とは、独自の教義と方法論を持つ自律的な学である。この基準から言えば、古代教父の多くは、哲学者とはとうてい呼びえないことになる。さらに教義と方法論の一貫性という観点からは、アウグスティヌスでさえ、不十分な哲学者に過ぎない。スティッド曰く、「彼らの聖書的・教会的伝統への忠誠が、哲学の要求する客観的な批判研究への余地をほとんど残さなかったということである」（二〇七頁）。

このような観点に立てば、キリスト教教父の中に、理性的な学問と方法論への献身とそれを追求する技量を見出すことは難しいという結論に至るのであり、カパドキア教父ですら、哲学者としては扱えない（二一八頁）ということになる。

しかし、だからと言って、古代教父の思想と哲学の関係を探索することが無益であるわけではない。実際、古代教父の著作には、一定の伝統を持った哲学的な諸概念が使用され、教父の神学を基礎づけ、豊かにしていることは紛れもない事実である。

スティッドによれば、古代にあっては、哲学と神学の関係は、発展的なプロセスでは扱うことは到底できず、本書第二部でなされているように、組織的方法を採用して、古代教父が関心を寄せて叙述した諸主題を順番に扱い、そこに示された哲学の影響を吟味していくことになる。

スティッドは、神概念、ロゴス概念、三位一体論における本質と位格、神人二性論などを扱い、そこに哲学的諸概念がどのように使用され、言語の意味を分析・解明している。そこでは、従来の教父学の定説が次々に批判されていく。たとえば、ホモウシオスという言語は、アタナシオス神学の基礎にあるものではなく、むしろアレイオス派との権力闘争ゆえに、アレイオスが使用しなかった言語として積極的な用いられたと推測する。また、アウグスティヌスに対しては、善の欠如としての悪の理解を批判するとともに、プラトン主義を内包させるアウグスティヌス哲学そのものの根源的在り方に対しても歯に衣着せぬ批判を加えている。

しかし、古代教父の哲学に対するスティッドの批判は、各論ごとに反論は十分可能であるし、さらによくよく考えてみると、古代教父には、哲学的な方法や思索という一貫性を隅に押しやってしまうほどに、聖書と教会の新しい伝統への忠誠が早い時期から始まっていたことが暗示されていることにもなる。読者は、このような側面をも注意して、本書を読み進めることが求められるであろう。

さて、本書は、まず田中従子氏が下訳したものを関川が推敲し、さらにそれを田中従子氏が確認、推敲するという手順で翻訳された。扱う主題とともに、英語の文章そのものも、かなり難解なところが多く、翻訳に難儀した箇所も少なくない。思いもかけない間違い、誤訳があるかもしれないが、その場合には、ご指摘いただければ幸いである。田中従子氏は、アメリカとカナダで学んだ新進気鋭の学徒である。特にトロント大学では、エウノミオス研究の第一人者であるヴァジョーン（Vaggione）教授の下で、ナジアンゾスのグレゴリオス研究で修士号を取られ、その論文は高く評価された。これからの日本の教父研究を担って欲しいという意味も込めて、本書の翻訳に加わっていただいた。彼女自身スティッドの主張とは異なる教父解釈を持っていると推測するが、そこは忍耐して、本書のできうる限り正確で、読みやすい翻訳を心がけてくれたことを感謝したい。

最後になったが、本書のような地味ではあるが、貴重な学術書の出版をお引き受けくださった教文館社長渡部満氏には特別な感謝を申し上げたい。また、難解な書物の翻訳の校正と出版の作業に忍耐をもって当たってくださった教文館出版部の中川忠氏には、今回もひとかたならぬお世話になった。厚く御礼を申し上げる。

二〇一五年レント　大森めぐみ教会の牧師館にて

関川泰寛

事項索引

悪　99, 100, 117, 183, 184, 221, 283-284, 296-298
アレゴリー（アレゴリカル）　80, 92, 113, 118, 128, 180
一（者）　37, 48, 79, 134, 160, 161, 190, 191
懐疑論　62, 66, 77, 87-88, 109, 142-144, 183, 277, 291
感覚／視覚　26, 63, 177, 278-281
擬人化　21, 28, 64, 128-130, 152, 234
　——の否定　81, 131, 132, 167, 234
グノーシス（主義）　95-97, 180, 183-187, 196, 207-209, 235-237
啓示　116, 272, 277
決定論と自由意志　73, 74, 97, 111, 115-162, 273, 284-289
原子論　27-29, 63-64, 68-71, 258
混合物　70, 71, 179, 258
三一的神学／三位一体論　101, 120, 152-153, 189-198, 208-214, 273-276
時間　26, 91, 289-296
死後の命　20, 23, 26, 32, 35, 50, 67, 114, 119
　——の否定　65
　輪廻　20, 43, 51, 89, 114, 119
職人　47, 78-79, 93, 133-134, 183.「デミウルゴス」の項を参照
信仰　116, 139-143, 276-277
精神（ヌース）　28, 40-41, 48, 78-79, 98-99, 171-174, 181, 278-280
摂理　23, 27, 32, 48, 67-69, 73, 81, 84, 126-127, 182, 183
　——の否定　57, 64, 65, 74
創造　28-29, 31, 83, 85, 91, 92, 93, 94, 95, 112, 113, 114-116, 134-136, 137, 144-145, 147, 183, 192, 289-290, 296
存在　24, 25, 27, 45-46, 56, 59, 81, 137, 149, 150, 153-161, 276, 292, 293, 296, 297, 298, 299
知識　34, 37, 43-47, 63, 141, 272-278
デミウルゴス（グノーシス）　95, 96, 97, 136
ヒュポスタシス　156, 198, 201-203, 215-226, 238-245, 260-265, 276
モナド　79-81, 84, 259
霊（プネウマ）　69, 70, 126, 174
　聖霊　189-214
ロゴス　23, 68-70, 81-84, 101, 135-136, 166, 175, 187-197, 234, 236-267, 268

人名索引

〔カタカナ名の後に原語が挿入されている場合は現代の研究者である〕

あ

アイネシデモス　88
アイヒロット（Eichrodt, W.）　125-126
アウグスティヌス　5-7, 86, 88-90, 100, 107-113, 115, 118, 147, 149-151, 155, 165, 183-184, 194, 271-300
アスパシオス　87
アタナシオス　5, 93, 110, 143, 149, 166, 169, 172-173, 177, 179, 194, 197-198, 201, 206, 210-213, 253-257, 268, 296
アダム　114, 236, 238, 284-286, 299
アッティクス　88, 90, 92
アテナゴラス　148
アナクサゴラス　27-28, 144
アナクシマンドロス　18-19, 21
アナクシメネス　19
アプレイウス　90
アポリナリオス　237, 240, 242, 248-249, 255, 257-258, 260-262, 266
アポロドロス　291
アリアノス　67
アリスティッポス　65
アリストテレス　18, 28-29, 32, 35, 44, 46, 48, 52-62, 65, 68, 71-72, 75, 77-80, 87-91, 107-109, 112-113, 115, 127, 132-134,142, 145-146, 151, 155, 164, 166-167, 172,182, 197, 198, 201, 203-204, 206, 222-223, 225-228, 247, 259, 263, 289, 291
アリストテレス（偽）　82, 137
アリストパネス　32
アルケシラオス　62, 66, 88
アルテモン　195, 235
アルニム（Arnim, H. von）　111
アルノビウス　151
アルビノス　90, 109, 145, 220
アレイオス　112, 117, 179, 206-207, 210-214, 237-238, 253-254, 256, 261
アレイオス・ディデュモス　219, 259, 291
アレクサンドロス（大王）　62
アレクサンドロス（アプロディシアスの）　87, 108, 115, 137, 259
アレクサンドロス（アレクサンドリアの）　211, 213, 219, 248
アンセルムス　108
アンティオコス（アスカロンの）　77, 90
アンドレーゼン（Andresen, C.）　243
アンドロニコス（ロードスの）　77
アンブロシウス　28, 64, 76, 169, 211, 272

い・う

イアンブリコス　90
イエーガー（Jaeger, W.）　18, 53-54
イエス・キリスト　5, 116, 119, 123-125, 130, 160, 162, 174-176, 179, 180, 183, 185, 187, 189-190, 193, 195, 234-239, 242-243, 245-249, 255, 257-258, 260-268, 272, 289, 299

ウィリアムス（Williams, R. D.）　7
ウォリス（Wallis, R. T.）　299
ウルフソン（Wolfson, H. A.）　116, 122, 150, 225

え・お

エイレナイオス　5, 95, 97, 100, 112, 117, 121, 137, 148, 165, 183, 184, 196, 239, 241
エウセビオス（カイサリアの）　23, 28-29, 76, 90, 101, 117, 121, 148, 169, 173, 194-195, 208, 210-211, 237, 244, 266
エウテュケス　262
エウドクシオス　248
エウドロス（アレクサンドリアの）　79, 88, 90, 93, 137, 192
エウノミオス　117, 224
エウリピデス　145
エピクテトス　67, 87
エピクロス　28-29, 62-65
エンペドクレス　26-28
オズボーン（Osborn, E.）　110, 121-122
オリゲネス　5, 31, 51, 91, 101, 113-115, 118-119, 122, 143, 151, 162, 164, 165, 172, 173, 177-181, 183, 194-195, 198, 204, 206-209, 211-215, 221-223, 225-226, 232, 236-237, 241-242, 244, 248, 252-253, 256, 259, 277, 284, 287, 296, 300

か・き

ガイウス　90
カーク（Kirk, G. R.）　25
カーク（Kirk, K. E.）　110
ガッサンディ（Gassendi）　29
カパドキア教父　194, 198, 202-203, 216, 220-232, 242
ガリレオ（・ガリレイ）　29
カルヴァン　6
カルネアデス　66, 74, 88, 115
ガレノス　108
カーワン（Kirwan, C.）　7
カント　56, 147
カンネンギーサー（Kannengiesser, C.）　256
キケロ　66, 88, 92-93, 142, 146, 272, 289
ギーチ（Geach, P.）　7, 157
キュニコス学派　74
キュリロス（アレクサンドリアの）　109, 238-239, 242, 246, 260, 262-265, 268
キュリロス（エルサレムの）　151, 222-223

く

クセノクラテス　49, 52, 62, 78, 83, 91
クセノパネス　21, 22, 24
クセノポン　32, 34, 151
クラテス　66
クラテュロス　23
クリュシッポス　66, 109, 183, 218, 221-222, 291
クレアンテス　66, 73
グレゴリウス１世　109
グレゴリオス（ナジアンゾスの）　110, 117-118, 121, 149, 171, 175, 177, 179, 198, 250
グレゴリオス（ニュッサの）　107, 112, 118, 121, 149, 180, 198, 223-225, 227-228, 230, 232, 242, 244, 251, 257-258, 260
グレゴリオス・タウマトロゴス　170
クレメンス（アレクサンドリアの）　23, 31, 90, 101, 109, 111-112, 119, 142-143, 147-148, 167-168, 172-173, 178, 183, 208, 221, 235, 247
グリルマイヤー（Grillmeier, A.）　268

け・こ

ケニー（Kenny, A.）　53

ケリー（Kelly, J. N. D.）　242, 245, 268
ケルソス　180, 221
ケレスティヌス　239
コルヌトゥス　87
コンスタンティヌス　89, 117, 207, 210-211, 227

さ・し

サベリウス　235, 244
シェリントン（Sherrington, Sir C.）　297
シモネッティ（Simonetti, M.）　227, 231
シュヴァルツ（Schwartz, E.）　211, 262
シュトゥダー（Studer, B.）　122
シュミット（Schmidt, W. H.）　125
シュライアマハー　6
シンプリキアヌス　272
シンプリキウス　28, 89, 190

す・せ・そ

スコフィールド（Schofield, M.）　25
スティッド（Stead, G. C.）　121
スティルポン　62
ストラトス　62
スペウシッポス　52, 60, 62, 91
ゼウス　17, 66, 73, 135, 158
セクストス・エンペイリコス　88, 146, 166
セネカ　67, 87
ゼノン（エレアの）　25, 26, 45
ゼノン（キティオンの）　62, 65, 66, 74
ソクラテス　31-41, 43, 44, 47, 71, 87, 133, 145, 252
ソラノス　114
ソラブジ（Sorabji, R. R. K.）　268, 291

た行

タティアノス　143, 148, 151
タレス　18, 19
チャドウィック（Chadwick, H.）　121, 122, 191
ディオゲネス（アポロニアの）　145
ディオドルス　219
ディオドロス・クロノス　62, 115
ディオニュシウス（ローマの）　207, 209
ディオニュシオス（アレクサンドリアの）　29, 173, 209
ディオニュシオス・アレオパギテス　101, 109
ディデュモス（アレクサンドリアの）　148
ティリヒ（Tillich, P.）　170
ディロン（Dillon, J.）　90
ディンゼン（Dinsen, F.）　231, 232
テオドシオス　198
テオドトス　195, 235
テオドロス（モプスエスティアの）　252, 258
テオフィロス（アンティオキアの）　93, 148, 151
テオフラストス　62
デカルト　277
デニス（Dennis, T. J.）　122
デービス（Davies, W. D.）　187
デモクリトス　27-29, 63, 88
デュリー（Dörrie, H.）　89, 121, 216, 218, 222, 247
デューリング（Düring, I.）　54
テルトゥリアヌス　79, 110-112, 114, 119, 141, 142, 148, 151, 168, 174, 177, 194, 196, 199, 207, 215, 222, 239, 252
トレルチ（Troeltsch, E.）　110

な行

ニコマトス　90
ニュートン　145
ニューマン（Newman, J. H.）　138
ヌゥメニウス　76, 89, 90
ネストリオス　239, 240, 243, 245, 246, 253, 263, 265, 268
ネメシオス（エメサの）　28, 114, 268

は

パウリヌス　242
パウロ（タルソスの）　67, 114, 123, 124, 139, 141, 146, 167, 169, 175, 176, 187, 189, 190, 193, 195, 234, 242, 248
パウロス（サモサタの）　195, 209, 235, 248
バシレイオス（カイサリアの）　28, 29, 89, 110-113, 117, 121, 149, 170, 198, 213, 227, 230
バシレイデス　93, 137, 236
パナイティオス　66
パネンベルク（Pannenberg, W.）　170
バルト（Barth, K.）　6
パルメニデス　23-27, 36, 38, 39
バレンティノス　96-100
パンフィルス　208

ひ

ビエネルト（Bienert, W. A.）　207
ピエリウス　248
ヒエロニュムス　201
ヒック（Hick, J.）　184
ヒッポリュトス　23, 83, 93, 169, 204, 236
ピュタゴラス　20, 21, 24, 26, 33, 35, 38
ヒューム　108
ピュロン（エリスの）　87, 88
ヒラリウス　148

ふ

フィロン（アレクサンドリアの）　28, 50, 65, 73, 92, 97, 112, 127, 131, 135-137, 152, 153, 168, 172, 173, 175, 176, 178-180, 187, 188, 190-193, 204, 212, 234, 248, 259
フォルタン（Fortin, E. L.）　268
フォレル（Forell, G. W.）　110
プラトン　23-61, 62, 65, 66-68, 71, 77-85, 87-102, 105, 107-109, 111-115, 117, 119, 133-137, 143-146, 153, 154, 156, 159-161, 164, 167, 171-173, 175, 176, 180-182, 184, 187, 188, 190-196, 204, 206, 220, 224, 225, 231, 234, 236, 246, 247, 249, 251-253, 256, 262, 263, 272, 275-278, 280, 282, 295, 296
プリスティージ（Prestige, G. L.）　203, 216, 225, 244
プルタルコス　88, 90, 92, 108, 183
フレーゲ（Frege, G.）　155, 157, 158, 170, 298
フレーデ（Frede, M.）　7
プロクロス　88, 101, 108
プロタゴラス　33, 34, 36
プロティノス　88, 89, 95, 98-100, 107, 108, 172, 177, 210, 220, 299

へ・ほ

ベインズ（Baynes, N. H.）　211
ヘーゲル　229
ペラギウス　273, 284, 285
ヘラクレイオン　119, 248
ヘラクレイトス　21-23, 34, 68
ヘルメイアス　28
ヘルモゲネス　79
ヘロドトス　18
ベン（Venn, J.）　155, 157

ボイル（Boyle, R.）　28, 29
ボエティウス　53, 88, 109
ホシウス　207, 210
ポセイドニオス　67, 112, 218, 219
ホーベリー（Horbury, W.）　7
ホメロス　128, 180
ポルタリ（Portalié, E.）　282
ポルピュリオス　58, 88-90, 100, 190, 227, 231, 236
ポレモン　62
ホワイトヘッド（Whitehead, A. N.）　291, 297

ま行・や行

マディック（Madec, G.）　7
マリウス・ウィクトリヌス　53, 88, 89, 109, 225, 272, 276
マルクス・アウレリウス　67, 87, 177
マルケロス（アンキュラの）　202, 212, 237, 242
ミヌキウス・フェリクス　148
メトディオス 115
メーラー（Möhler, J. A.）　211
モデラトス（ガデスの）　90, 190
ユスティニアヌス　89
ユスティノス　90, 108, 112, 117, 121, 169, 177, 179, 194
ヨアキム（フィオーレの）　202
ヨアンネス（ダマスコの）　265
ヨアンネス・ピロポノス　53, 88-89, 109

ら行・わ行

ラクタンティウス　93, 110, 113, 121, 148
ラート（Rat, G. von）　91
リシャール（Richard, M.）　242
リッター（Ritter, A. M.）　7
リラ（Lilla, S.）　151
ルキアノス（サモサタの）　86, 180
ルクレティウス　29
ルター　6
ルフィノス　208
ルニア（Runia, D. T.）　138
ルブレトン（Lebreton, J.）　189
レイヴン（Raven, J. E.）　25
レウキッポス　63
レオ 1 世　254
レオンティウス　264-265
ロイド（Lloyd, G. E.）　7
ロス（Ross, W. D.）　57
ローフス（Loofs, F.）　246
ワイルドバーグ（Wildberg, C.）　7

参考文献

アスタリスクのついている文献は入門書である。

一般的な古代ギリシア哲学史

*Armstrong, A. H. *An Introduction to Ancient Philosophy*, London 1947, 4th edn 1965〔アームストロング『古代哲学史』岡野昌雄・川田親之訳, みすず書房, 1987 年〕

Guthrie, W. K. C. *A History of Greek Philosophy* I-VI, Cambridge 1962-81

Röd W. (ed.) *Geschichte der Philosophie* I-III, Munich 1976-85

Totok, W. *Handbuch der Geschichte der Philosophie*, Frankfurt am Main I 1964, II 1975 (bibliographical survey)

Vogel, C. J. de *Greek Philosophy: a Collection of Texts, with some Notes and Explanations*, Leiden I 4th edn 1969, II 3rd edn 1967, III 3rd edn 1973

*Zeller, E. *Outlines of the History of Greek Philosophy*, rev. W. Nestle, Eng. Trans. L. R. Palmer, 14th edn London 1971

1　その起源からソクラテスまで

Barns, J. *The Presocratic Philosophers* I-II, London 1979, 2nd edn 1982

Diels, H. *Die Fragmente der Vorsokratiker* I-III, 10th edn by W. Kranz, Berlin 1961

Freeman, K. *The Presocratic Philosophers*, Oxford 1946

*——. *Ancilla to the Presocratic Philosophers*, Oxford 1948

Grant, R. M. 'Early Christianity and pre-Socratic philosophy', *Harry Austryn Wolfson Jubilee Volume*, Jerusalem 1965, I pp. 357-84

Hussey, E. *The Presocratics*, London 1972〔エドワード・ハッセイ『プレソクラティクス——初期ギリシア哲学研究』叢書・ウニベルシタス 934, 日下部吉信訳, 法政大学出版局, 2010 年〕

Kirk, G. S., Raven, J. E. and Schofield, M. *The Presocratic Philosophers*, 2nd edn Cambridge 1983（1957 年にケンブリッジで出版されたカークとレイヴンによる第 1 版をスコフィールドが改訂したもの）〔カーク, レイヴン, スコフィールド『ソクラテス以前の哲学者たち』内山勝利・木原志乃・國方栄二・三浦要・丸橋裕訳, 京都大学学術出版会, 2006 年〕

Lloyd, G. E. R. *Magic, Reason and Experience*, Cambridge 1979

Röd, W. *Geschichte der Philosophie I: Die Philosophie der Antike I: von Thales bis Demokrit*, Munich 1976

2　ソクラテスと「イデア」

ソフィスト

Classen, H. J. (ed.) *Sophistik*, Wege der Forschung 187, Darmstadt 1976

Graeser, A. *Sophistik* － *Aristoteles* (= W. Röd (ed.) *Geschichte der Philosophie* II), Munich 1983

Kerferd, G. B. *The Sophistic Movement*, Cambridge 1981

ソクラテス

Beckman, J. *The Religious Dimension of Socrates' Thought*, Waterloo, Ont., 1979

Guthrie, W. K. C. *Socrates*, Cambridge 1971, 2nd edn 1979

Vlastos G. (ed.) *The Philosophy of Socrates*, New York 1971

プラトンに関する入門書

*Crombie, I. M. *Plato, the Midwife's Apprentice*, London 1964

Grube, G. M. A. *Plato's Thought*, London 1935, 2nd edn 1980

Hare, R. M. *Plato*, Oxford 1982

Raven, J. E. *Plato's Thought in the Making*, Cambridge 1965

十全的なビブリオグラフィーと最近の専門的な論文に関しては Richard Kraut, *The Cambridge Companion to Plato*, Cambridge 1992 を参照。

3　成熟期のプラトン哲学

Allen, R. E. *Studies in Plato's Metaphysics*, London 1965

Annas, J. *An Introduction to Plato's Republic*, Oxford 1981

Crombie, I. M. *An Examination of Plato's Doctrines*, 3rd edn London I 1969, II 1971

Cross, R. C. and Woozley, A. D. *Plato's Republic: a Philosophical Commentary*, London 1964

Friedländer, P. *Platon* I-III, Berlin 1928-30 (3rd edn of I-II 1964, III 1975)

Irwin, T. *Plato's Moral Theory: the Early and Middle Dialogues*, Oxford 1977, 2nd edn 1979

Robinson, R. *Plato's Earlier Dialectic*, 2nd edn Oxford 1953

Ross, W. D. *Plato's Theory of Ideas*, Oxford 1951, repr. 1963〔ロス『プラトンのイデア論』田島孝・新海邦治訳, 哲書房, 1996 年〕

Solmsen, F. *Plato's Theology*, New York 1942

Vlastos, G. (ed.) *Plato I: Metaphysics and Epistemology*, New York 1971

Wippern, J. *Das Problem der ungeschriebenen Lehre Platons*, Wege der Forschung 186, Darmstadt 1972

プラトン主義

参考文献 6 を参照。また、キリスト教との関連においては以下の文献を参照。

Armstrong, A. H. (ed.) *The Cambridge History of Later Greek and Early Medieval Philosophy* (=*LGP*), Cambridge 1967

Cassirer, E. *The Platonic Renaissance in England*, Eng. Trans. J. P. Pettegrove, Edinburgh 1953〔エルンスト・カッシーラー『英国のプラトン・ルネサンス――ケンブリッジ学派の思想潮流』花田圭介監修, 三井礼子訳, 工作舎, 1993年〕

Feibleman, J. K. *Religious Platonism*, London 1959

Ivanka, E. von *Plato Christianus*, Einsiedeln 1964

4　アリストテレス

*Allan, D. J. *The Philosophy of Aristotle*, London 1952, 2nd edn 1970〔アラン『アリストテレスの哲学』山本光雄訳, 以文社, 1979年〕

*Barns, J. *Aristotle*, Oxford 1982

Düring, I. *Aristoteles: Darstellung und Interpretation seines Denkens*, Heidelberg 1966

Jaeger, W. *Aristotle, Fundamentals of the History of his Development*, Oxford 1934, 2nd edn 1948

*Lloyd, G. E. R. *Aristotle, the Growth and Structure of his Thought*, Cambridge 1968〔ロイド『アリストテレス――その思想の成長と構造』川田殖訳, みすず書房, 1973年〕

Owens, J. *The Doctrine of Being in the Aristotelian Metaphysics*, Toronto 1951, 3rd edn 1978

Ross, W. D. *Aristotle*, London 1923, repr. 1977

Waterlow, S. *Nature, Change and Agency in Aristotle's Physics*, Oxford 1982

アリストテレス主義

Lynch, J .P. *Aristotle's School*, Berkeley, Los Angeles and London 1972

Moraux, P. *Der Aristotelismus bei den Griechen*, Berlin I 1973, II 1984

Sorabji, R. (ed.) *Aristotle Transformed: the Ancient Commentators and their Influence*, London 1990

Wehrli, F. *Die Schule des Aristoteles, Texte und Komm*, 10 vols., Basel 1954-9, 2nd edn 1967-9

5　エピクロスとストア派

Long, A. A. *Hellenistic Philosophy: Stoics, Epicureans, Sceptics*, London 1974〔ロング『ヘレニズム哲学――ストア派・エピクロス派・懐疑派』金山弥平訳, 京都大学学術出版会, 2003年〕

Long, A. A. and Sedley, D. N. *The Hellenistic Philosophers.* I: *Translation and Commentary*; II: *Greek and Latin Texts with Notes and Bibliography*, Cambridge 1987

A Cambridge History of Hellenistic Philosophy も Jonathan Barnes, Jaap Mansfeld と Malcolm Schofield により出版準備中である。

エピクロス

Arrighetti, G. (ed.) *Opere*, Turin 1960, 2nd edn 1973

Bailey, C. *Epicurus: the Extant Remains*, Oxford 1926, repr. Hildesheim 1975〔ベイリー『エピクロス——教説と手紙』出隆・岩崎允胤訳, 岩波書店, 1959年〕

——. *The Greek Atomists and Epicurus*, Oxford 1928

Festugière, A. J. *Epicurus and his Gods*, Oxford 1955

——. *Epicure et ses dieux*, 2nd edn Paris 1968

*Rist, J. M. *Epicurus, an Introduction*, Cambridge 1972

ストア派

Arnim, H. von *Stoicorum Veterum Fragmenta* I-IV (=*SVF*), Stuttgart 1903-24, repr. Stuttgart 1968〔『初期ストア派断片集』西洋古典叢書 1—5, 中川純男・山口義久・水落建治訳, 京都大学学術出版会, 2000—2006年〕

Bevan, E. *Stoics and Sceptics*, Oxford 1913

Pohlenz, M. *Die Stoa. Geschichte einer geistigen Bewegung* I-II, Göttingen 1948-9, 2nd edn 1978

Rist, J. M. *Stoic Philosophy*, Cambridge 1969

——. (ed.) *The Stoics*, Berkeley, Los Angeles and London 1978

*Sandbach, F. H. *The Stoics*, London 1975

6　中期プラトン主義とアレクサンドリアのフィロン

Armstrong, A. H. (ed.) *The Cambridge History of Later Greek and Early Medieval Philosophy* (=*LGP*), Cambridge 1967

Dillon, J. *The Middle Platonists*, London 1977

Krämer, H. J. *Der Ursprung des Geistesmetaphysik*, Amsterdam 1964

Theiler, W. *Die Vorbereitung des Neuplatonismus*, Berlin and Zürich 1934, repr. 1964

Zintzen, C. *Der Mittelplatonismus*, Wege der Forschung 70, Darmstadt 1981

フィロン

Bréhier, E. *Les idées philosophiques et religieuses de Philon d'Alexandrie*, Paris 1908, 3rd edn 1950

*Chadwick, H. 'Philo', in A. H. Armstrong, *LGP* pp. 135-57

Goodenough, E. R. *An Introduction to Philo Judaeus*, Cambridge, Mass., 1940, 2nd edn Oxford 1962〔グッドイナフ『アレクサンドリアのフィロン入門』野町啓・田子多津子・兼利琢也訳, 教文館, 1994年〕

Runia, D. T. *Philo of Alexandria and the Timaeus of Plato* I-II, Leiden 1986（7—31頁に最近のフィロンに関する研究の概略が記されている）

*Sandmel, S. *Philo of Alexandria, an Introduction*, Oxford 1979（グッドイナフの批判）

7　古代末期の哲学

Annas, J. and Barnes, J. *The Modes of Scepticism*, Cambridge 1985〔アナス／バーンズ『懐疑主義の方式――古代のテクストと現代の解釈』藤沢令夫監修・金山弥平訳, 岩波書店, 1990 年〕
Bevan, E. *Stoics and Sceptics*, Oxford 1913
Brochard, V. *Les Sceptiques grecs*, Paris 1887, 2nd edn 1923
Stough, C. L. *Greek Scepticism*, Berkeley 1969

グノーシス主義

Förster, W. *Gnosis, a Selection of Gnostic Texts*, Eng. Trans. ed. R. McL. Wilson, 2 vols., Oxford 1972, 1974
*Grant, R. M. *Gnosticism and Early Christianity*, New York 1959
Jonas, H. *Gnosis und spätantike Geist* I-II, Göttingen 1934, 3rd edn 1964
――. *The Gnostic Religion*, Boston, Mass., 1958〔ヨナス『グノーシスの宗教――異邦の神の福音とキリスト教の端緒』秋山さと子・入江良平訳, 人文書院, 1986 年〕
Robinson, J. M. (ed.) *The Nag Hammadi Library*, San Francisco 1977, 3rd, revised edn 1988
Rudolph, K. *Die Gnosis. Wesen und Geschichte einer spätantiken Religion*, Göttingen 1977, 2nd edn 1980〔ルドルフ『グノーシス――古代末期の一宗教の本質と歴史』大貫隆・筒井賢治・入江良平訳, 岩波書店, 2001 年〕
――. (ed.) *Gnosis und Gnostizismus*, Wege der Forschung 262, Darmstadt, 1975
*Wilson, R. McL. *Gnosis and the New Testament*, Oxford 1968
Armstrong, A. H. *Plotinus*, in *LGP*（参考文献 6） pp. 195-268
Dodds, E. R. *Proclus, the Elements of Theology*, Oxford 1933, 2nd edn 1963
Rist, J. M. *Plotinus, the Road to Reality*, Cambridge 1967
Wallis, R. T. *Neoplatonism*, London 1972
Zintzen, C. (ed.) *Die Philosophie des Neuplatonismus*, Wege der Forschung 436, Darmstadt 1977

8　キリスト教哲学についての論争

Armstrong, A. H. (ed.) *LGP*（参考文献 6）特に pp. 133-505
―― and Markus, R. A. *Christian Faith and Greek Philosophy*, London 1960
Chadwick, H. *Early Christian Thought and the Classical Tradition*, Oxford 1966〔チャドウィック『初期キリスト教とギリシア思想』中村坦・井谷嘉男訳, 日本基督教団出版局, 1983 年〕
Forell, G. W. *History of Christian Ethics*, Minneapolis 1979
Gilson, E. *History of Christian Philosophy in the Middle Ages*, London 1955, new edn 1980
*Norris, R. A. *God and World in Early Christian Theology*, London 1966

Osborn, Eric *The Beginnings of Christian Philosophy*, Cambridge 1981
Stöckl, A. *Geschichte der christlichen Philosophie zur Zeit der Kirchenväter*, Mainz 1891, repr. 1968
Ueberweg, F. and Geyer, B. *Die patristische und scholastische Philosophie*, 11th edn Berlin 1928
Wolfson, H. A. *The Philosophy of the Church Fathers*, vol. 1, Cambridge, Mass, 1956（第 1 巻のみ刊行）

9　ギリシア的神理解とヘブライ的神理解

初期キリスト教神学へのギリシア思想の影響

Chadwick H. in *LGP* pp. 158-92
Harnack, A. von *Lehrbuch der Dogmengeschichte*, 5th edn Tübingen 1931
——. *History of Dogma* (Eng. Trans. of the above, from the 3rd edn, by N. Buchanan), London 1894, repr. 1961
Hatch, E. *The Influence of Greek Ideas and Usages upon the Christian Church*, The Hibbert Lectures 1888, London 1891, repr. New York 1957
Hengel, M. *Judaism and Hellenism*, Eng. Trans. J. S. Bowden, London 1974〔ヘンゲル『ユダヤ教とヘレニズム』長窪専三訳, 日本基督教団出版局, 1983 年〕
Pannenberg, W. 'The appropriation of the philosophical concept of God as a dogmatic problem in early Christian theology' (Eng. Trans. from *ZKG* 70 [1959] pp. 1-45) in Pannenberg, *Basic Question in Theology*, vol. II pp. 119-83〔パネンベルク『組織神学の根本問題』近藤勝彦・芳賀力訳, 日本基督教団出版局, 1984 年〕
Stead, G. C. 'Die Aufnahme des philosophischen Gottesbegriffes', *Theologische Rundschau* 51 (1986) pp. 349-71（パネンベルクの論文の批判）

神の表象

Daniélou, J. *Gospel Message and Hellenistic Culture*, ed. and trans. J. A. Baker, London 1973, 特に pp. 303-43
Eichrodt, W. *Theology of the Old Testament* I, Eng. Trans. J. A. Baker, London 1961
Festugière, A. J. *Le Dieu inconnu et la Gnose* (=*La Révélation d'Hermes Trismégiste*, vol. 4), Paris 1954
Grant, R. M. *The Early Christian Doctrine of God*, Charlottesville, Va., 1966
*Kaiser, C. B. *The Doctrine of God*, London 1982
Prestige, G. L. *God in Patristic Thought*, London 1936, 2nd edn 1952
Schmidt, W. H. *The Faith of the Old Testament*, Oxford 1983〔シュミット『歴史における旧約聖書の信仰』山我哲雄訳, 新地書房, 1985 年〕

10　神の存在の証明

Dalferth, I. U. *Existenz Gottes und christliche Glaube*, Munich 1984
Hick, J. *Arguments for the Existence of God*, London 1970
——. *Faith and Knowledge*, Cornell 1957, 2nd edn London 1967
Lilla, S. R. C. *Clement of Alexandria*, Oxford 1971, 特に pp. 118-226
Mackie, J. L. *The Miracle of Theism*, Oxford 1982
Pease, A. S. 'Coeli enarrant', *Harvard Theological Review* 34 (1941) pp. 163-200
Swinburne, R. *The Existence of God*, Oxford 1979

11　単一で不変的存在としての神

Creel, R. E. *Divine Impassibility*, Cambridge 1986
Farrer, A. M. *Finite and Infinite*, Westminster 1943
Gilson, E. *Being and Some Philosophers*, Toronto 1949, 2nd edn 1952
Hartshorne, C. *The Divine Relativity*, New Haven 1948, 2nd edn 1964
——. *Man's Vision of God*, Chicago 1941, repr. Hamden, Conn., 1964
Kenny, A. *The God of the Philosophers*, Oxford 1979
Maas, W. *Unveränderlichkeit Gottes*, Munich 1974
Mozley, J. K. *The Impassibility of God*, Cambridge 1926
Owen, H. P. *Concepts of Deity*, New York 1971
Pike, N. *God and Timelessness*, London 1970

12　神をどのように形容するか

Bevan, E. *Symbolism and Belief*, London 1938
Geach, P. T. *Providence and Evil*, Cambridge 1977
Hick, J. *Evil and the God of Love*, London 1966
Lampe, G. H. W. *God as Spirit*, Oxford 1977, 特に pp. 34-94
Stead, G. C. *Divine Substance*, Oxford 1977
——. 'The concept of Mind and the concept of God', in *The Philosophical Frontiers of Christian Theology*, ed. B. Hebblethwaite and S. Sutherland, Cambridge 1982, repr. in Stead, *Substance and Illusion in the Christian Fathers* (London 1985), no. XIV

13　ロゴスと霊

Chadwick, H. in *LGP* pp. 137-92
Dodds, E. R. 'The Parmenides of Plato and the origin of the Neoplatonic One', *Classical*

Quarterly 22 (1928) pp. 129-42
Grant, R. M. *The Early Christian Doctrine of God*, Charlottesville, Va., 1966
Kelly, J. N. D. *Early Christian Doctrines*, London 1958, 5th edn 1977〔ケリー『初期キリスト教教理史』上・下, 津田謙治訳, 一麦出版社, 2010 年〕
Kretschmar, G. *Studien zur frühchristlichen Trinitätstheologie*, Tübingen 1956
Mackey, J. P. *The Christian Experience of God as Trinity*, London 1983
Stead, G. C. 'The origins of the doctrine of the Trinity', *Theology* 77 (1974) pp. 508-17 and 582-8 (=*Substance and Illusion*［参考文献 12 を参照］ no. VI)
Wainwright, A. W. *The Trinity in the New Testament*, London 1962

14　本質の統一性

Dinsen, F. *Homoousios. Die Geschichte des Begriffs bis zum Konzil von Konstantinopel (381)*, Diss. Kiel, 1976; この本は最も価値のあるものであるが、入手困難である。
Kelly, J. N. D. *Early Christian Creeds*, London 1950, 3rd edn 1981〔ケリー『初期キリスト教信条史』服部修訳, 一麦出版社, 2011 年〕
——. *Early Christian Doctrines*, London 1958, 5th edn 1977
Prestige, G. L. *God in Patristic Thought* (=*GPT*), London 1936, 2nd edn 1952（有益な情報を提供するが、あまり実用的ではない。これに関する批判は下記の Stead, 'Significance' を参照）
Ricken, F. 'Nikaia als Krisis des altchristlichen Platonismus', *Theologie und Philosophie* 44 (1969) pp. 321-41
Stead, G. C. 'The Significance of the Homoousios', *Studia Patristica* 3 (1961) pp. 397-412 (=Texte und Untersuchungen 78), reprinted as *Substance and Illusion*（参考文献12を参照）no. 1
——. *Divine Substance*, Oxford 1977
——. 'Homoousios', *Reallexikon für Antike und Christentum*

15　本質と位格

Dinsen, F. *Homoousios*, 参考文献 14 を参照。
Dörrie, H. 'Hypostasis', *Nachr. Akad. Göttingen* 3 (1955) pp. 35-92, repr. in *Platonica Minora*, Munich 1976, pp. 12-69
Fedwick, P. J. (ed.) *Basil of Caesarea, Christian, Humanist, Ascetic*, Toronto *c.* 1981
Hammerstaedt, J. 'Hypostasis' in *RAC*
Holl, K. *Amphilochius von Ikonium in seinem Verhältniss zu den grossen Kappadoziern*, Tübingen 1904
Köster, H. 'Hypostasis', in G. Kittel and G. Friedrich, *Theological Dictionary of the New*

Testament, vol. 8, Grand Rapids, Mich., 1972, pp. 572-89
Otis, B. *Cappadocian Thought as a Coherent System*, Dumbarton Oaks Papers 12 (1958) pp. 95-124
Ritter, A. M. *Das Konzil von Konstantinopel und sein Symbol*, Göttingen 1965
Stead, G. C. 'Why Not Three Gods?', in *Studien zu Gregor von Nyssa*, ed. H. R. Drobner and C. Klock, Leiden 1990, pp. 149-63
Witt, R. E. 'Hypostasis', in *Amicitae Corolla*, Essays Presented to J. Rendel Harris, ed. H. G. Wood, London 1933, pp. 319-43

16　キリスト――神であり人

Grillmeier, A. *Christ in Christian Tradition*, 1st edn London 1965, 2nd edn 1975
—— and H. Bacht. *Das Konzil von Chalkedon* I, Würzburg 1951, 5th edn 1979
Hengel, M. *The Son of God*, London 1976〔ヘンゲル『神の子――キリスト成立の課程』小河陽訳, 山本書店, 1988 年〕
Kelly, J. D. N. *Early Christian Doctrines*, London 1958, 5th edn 1977
Liebaert, J. *L' Incarnation I, Des origines au Concile de Chalcédoine*, Paris 1966（あるいはドイツ語の原著, 'Christologie', Freiburg 1965）
Young, F. M. *From Nicaea to Chalcedon*, London 1983

Prosōpon/ Persona

Andresen, C. 'Zur Entstehung und Geschichte des trinitarischen Personbegriffes', *Zeitschr. für die neutestl. Wissensch* 52. (1961) pp. 1-39
Nédoncelle, 'Prosopon et persona dans l'antiquité classique', *Revue des sciences religieuses* 22 (1948) pp. 277-99

Phusis

Köster, H. 'Φύσις', in G. Kittel and G. Friedrich, *Theological Dictionary of the New Testament*, vol. 9, Grand Rapids, Mich. 1974, pp. 251-77
Thimme, O. Φύσις, τρόπος, ἦθος . . . *Wesen und Charakter in der altgriechischen Literature*, Quackenbruck 1935

17　統合された二つの本性

参考文献 16 も参照せよ。

Fortin, E. L. 'The Definitio Fidei of Chalcedon and its philosophical sources' *Studia Patristica* 5 (1962) (= Texte und Untersuchungen 80), pp. 489-98
Otto, S. *Person und Subsistenz*, Munich 1968

Prestige, G. L. *GPT,* 特に pp. 265-301
Relton, H. M. *A Study in Christology*, London 1917

18　哲学・信仰・知識

全般

Anderson, C. *Bibliographia Augustiniana*, 2nd edn Darmstadt 1973
Brown, P. R. L. *Augustine of Hippo*, London 1967〔ブラウン『アウグスティヌス伝』上・下，出村和彦訳，教文館，2004 年〕
*Chadwick H. *Augustine*, Oxford 1986〔チャドウィック『アウグスティヌス』金子晴勇訳，教文館，1993 年〕
Flasch, K. *Augustin: Einführung in sein Denken*, Stuttgart 1980
Gilson, E. *Introduction à l'étude de S. Augustin*, 4th edn Paris 1969
——. *The Christian Philosophy of St. Augustine*（上の第 2 版からの翻訳），London 1961
Kirwan, C. *Augustine*, London 1989
Markus, R. A. *Marius Victorinus and Augustine*, in A. H. Armstrong, *LGP* pp. 329-419
O'Meara, J. J. *The Young Augustine*, London 1954
Portalié, E. *A Guide to the Thought of St. Augustine*, London 1960

哲学・信仰・知識

König, E. *Augustinus Philosophus. Christlicher Glaube und philosophisches Denken in den frühschriften Augustins*, Munich 1970
Madec, G. '"Verus philosophie est amator Dei", S. Ambroise, S. Augustine et la philosophie', *Rev. sc. phil. et theol.* 61 (1977) pp. 549-66
Nash, R. H. *The Light of the Mind: Augustine's Theory of Knowledge*, Lexington, Ky 1969

19　自由と善

ペラギウス主義——恩寵と自由意志

Evans, R. F. *Pelagius: Inquiries and Reappraisals*, London 1963
Ferguson, J. *Pelagius*, Cambridge 1956
Plinval, G. de *Pélage, ses écrits, sa vie et sa réforme*, Lausanne 1943

自由と善

Burnaby, J. *Amor Dei*, London 1938
Evans, G. R. *Augustine on Evil*, Cambridge 1982
Holte, R. *Béatitude et sagesse*, Paris 1962
Sorabji, R. *Time, Creation and the Continuum*, London 1983

20　本文中、および註において言及されたその他の著作

Andersen, C. 'Zur Entstehung und Geschichte des trinitarischen Personbegriffes', *Zeitschrift für die neutestamentliche Wissenschaft* 52 (1961) pp. 1-39

Barnes, T. D. *Athanasius and Constantine: Theology and Politics in the Constantinian Empire*, Cambridge, Mass., and London 1993

Baynes, N. H. *Constantine the Great and the Christian Church*, London 1931, これは、新しい序文を伴って、1972 年に再版されている。

Bienert, W. A. *ZKG* 90 (1979) pp. 151-75

Camplani, A. *Le Lettere Festali di Atanasio di Alessandria*, Rome 1989

Davies, W. D. *Paul and Rabbinic Judaeism*, London 1955

Dennis, T. J. 'Gregory on the resurrection of the body', in *The Easter Sermons of Gregory of Nyssa*, ed. A. Spira and C. Klock, Patristic Monographs Series 9, Philadelphia 1981, pp. 55-74

Dörrie, H. 'Der Platoniker Eudoros von Alexandreia', *Hermes* 79 (1944) pp. 25-39 (=*Platonica Minora*, Munich 1976, pp. 297-307)

——. ''Υπόστασις, Wort- und Bedeutungsgeschichte', *Nachr. Akad. Göttingen* 3 (1955) pp. 35-92 (=*Platonica Minora* pp. 12-69)

——. 'Was ist spätantike Platonismus?', *Theologische Rundschau* 16 (1971) pp. 285-302 (= *Platonica Minora* pp. 508-23)

——. 'Physis' in *Der Kleine Pauly*, vol. IV, Munich 1972

Edwards, P. *Encyclopedia of Philosophy*, New York 1967

Eichrodt, W. *Theology of the Old Testament*, London 1961

Festugière, A. J. *La Révélation d'Hermès Trismégiste* 3, Paris 1953

Frege, G. *Die Grundlagen der Arithmetik*, Eng. trans. as *The Foundations of Arithmetic*, Oxford 1950, 2nd edn 1953〔『フレーゲ著作集 2 算術の基礎』野本和幸編, 勁草書房, 2001 年〕

Geach, P. *God and the Soul*, London 1969

Gottschalk, N. 'The earliest Aristotelian commentators', in *Aristotle Transformed: the Ancient Commentators and their Influence*, ed. R. Sorabji, London 1990

Kenny, A. *The Aristotelian Ethics*, Oxford 1978

Kirk, K. E. *The Vision of God: The Christian Doctrine of the Summum Bonum*, London 1931

Lebreton, J. *Historie du dogme de la trinité*, Paris 1910, 8th edn 1927, 1928. Eng. trans. of vol. I, *History of the Dogma of the Trinity . . . to Nicaea*, London 1939

Loofs, F. *Nestorius and his Place in the History of Christian Doctrine*, Cambridge 1914

Osborn, E. *Ethical Patterns in Early Christian Thought*, Cambridge 1976

Rad, G. von *Das erste Buch Mose, Genesis*, Göttingen 1956. Eng. trans. *Genesis, a Commentary*, Lodon 1961〔フォン・ラート『創世記』ATD 旧約聖書注解, 山我哲雄訳, ATD・NTD 聖書注解刊行会, 1993 年〕

Richard M. 'L'introduction du mot "hypostase" dans la théologie de l'incarnation', *MSR* 2 (1945) pp. 5-32, 243-70

Ritter, J. *Historisches Wörterbuch der Philosophie*, Darmstadt 1971-

Schwartz, E. *Kaiser Constantin und die christliche Kirche*, Leipzig and Berlin, 1913

Sherrington, Sir Charles *Man on his Nature*, Cambridge 1940, 2nd edn 1951

Silva-Tarouca S. I., C. *S. Leonis Magni Tomus ad Flavianum Episcopum Constantinopolitanum*, Rome 1932, 5th edn 1959

Simonetti, M. 'All'origine della formula teologica una essenza / tre ipostasi', *Augustinianum* 14 (1974) pp. 173-5

Stead, G. C. 'Ontology and terminology in Gregory of Nyssa', in *Gregor von Nyssa und die Philosophie*, ed. H. Dörrie, M. Altenburger and U. Schramm, Leiden 1976, pp. 107-27 (=*Substance and Illusion*［参考文献 12 を見よ］no. IX)

——. 'Individual personality in Origen and the Cappadocian Fathers', in *Arché e Telos. L'antropologia di Origine e di Gregorio di Nissa*, Studia Patristica Mediolanensia 12, Milan 1981, pp. 170-91 (=*Substance and Illusion* no. XIII)

——. 'The freedom of the will and the Arian controversy', in *Platonismus und Christentum, Festschrift für Heinrich Dörrie*, ed. H.-D. Blume and F. Mann, Münster, Westfalen 1983, pp. 245-57 (=*Substance and Illusion* no. XVI)

——. 'Why Not Three Gods?', in *Studien zu Gregor von Nyssa* (Festschrift for A. Spira), ed. H. R. Drobner and C. Klock, Leiden 1990, pp. 149-63

Studer, B. *Gott und unsere Erlösung im Glauben der alten Kirche*, Düsseldorf 1985

Tillich, P. *The Courage to BE*, London 1952〔ティリヒ『生きる勇気』大木英夫訳, 平凡社, 1995 年〕

Troeltsch, E. *Die Soziallehren der christlichen Kirchen und Gruppen*, Tübingen 1912. Eng. trans. *The Social Teaching of the Christian Churches*, London 1931〔「序論」「第 1 章 古代教会」＝トレルチ『古代キリスト教の社会教説』高野晃兆・帆苅猛訳 , 教文館, 2007 年 ;「第 2 章 中世カトリシズム」＝トレルチ『中世キリスト教の社会教説』高野晃兆訳, 教文館, 2014 年〕

◆著者紹介

C. スティッド（Christopher Stead）

1913年生まれ。イギリスの教父学者。ケンブリッジ大学で学ぶ。1938年英国教会司祭に叙任。オックスフォード大学の講師と研究員、ケンブリッジ大学の研究員とチャプレンを経て、1971-80年ケンブリッジ大学イーリー講座神学教授。その後、同講座名誉教授および英国学士院正会員となる。*Divine and Substance* (Oxford University Press, 1977), *Substance and Illusion in the Christian Fathers* (Variorum, 1985), *Philosophie und Theologie I* (Kohlhammer, 1990) などの著書の他に多くの学術誌に重要な論文がある。2008年逝去。

◆訳者紹介

関川泰寛（せきかわ・やすひろ）

1977年、慶応義塾大学経済学部卒業。1980年、エディンバラ大学神学部卒業。1983年、東京神学大学大学院博士課程前期修了。東北学院大学助教授、泉高森教会牧師、十貫坂教会牧師を経て、現在、東京神学大学教授、日本キリスト教団大森めぐみ教会牧師。

著書　『ここが知りたいキリスト教――現代人のための道案内』(2010年)、『アタナシオス神学の研究』(2006年)、以上ともに教文館より刊行。ほか多数。

訳書　A. E. マクグラス『キリスト教思想史入門――歴史神学概説』(共訳、キリスト新聞社、2008年)、D. ファーガソン『共同体のキリスト教的基礎』(教文館、2001年)、ほか多数。

編書　『改革教会信仰告白集――基本信条から現代日本の信仰告白まで』(共編、教文館、2014年)

田中従子（たなか・よりこ）

2004年ムーディー聖書学院卒業。2009年東京神学大学大学院博士課程前期修了（M. Div.）。2012年トロント大学聖ミカエル・カレッジ修士課程修了（Th. M.）。現在、日本キリスト教団伊東教会牧師、東京神学大学博士課程後期在学中。

古代キリスト教と哲学

2015年3月31日　初版発行

訳　者　関川泰寛・田中従子

発行者　渡部　満

発行所　株式会社　教文館

〒104-0061　東京都中央区銀座4-5-1　電話03(3561)5549　FAX 03(5250)5107

URL http://www.kyobunkwan.co.jp/publishing/

印刷所　株式会社　三秀舎

配給元　日キ販　〒162-0814 東京都新宿区新小川町9-1

電話03(3260)5670　FAX 03(3260)5637

ISBN 978-4-7642-7390-0　Printed in Japan